maritim

Das Buch

Diese Dokumentation ist einzigartig, denn sie rekonstruiert die vollständige Geschichte der siebzigtägigen Feindfahrt eines Front-U-Bootes vom Typ VII C in den Gewässern vor der Ostküste der USA im Jahr 1942. Das Wappen von U 564 »3 X Schwarzer Kater« gehört zu den berühmtesten in der Geschichte der deutschen U-Boote. »Teddy« Suhren brachte es von U 48 mit, auf dem er lange als I. WO fuhr. Als U-Boot-Kommandant wurde er zur Legende, nicht nur wegen seiner Erfolge, sondern auch als berüchtigtes Enfant terrible gegenüber dem militärischen und politischen Establishment.

Ungewöhnlich ist auch das Bildmaterial zu diesem Buch, das einen authentischen Einblick in das Leben und die Verhältnisse an Bord von U 564 während dieses Einsatzes vermittelt. Im Frühjahr 1945 fanden britische Soldaten die Fotos im U-Boot-Bunker von Brest. Nach England verbracht, schmorten sie fast sechzig Jahre unbeachtet in einem Schuhkarton vor sich hin, bevor diese einmaligen Zeitdokumente dank der akribischen Forschungsarbeit von Lawrence Paterson und des Submarine Museum an die Öffentlichkeit gelangten.

Der Autor

Der Neuseeländer Lawrence Paterson war lange Jahre Vorsitzender der bretonischen Gesellschaft für Meeresforschung, die sich unter anderem dem Auffinden und der Vermessung von Kriegsschiffen aus dem Zweiten Weltkrieg widmet. Mittlerweile in Portsmouth lebend, beschäftigt sich der Autor als Mitglied der Archiv-Arbeitsgruppe des Royal Navy Submarine Museum vornehmlich mit der deutschen Kriegsmarine und ist als seekriegshistorischer Berater für die BBC und diverse andere Institutionen tätig.

Lawrence Paterson

U 564
auf Feindfahrt

70 Tage an Bord

Aus dem Englischen
von Wolfram Schürer

Ullstein

Besuchen Sie uns im Internet:
www.ullstein-taschenbuch.de

Umwelthinweis:
Dieses Buch wurde auf chlor- und säurefreiem Papier gedruckt.

Ungekürzte Ausgabe im Ullstein Taschenbuch
1. Auflage April 2008
2. Auflage 2009
© 2005 für die deutsche Ausgabe: Motorbuch Verlag, Stuttgart,
ein Unternehmen der Paul Pietsch-Verlage GmbH & Co.
Deutsche Bearbeitung: Helma und Wolfram Schürer
Titel der englischen Originalausgabe:
U-BOAT WAR PATROL – The Hidden Photographic Diary of U 564
(Greenhill Books, London)
© 2004 by Lawrence Paterson
Die teilweise geminderte Bildqualität ist auf das Alter der Abbildungen
und die Umstände ihres Entstehens zurückzuführen.
Umschlaggestaltung:
HildenDesign, München, und Buch und Werbung, Berlin
Titelabbildung: Royal Navy Submarine Museum, Gosport
Layout und Umbruch: docmue & friends, Berlin
Druck und Bindearbeiten: CPI – Ebner & Spiegel, Ulm
Printed in Germany
ISBN 978-3-548-26664-0

Für Audrey »Mumples« Paterson

Sofern nicht besonders vermerkt, entsprechen sämtliche in diesem Buch zitierten Uhrzeiten deutscher Sommerzeit, d.h. der Standardzeit für den fraglichen Zeitraum an Bord deutscher U-Boote.

Inhalt

Vorwort

Der lange Arm der Geschichte reichte 55 Jahre nach dem Ende des Zweiten Weltkrieges in Europa von den entfernten Schatten längst schweigender Schlachtfelder bis zu den unwahrscheinlichsten Orten der Gegenwart. In einer kleinen Postagentur in Staintondale am Rande des Yorkshire-Moors geriet Frank James, dem Inhaber der Agentur, unerwarteterweise ein einzigartiges Zeitdokument in die Hände. 20 Schwarzweißfotos, etwas scheckig vom Alter, wurden ihm von einem Mann ausgehändigt, der sich weder über ihre Herkunft im Klaren war noch was er mit ihnen anfangen sollte. Die Fotos zeigten junge Männer an Bord eines Unterseebootes. Über der Kokarde auf ihren Bordmützen befand sich ein Adler, der das unverkennbare Hakenkreuzsymbol in seinen Klauen hielt. Offensichtlich gehörten sie zur Besatzung eines deutschen U-Bootes, aber wer sie waren und wo sie sich befanden, blieb für Frank James ein Geheimnis.

Historisch an allem interessiert, aber ohne Kenntnisse der deutschen U-Boot-Waffe, schickte sich Frank James an, über die zufällig erlangten Fotos das herauszufinden, was ihm möglich war. Eine große Hilfe war ihm die Tatsache, dass die meisten Boote ein inoffizielles Symbol führten, ein charakteristisches Emblem bzw. Wappen, das an irgendeiner Stelle des Kommandoturms aufgemalt war. In diesem Falle war es sofort erkennbar: eine große schwarze Katze mit stolz aufrecht gestelltem Schwanz, während sich ihr Rücken über der Ziffer »3 X« wölbte. Obwohl 14 U-Boote Katzen in ihren Wappen führten, musste dieses Wappen einem der fünf U-Boote gehören, die das Symbol »3 X Schwarzer Kater« führten.[0a] Dies wiederum brachte bald die Erkenntnis, dass alle Fotos an Bord von *U 564* aufgenommen worden waren, das der legendäre Reinhard »Teddy« Suhren kommandiert hatte.

Diese Fotos hatte Frank James' Besucher von Foster Appleyard erhalten, der während des Krieges Taucher bei der *Royal Navy* gewesen war und dem nach dem Kriege ein kleines Gasthaus in Bradford gehört hatte. Obwohl Appleyard bereits verstorben war, sollte sich der größte Teil der Fotosammlung noch bei einem Freund des Tauchers in sicherer Obhut befinden. Unter der Bedingung, dass sie richtig archiviert und untersucht werden, traf bald danach ein Schuhkarton voller Fotos in Staintondale ein. Es stellte sich heraus, dass es sich um insgesamt 361 Fotografien handelte.

Wie jetzt bekannt wurde, hatte Appleyard zu einem großen Marinekommando gehört, das vom Herbst 1944 an bis in das Jahr 1945 hinein damit beschäftigt war, die riesigen Mengen an Trümmern und Schutt des Kampfes um den französischen Hafen Brest in der Bretagne aufzuräumen. Brest war einer der fünf französischen Häfen gewesen, die im Sommer 1940 nach dem Zusammenbruch Frankreichs von der deutschen Kriegsmarine übernommen worden waren, um der U-Boot-Waffe als vorgeschobene Stützpunkte zu dienen. In Brest stationiert, hatte *U 564* zur 1. U-Flottille gehört, deren Boote vom Typ VII C0b in der »Schlacht im Atlantik« bis weit nach Westen ins Karibische Meer operierten – eine grimmig geführte Abnutzungsschlacht gegen den alliierten Geleitzugverkehr, die sich weitgehend zwischen der Neuen und der Alten Welt über die ausgedehnten Wasserwüsten des Nordatlantik erstreckte.

Als sich der Strom der Gezeiten unerbittlich gegen die deutsche Wehrmacht wandte, wurde die gebeutelte U-Boot-Waffe zurückgedrängt, bis ihre Frontboote gegen einen überlegenen Gegner vor den Küsten Frankreichs selbst ihren ständigen Kampf führen mussten. Anfang August 1944 schlossen die amerikanischen Truppen der 3. US-Armee unter General Patton Brest schließlich ein, nachdem sie sich ihren Weg von den Landeständen in der Normandie bis in die Bretagne erkämpft hatten. Nach über einem Monat grimmiger und

verlustreicher Straßenkämpfe gegen deutsche Fallschirm-
jäger, Infanterie und Marinepersonal fiel die zur »Festung«
erklärte Stadt schließlich am 19. September unter den Angriffen des VIII. US-Korps.[0c] Nunmehr sahen sich die Alliierten der mühsamen Aufgabe gegenüber, den Hafen zu untersuchen, inwieweit er zur Versorgung der in Frankreich vor-
rückenden alliierten Streitkräfte benutzt werden konnte.
Doch schon bald wurde offensichtlich, dass der Hafen nicht
zu gebrauchen war; denn er war nicht nur mit zerstörten und
selbst versenkten Schiffen blockiert, sondern die Einnahme
des Tiefwasserhafens Cherbourg und der unerwartet rasche
Vormarsch der Alliierten Richtung Westen führten dazu,
dass Brest von den Frontlinien zu weit entfernt lag und die
Bedürfnisse überstieg.

Während seiner Arbeit in den Trümmern und Ruinen von
Brest hatte Appleyard wie die meisten der dort stationierten
Truppen das höhlenartige Innere des beeindruckenden U-
Boot-Bunkers am Hafen erforscht. Im Inneren dieses labyrin-
thischen Betonbauwerks stolperte Appleyard über eine Fotosammlung, »befreite« sie und kehrte schließlich mit den
Fotos in seinem Proviantbeutel nach Yorkshire zurück. Auf
diese Weise erblickte diese Sammlung erst nahezu 60 Jahre
später wieder das Tageslicht und befand sich schon bald auf
dem Wege ins Fotoarchiv nach Gosport, England.

Frank James hatte seine Erkundigungen so weit vorange-
trieben, wie er konnte, und nachdem Nachfragen in mehreren Museen und Archiven, die einen Bezug zu U-Booten auf-
wiesen, nichts erbracht hatten, wandte er sich an Debbie
Corner, die Verwalterin des Fotoarchivs im *Royal Navy
Submarine Museum* in Gosport, der Heimat der britischen
U-Boot-Waffe des Zweiten Weltkrieges. Debbie Corner erkannte die Bedeutung der Fotos sofort und schon bald waren
sie in den unverfälschten blauen Mappen innerhalb der
Sammlungen des Museums sicher untergebracht. Dort befinden sie sich noch heute. Trotz der offensichtlichen Tatsache,
dass der Schwerpunkt auf der eigenen U-Boot-Waffe der
Royal Navy liegt, besitzt das Museum eine große Anzahl

Fotografien deutscher U-Boote und diesbezüglicher Aufzeichnungen, von Forschern und Autoren oft unbeachtet.

An diesem Punkt betrat ich den Schauplatz des Geschehens. Nach mehreren in Frankreich in der Nähe von Brest
mit Forschungsarbeiten auf dem Gebiet der deutschen
Kriegsmarine und ihrer U-Boot-Waffe verbrachten Jahren
kehrten meine Frau und ich nach England zurück, da ich im
Begriff stand, letzte Hand an ein Buch über die Geschichte
der 1. U-Flottille zu legen. Sehr bald hatte ich engen Kontakt
zur Archiv-Arbeitsgruppe im *Submarine Museum*, wobei
meine besondere Aufgabe darin bestand, mit dem gesamten
einschlägigen U-Boot-Material Unterstützung zu gewähren.
Nach dem Organisieren und dem Beginn der Katalogisie-
rungsarbeit, die riesige Anzahl der Fotos deutscher U-Boote
betreffend, wandte ich mich wieder der »Appleyard-Samm-
lung« und dem außergewöhnlichen Studium der Feindfahrt
des von Suhren geführten U-Bootes im Sommer 1942 zu.
Viele Lücken, die sich mit jedem Foto zeigten, mussten beim
Zusammensetzen ihres Ablaufs geschlossen werden, eine
Forschungsarbeit, die sich zu einer ganztägigen Beschäfti-
gung in Deutschland, England und Frankreich entwickelte.
Dieses Buch ist ihr Resultat.

Eine vollständige Sammlung, die den Ablauf einer einzigen Feindfahrt dokumentiert, ist tatsächlich ein seltener
Fund und die Erfolge und Prüfungen, die *U 564* erfuhr, gewähren einen einzigartigen Einblick in das Leben an Bord
mittelgroßer U-Boote. Im Sommer 1942 von einem an Bord
kommandierten Kriegsberichterstatter aufgenommen, zeigen
diese Fotos ein U-Boot während seines Kriegseinsatzes im
Atlantik und in der Karibik, als sich die deutsche U-Boot-
Waffe am Rande dessen bewegte, was sich, im Nachhinein
betrachtet, als das unaufhaltsame Abgleiten in die Niederlage herausstellte. In der Phase des Krieges, in der diese Fotos
entstanden, konnten die U-Boote jedoch noch viel Zeit aufgetaucht im Mittelatlantik verbringen, ohne einen alliierten
Luftangriff zu befürchten, und eine beträchtliche Anzahl
alliierter Handelsschiffe ihrem Konto gutschreiben.

Die Besatzung des deutschen Bootes ist auf praktisch
jeder Station des Bootes zu sehen und auch mehrere andere
U-Boote und ihre Kommandanten sind auf den Fotos zu erkennen, während die »Wolfsrudel« zum Angriff oder zur
Versorgung zusammenkamen. Der Großteil dieser Bilder ist
zuvor noch nie veröffentlicht worden. Viele der Fotos sind
Filmausschnitte aus Wochenschauen, die als wöchentlicher
Kriegsbericht den deutschen Kinobesuchern gezeigt wurden,
während eine kleinere Auswahl den für Propaganda zuständigen Stellen des Heeres und der Kriegsmarine zugingen, um
in die Zeitschriften »Signal« und »Die Kriegsmarine« aufgenommen zu werden. Diese Bilder, die sich nunmehr in Gosport befinden, werden durch weitere ausgewählte Fotos aus
den deutschen Beständen des U-Boot-Archivs in Cuxhaven-
Altenbruch ergänzt. In diesem Archiv befinden sich ebenfalls
viele Fotos, die an Bord von *U 564* aufgenommen wurden
oder Besatzungsangehörige beim Landgang in Brest zeigen.
Viele dieser Fotos sind als inoffizielle »Schnappschüsse« entstanden. Der Grund für den Umfang des *U 564* betreffenden
Materials kann vielleicht durch die Persönlichkeit seines
Kommandanten erklärt werden: Reinhard Suhren mit dem
Spitznamen »Teddy«.

»Teddy« Suhren bleibt innerhalb der Welt der U-Boote
legendär – mit liebevollen Erinnerungen an seine gutherzige
Natur und seine Führungsfähigkeiten wie auch an seinen
respektlosen und rebellischen Witz, der häufig zu Zusam-
menstößen mit Vorgesetzten führte. In der deutschen Marine
war er als ein dynamischer Offizier bekannt. Ein Soldat mit
den höchsten Auszeichnungen und zur Elite der deutschen
U-Boot-Waffe gehörend, schoss Suhren mehr Torpedos erfolgreich während des Krieges ab als jeder andere – die meisten von ihnen während der Zeit, als er noch I. Wachoffizier[0d]
an Bord von *U 48* war, ehe er sein eigenes Kommando erhielt. Doch es ist nicht die bemerkenswerte militärische Leistung des »Teddy« Suhren, die auch heute noch das vertraute
Funkeln in den Augen eines jeden U-Boot-Veteranen hervor-
ruft, mit dem ich fast 60 Jahre nach Kriegsende sprach,

sondern es war eher sein unaufhörliches Widerstreben, sich der Starrheit erwünschten Denkens zu fügen. Veteranen können viel Zeit zubringen, um jene zahlreichen Anekdoten zu erzählen, die von seinen Widerwärtigkeiten mit den ihm Übergeordneten berichten. Doch trotz dieses Charakterzuges befand sich Suhren zuweilen dicht am Zentrum der Macht innerhalb Deutschlands. Er bekam die zweithöchste Tapferkeitsauszeichnung des Reiches, war zu einem Aufenthalt bei Martin Bormann und seiner Familie eingeladen und tanzte sogar mit Eva Braun. Letzten Endes gehörte er zu jenem glücklichen Drittel aller U-Boot-Männer, die die furchtbaren Verluste der U-Boot-Waffe während des Krieges überlebten. Reinhard Suhren starb im Herbst 1984 an Magenkrebs.

Es war schon seit langem mein Wunsch gewesen, eine Biografie dieses einzigartigen Mannes und seiner Kriegskarriere zu schreiben. Doch er hatte bereits selbst vieles davon mit seinem unnachahmlichen Stil in seiner Autobiografie festgehalten: *Nasses Eichenlaub*, 1983 nach vielen Interviews endgültig von Fritz Brustat-Naval zu Papier gebracht. Gesa Suhren erinnert sich lebhaft daran, wie ihr Vater die Geschichte seiner Frau Hannelore diktierte, die das gesamte Manuskript sorgfältig tippte. Somit versucht dieses Buch, das Leben an Bord von *U 564* in einer Zeit zu beschreiben, als der Ausgang des U-Boot-Krieges noch in der Schwebe hing. Doch auch Suhrens Witwe Hannelore und seine Tochter Gesa haben eine Vielzahl Anekdoten von seinen Taten berichtet; aber keine Studie über *U 564* könnte ohne einen Blick auf die außergewöhnliche Karriere dieses Mannes bis zum Jahre 1942 beginnen, als *U 564* mit einem PK-Berichter an Bord von Brest aus in See ging, um über diese Feindfahrt und die Kriegsführung im Atlantik zu berichten.

L. P.

Danksagungen

Wie stets wäre das Schreiben eines Buches wie dieses ohne die Hilfe und Unterstützung durch eine Vielzahl von Personen unmöglich. In erster Linie möchte ich gern Sarah Paterson für ihre Hilfe bei der Forschungsarbeit in Archiven und bei den Reisen auf der Suche nach Hinweisen kreuz und quer durch Deutschland sowie Audrey, Shane, Ray, Megan und James Paterson für ihre ständige Unterstützung und Ermutigung danken. Zweitens schulde ich Frank James großen Dank; denn ohne ihn wäre diese Fotosammlung nicht ans Licht gekommen, und der hinsichtlich ihrer Herkunft hervorragende Forschungsarbeit leistete.

Natürlich hätte diese Fotodokumentation ohne die freundliche Erlaubnis und Hilfe von Debbie Corner, der Verwalterin des Fotoarchivs im *Royal Navy Submarine Museum* (RNSM) in Gosport, überhaupt keine Gestalt angenommen. Doch auch Maggie Bidmead, Archivverwalterin im RSNM, trug mit Informationen, Ermutigung und manch schönem Nachmittagsplausch in ihrem Büro zum Gelingen bei – wie sie auch später das gesamte Buch für mich Korrektur las.

Die Vorbereitung des Manuskriptes unterstützte Elizabeth Burbridge in hohem Maße, indem sie mir gestattete, das in Beschlag zu nehmen, was einmal ihre Bibliothek war und nunmehr mein unordentliches Büro ist! Tonya Allens weiteres untadeliges Korrekturlesen half mir, die vielen Fehler zu vermeiden, die mein alles andere als perfektes Maschineschreiben hervorbringt, und ihre umfassende Kenntnis des Themas unterstützte mich bei der Überprüfung der Fakten. Lionel Leventhal und das gesamte Personal im Verlag *Greenhill Books* ließen die Herausgabe dieses Werkes zu einem Vergnügen werden.

Für Informationen, Hilfe oder Anregungen bin ich folgenden Personen zu tiefem Dank verpflichtet: Frau Hannelore Suhren, Gesa Suhren, Erik Lawaetz, Frau Lawaetz, Hans Hausruckinger, Jak Mallmann-Showell, Ted Savas, Carlo Guzzi, Ralf Bublitz, Jürgen Weber und der U-Boot-Kameradschaft, Mats Karlsson, Siri Lawson, Deborah Eaton (Leiterin der Bibliothek und Verwalterin der *Emden Naval Collection*, St. Edmund Hall, Oxford), Jürgen Schlemm (Herausgeber des ausgezeichneten »Das Archiv«), Frans Beckers, Ulrich und Christel Zimmermann, Erhard Holthusen und dem »Rowdy-Tisch« im »Deutschen Haus«, Peter Carlow (das »Lexikon der U-Boote«), David Beasley (der »Gottvater« der Parkplatzanlage in Portsmouth), »Saint« Mike und seinem nie endenden Papiernachschub, Bruce Dickinson, Dave Murray, Adrian Smith, Steve Harris, Clive Burr, Nicko McBrain, dem höflichen und hilfsbereiten Personal des *Public Records Office* in Kew sowie Horst und Annemarie Bredow vom »U-Boot-Archiv«* in Cuxhaven-Altenbruch.

Abschließend gilt mein aufrichtigster Dank den vielen Veteranen dieses schrecklichen Krieges, die ihr Wissen und ihre Erinnerungen mit mir geteilt haben. Im besonderen möchte ich gern erwähnen: Herbert Waldschmidt (*U 564, U 146, U 2374 und U 4719*), Hermann Hausruckinger (*U 564*), Jürgen Oesten (*U 61, U 106 und U 861*), Georg Seitz (*U 604 und U 873*), Horst Bredow (*U 288*) und Claus Peter Carlsen (*U 732*). L. P.

Der Motorbuch Verlag dankt Wolfram und Helma Schürer für die fachmännische Übertragung des Werkes ins Deutsche und die zahlreichen ergänzenden Anmerkungen.

---

*Anm.d.Übersetzers: **Zur Stiftung Traditionsarchiv Unterseeboote – U-Boot-Archiv** siehe eingehend Jak P. Mallmann-Showell: Kriegsmarine 1939–1945. Organisation, Strukturen, Einsatz, Motorbuch Verlag, Stuttgart 2000, S. 237ff. Die gemeinnützige Stiftung erhält keine Unterstützung durch offizielle Stellen und ist daher auf freiwillige Spenden angewiesen. Im Übrigen steht Herrn Bredow mit dem **Freundeskreis Traditionsarchiv Unterseeboote e.V.** ein Förderverein zur Seite, dem jeder beitreten kann. Die Anschrift für Anfragen lautet: U-Boot-Archiv, Bahnhofstraße 57, D-27478 Cuxhaven-Altenbruch.

Einführung

Reinhard Teddy Suhren kam im Frühjahr 1938 zur U-Boot-Waffe und besaß bereits den Ruf der Freimütigkeit und Offenheit, der von vorgesetzten Offizieren nicht immer geschätzt wurde. Mit einer großen Liebe zum Leben ausgestattet, die sich in einem rauen Sinn für Humor offenbarte, fühlte sich Teddy Suhren in Dönitz' Elitekorps bald heimisch. Dort gab sich der junge Mann oft überlegen, aber: »Sie [die Angehörigen der Flottille] hatten ihn alle gern. Er war überall bekannt; denn er war ein Original. Es gab nur einen Teddy Suhren.«[1]

Suhren hatte bereits eine turbulente Dienstzeit hinter sich, seit er im Alter von 18 Jahren in die deutsche Marine eingetreten war, und dies war ein Trend, der sich auch in den folgenden Jahren fortsetzte. Er wurde als Reinhard Johann Heinz Paul Anton Suhren am 16. April 1916 in Langen-

Kapitänleutnant Reinhard Suhren, genannt »Teddy«, mit wucherndem Bartwuchs ungewöhnlich aussehend, kehrt im Juni 1942 von einer erfolgreichen Feindfahrt mit U 564 in die Gewässer vor der Ostküste der Vereinigten Staaten von Amerika zurück. Um seinen Hals geschlungen, trägt er den von seiner Mutter gestrickten roten Schal – ein Talisman, den er selten abnahm, wenn er sich in See befand. An seiner Mütze das Abzeichen mit dem Kater, dem Symbol seines Bootes.

schwalbach/Taunus westlich von Frankfurt/M. im Hause seiner Großmutter geboren. Seine Eltern, Geert und Ernestine Ludovika Suhren, waren nach Ausbruch des Ersten Weltkrieges aus Samoa in die Heimat zurückgekehrt; denn bei Kriegsausbruch hatten neuseeländische Truppen die kaiserlich-deutsche Kolonie annektiert.

Als das 20. Jahrhundert herannahte, hatte sich das neu geschaffene Deutsche Reich nach erwerbbaren Territorien umgesehen – nach Überbleibseln der Kolonialreiche, die von den älteren europäischen Mächten bereits erworben worden waren. Schon bald hatte Deutschland mehrere Schutzgebiete bzw. Kolonien in Afrika und im Pazifik gegründet, darunter auch Deutsch-Samoa im westlichen Teil der Samoa-Inseln. Bestrebt, die Landwirtschaft und den Handel seines neuen Protektorats auszuweiten, hatte es Siedler ermutigt, zu den üppigen Samoa-Inseln auszuwandern, und unter ihnen befand sich auch Geert Suhren, der kurz zuvor sein Studium der Landwirtschaft in Halle abgeschlossen hatte. Er ließ sich in Apia nieder, dem Hauptort Dt.-Samoas auf der Hauptinsel Upolu, und bewirtschaftete eine florierende Pflanzung, die den Namen Tafaigata trug. 1913 kehrte er nach Deutschland zurück, aber sein Aufenthalt in Europa währte nur kurz – jedoch lange genug, um Ernestine Ludovika zu heiraten und mit ihr nach Samoa zurückzukehren. Ein Jahr später wurde dem zufriedenen Paar am 16. Mai 1914 ein Sohn geboren, der den Namen Gerd erhielt, wie dies die Familientradition für den erstgeborenen Jungen forderte.

Ihr Paradies hatte jedoch nur eine kurze Lebensdauer. Am 28. Juni 1914 wurde der österreichische Erzherzog Franz Ferdinand in Sarajewo ermordet und innerhalb weniger Wochen befand sich Europa im Krieg. Unmittelbar nach Kriegsausbruch trafen rasch neuseeländische Truppen ein, um Deutsch-Samoa als Protektorat Neuseelands zu beanspruchen, und die Südsee-Idylle war für die Familie Suhren vorüber. Geert und Ernestine Suhren begaben sich mit ihrem kleinen Sohn in den amerikanischen Ostteil der Samoa-Inseln und reisten von Pago Pago aus nach San Francisco. Von

New York aus fuhren sie unter dem falschen Namen »Mr.
und Mrs. Gasket« an Bord eines norwegischen Dampfers
nach Bergen. Geert Suhren war es gelungen, seine ausgepräg-
ten Korpsstudenten-Schmisse – ein sicheres Anzeichen deutscher Universitätsausbildung – mit einem starken Bart zu
verdecken, den er sich nach dem Eintreffen in Deutschland
sofort abnehmen ließ. Seine Frau und seinen Sohn bei ihrer
Mutter in Langenschwalbach (heute Bad Schwalbach) zu-
rücklassend, meldete er sich bei seinem Regiment, den
18. Ulanen in Leipzig, und ging mit ihm als Rittmeister der
Reserve (Führer einer Eskadron und einem Hauptmann
ranggleich) an die russische Front. Dort hielt er sich gut und
erhielt für Tapferkeit das Eiserne Kreuz II. Klasse. Ende 1916
wurde er sogar mit dem Ritterkreuz des Militär-Sankt-Heinrichs-Orden ausgezeichnet. Diese zweithöchste Auszeichnung des Königreiches Sachsen bekam er für hervorragende
persönliche Tapferkeit auf dem Schlachtfeld bei den grimmi-
gen Kämpfen gegen die russischen Truppen während der
3. Offensive General Alexej Brussilows im Südabschnitt der
Ostfront.[2/2a] Im Regimentsbericht stand über ihn zu lesen:
»Durch seine persönliche Tapferkeit und der eisernen Kraft
seines Willens riss er die durch vorherige anstrengende
Kämpfe und tagelangen Marsch erschöpften Ulanen mit und
eroberte trotz stark befestigter russischer Stellungen nach
zwölfstündigem Kampf Tulitschew.«
   Im November 1918 ersuchte Deutschland um Waffenstill-
stand, der am 11. November in Kraft trat, gefolgt von langen
Jahren inneren Zwistes und von Unruhen. Bevölkerung und
Ressourcen des Landes waren zum einen durch einen über
vier Jahre lang geführten unerbittlichen Krieg und zum anderen durch die harten Bedingungen des Versailler Vertrages
nach der Kapitulation ausgeblutet. Die Suhrens gehörten zu
jenen, die unter der galoppierenden Inflation litten und bald
verarmt waren wie die Millionen anderen Namenlosen im
Reich. Eine Rückkehr nach Samoa, um ihre verlorene Plan-
tage zurückzufordern, stand außer Frage. Aber, indem Geert
Suhren seine landwirtschaftliche Ausbildung aufs Äußerste

nutzte, leitete er an wechselnden Orten verschiedene Domä-
nen und erhielt schließlich den Posten des Direktors der
sächsischen Versuchsgüter.

Selbst in diesen Stadien ihres Lebens waren die Charakte-
re der beiden jungen Suhren-Brüder klar umrissen. Gerd und
Reinhard waren fast wie zwei Seiten derselben Münze:
»Schon möglich, dass sie sich auf eine Weise ähnlich waren,
aber andererseits waren sie auch sehr verschieden. ... Gerd
war weitaus ruhiger und selbstkritischer als Teddy. ... Er war
vielleicht die edlere Ausgabe der Suhren-Brüder, vorneh-
mer.«[3] Bald gesellte sich zu den unzertrennlichen Brüdern
auch noch eine Almut genannte Schwester, deren Veranlagung sehr der ihres ältesten Bruders glich. Während Gerd
lernbegierig und ruhig war, mit seinem scharfen analytischen
Verstand lebhaft an der Technik interessiert, war Reinhard
ausgelassen und temperamentvoll, mit einem ständigen Grinsen ausgestattet, das ein Ärgernis vieler Lehrer und Vorgesetzter war. Dies war ein persönlicher Charakterzug, der mit
ihm in den schwierigen Jahren, die folgten, fortbestehen sollte.

Durch den Stellenwechsel des Vaters bedingt, besuchte
Reinhard eine Reihe von Schulen; nach seinen eigenen Worten war er »nicht besonders fleißig, aber ich kam immer über
die Runden«. In dieser Zeit entwickelte er eine Vorliebe für
das Reiten und Segeln. Die letztere Befähigung wurde damals
besonders an der Hermann-Lietz-Schule auf Spiekeroog vermittelt, ein ländliches Internat nach englischem Vorbild. Die
Schulen dieses deutschen Pädagogen pflegten vor allem das
Gemeinschaftsleben der Schüler; sie gibt es heute noch.
Sobald sie alt genug waren, lernten die beiden Brüder das
Motorradfahren und entfalteten unter Druck jene Art Gelassenheit, die später ein Merkmal ihrer militärischen Laufbahn
wurde. »Ihr Selbstvertrauen auf der Straße war sehr ungewöhnlich, wie auch ihre untrügliche Fähigkeit, wichtige Ent-
scheidungen in Augenblicken der Gefahr zu treffen.«[4]

Später besuchten Reinhard und Gerd die Deutsche Ober-
schule in Bautzen, eine staatliche höhere Schule zur Förde-
rung des deutschen Kulturgutes, wobei sie von ihrem Zuhau-

se in Drehsa mit dem Motorrad in die Schule fuhren. Während der letzten großen Ferien seiner Schulzeit absolvierte Reinhard in Neustadt/Holstein einen Segellehrgang in der Hoffnung, sein Können zu verbessern. Im Deutschland der Wiederaufrüstung wurde sogar bei so harmlosen Betätigungen wie Segelunterricht auf eine vormilitärische Ausbildung Wert gelegt, und Reinhard, der sich mit dem Gedanken trug, nach der Schulzeit in die Marine einzutreten, war entschlossen zu beeindrucken; denn die Annahme als Offiziersanwärter hing hiervon ab. Sobald der junge Mann mit seinen 1,62 m Körpergröße zu den übrigen Teilnehmern seines Lehrgangs an der Hanseatischen Yachtschule stieß, musste er lernen, im Gleichschritt zu marschieren. Bei dieser Gelegenheit kam er zu seinem Spitznamen. Während des Exerzierdrills bei den Marschübungen begann sein Hintermann plötzlich schallend zu lachen. »Mensch, Reinhard, wenn ich dich so marschieren sehe, kommst du mir wie ein Teddybär vor!«[5] Vom Spott über sein wenig militärisches Aussehen unbeeindruckt bleibend, ignorierte er die Bemerkung und konzentrierte sich darauf, im Gleichschritt zu bleiben.

In Bautzen schloss er schließlich seine Schulzeit 1935 mit dem Abitur ab und bereitete sich nach dem Verlassen der Schule auf seinen weiteren Lebensweg vor. Anfangs fühlte er sich eine Zeit lang zur Medizin hingezogen, eine Berufung, die von einem Vorfahr seiner Mutter herrührte. Sein Urgroßvater war Gynäkologe gewesen und in dieser Eigenschaft auch von der Großherzogin von Hessen-Nassau, einer Tochter der Königin Victoria von England, konsultiert worden. Diese öffnete ihm den Zugang zum Zarenhof in St. Petersburg. Dort hatte er die ärztliche Leitung bei der Geburt des Zarewitsch gehabt, eines Bluters, denn die letzte Zarin, eine geborene Prinzessin Alice von Hessen, hatte die Bluterkrankheit (Hämophilie) dem russischen Thronfolger durch ihre Abstammung aus dem englischen Königshaus vererbt. Doch Reinhard fühlte sich auch zur See hingezogen und es war vielleicht sein Bruder Gerd, 1933 als Anwärter für die Ingenieuroffiziers-Laufbahn in die Reichsmarine eingetreten, der seinen Entschluss beeinflusste. Er erhielt am 5. April 1935 von der Marine, inzwischen von »Reichsmarine« in »Kriegsmarine« umbenannt, seine Einberufung als Seeoffiziers-Anwärter zur II. Schiffsstammabteilung der Ostsee.[5a] Teddy Suhren sagte später: »Mein Vater, in diesen Dingen erfahren, gab mir einen Rat mit auf den Weg: Du kannst nichts, du weißt nichts, du stellst dich von Anfang an dumm und bist hocherfreut, so viel Neues und für dein Leben Wichtiges beigebracht zu bekommen. Und das war durchaus nicht verkehrt.«[6]

Adolf Hitlers Nationalsozialistische Arbeiterpartei (NSDAP) befand sich 1935 im dritten Jahr nach ihrer Machtübernahme. Die Veränderungen brachten in Deutschland neuen Wohlstand und die Streitkräfte, nunmehr offiziell »Wehrmacht« genannt, gehörten zu jenen, die hieraus Nutzen zogen. Doch es gab auch viele, die von der neuen Regierung eine schlimme Zukunft befürchteten. Im Hause Suhren gehörte Vater Geert zu jenen Konservativen, die an den aufrichtigen Absichten und Fähigkeiten des NS-Regimes zweifelten. Diese Haltung färbte auf Reinhard ab, der stets seinem Vater zugehört hatte. Doch im April 1935, im Alter von 18 Jahren, lag das Thema Politik weit außerhalb von Reinhards Denken, als er zum Dänholm[6a] reiste, um bei der 2./II.S.St.A., der 2. Kompanie der II. Schiffsstammabteilung der Ostsee, seine Ausbildung in der Seeoffiziers-Laufbahn zu beginnen. Dort absolvierte der neue Einstellungsjahrgang an Offiziersanwärtern, die »Crew 35«, seine dreimonatige infanteristische Grundausbildung. Reinhards Korporalschaftsführer war der ostpreußische Bootsmannsmaat Jodeit. Obwohl er sich in seiner Autobiografie liebevoll an ihn erinnert, wurde Reinhard mit seiner unbeugsamen Fähigkeit, in jeder Situation den Humor zu erkennen, gepaart mit einem unverschämten Grinsen und Unschuldsblick, zum häufigen Zielobjekt von Jodeits Missfallen, sehr zur Erheiterung der übrigen Korporalschaft in dessen breitem ostpreußischen Dialekt geäußert:

»Matrose *Suhren! Drei Schritte vortreten!*«
»Matrose *Suhren! Wissen Sie, was Sie sind?*«
»*Nein, Herr* Bootsmaat.«
»*Sie sind ein Makako! Was sind Sie?*«
»*Ich bin ein Makako, Herr* Bootsmaat.«
»Matrose *Suhren! Das eine sage ich Ihnen, mit diesen Stiefeln blamieren Sie nicht nur unsere Korporalschaft, sondern die ganze Marine.*«
»*Jawohl, Herr* Bootsmaat.«
»*Was heißt hier* ›*Jawohl*‹? *Wollen Sie mich verscheißern?*«
»*Nein, Herr* Bootsmaat.«[7]

Der unglückliche Matrose Reinhard Suhren hatte beim Einkleiden ein Paar Stiefel erhalten, damals »Knobelbecher« genannt, deren Schäfte mit der rauen Seite nach außen angenäht waren. Mit diesen nicht blank zu polierenden Stiefeln musste er zur Strafe auf dem Exerzierplatz des Dänholm als »Pinguin« um die Gruppe hüpfen, d.h. das Gewehr in den ausgestreckten Armen haltend und in Kniebeuge. Doch auch bei anderen Übungen im Gelände jagte ihn Jodeit zur Strafe mit einem veralteten wassergekühlten Maschinengewehr – dem MG 08/15 – durch eine große Sandkuhle auf die andere Seite und wieder zurück. Auf dem Dänholm traf er auch seinen alten Freund aus Neustadt i.H., der zu einer anderen Kompanie gehörte. Als er Suhren erblickte, brüllte er zur Begrüßung und zum schallenden Gelächter von Suhrens Kameraden über den ganzen Exerzierplatz: »Mensch, Teddy, du bist ja auch hier!« Sehr zu seinem Ärger blieb dieser »unmännliche« Spitzname an ihm haften und er war von da an in seiner Crew der »Teddy«. Als sein Stolz nach diesem Anschlag auf seine Statur schließlich wiederhergestellt war, fügte sich Teddy resignierend in sein Schicksal, akzeptierte den neuen Namen und benutzte ihn bald mit einer gewissen Vorliebe selbst. Seinen richtigen Vornamen kannte kaum noch jemand.

Den drei Monaten der Grundausbildung folgten weitere drei Monate seemännische Ausbildung an Bord des Segelschulschiffes GORCH FOCK, einer Dreimastbark, die in der Ostsee und in der Nordsee kreuzte. Teddy Suhren hatte seine Station in der Regel auf der Oberbramrah des Großmastes, denn er war an Bord einer der Kleinsten und daher für diese Höhe eine natürliche Wahl. Während einer Ankerwache vor Fehmarn hatte er das Pech, sich eine schlimme Quetschung des linken Beins zuzuziehen, als es zwischen der Bordwand und einem längsseits festgemachten Kutter eingeklemmt wurde, den eine See anhob, als er ihn sichern wollte. Fast hätte Teddy Suhren diesen Ausbildungsabschnitt abbrechen müssen, aber nach drei Wochen schmerzhafter Physiotherapie konnte er seine Station oben im Mast wieder einnehmen.

Anschließend erhielten Teddy Suhren und die übrige Crew 35 im September 1935 ihre Beförderung zum Seekadett mit der gleichzeitigen Kommandierung auf den Kleinen Kreuzer EMDEN, einen der Schulkreuzer, der mit den Kadetten zu einer neun Monate dauernden Auslandsreise auslief: Azoren, Bermudas, in die Karibik, durch den Panamakanal in den Pazifik, an die Westküste der USA und nach Hawaii.[8] Von den ausländischen Häfen, die er mit der EMDEN besuchte, sah Teddy Suhren nur wenig. Von den Ausbildern und der Stammbesatzung des Kreuzers hart hergenommen, blieb für erste Schritte der Kadetten während der Auslandsaufenthalte nur wenig Zeit übrig.

Nach der Rückkehr von dieser Auslandsreise im Sommer 1936 zum Fähnrich zur See befördert,[8a] hatten Teddy Suhren und die über 400 Angehörigen der Crew 35 ihre Ausbildung an der berühmten »Roten Burg an der See« fortzusetzen: der Marineschule in Mürwik, einem Vorort im Osten von Flensburg. Dort bekamen sie alle Kenntnisse und Fähigkeiten vermittelt, um Marineoffiziere zu werden – Navigation, Signalwesen, Schiffbau, Taktik, Führerschaft, Seeverkehrsrecht, Mathematik und Englisch –, aber auch um sich zum *Gentleman* heranzubilden: Tanzen, Fechten, Reiten und Segeln. Teddy Suhren glänzte mit seinen Leistungen. In der Bewertung der Diensttüchtigkeit erreichte er bei einer Skala von 1–9 die Gesamtziffer 7,5. Vor allem im Artillerie-

schießen zeichnete er sich aus. Doch auch hier zog er sich den
Zorn des Kommandeurs der Schule zu. Seine ausgezeichnete
Sehkraft ermöglichte es ihm, mit außerordentlicher Genauigkeit die Aufschläge des eigenen Artilleriefeuers zu beurteilen
und rasche Korrekturen durchzuführen, so dass er imstande
war, mit dem dritten Schuss einen Volltreffer zu erzielen –
das umständliche offizielle Verfahren der Schusskorrektur
aufgrund seiner eigenen Beurteilungsfähigkeit abkürzend.
Vom Kommandeur der Schule belobigt, erlaubte sich Fähnrich z.S. Suhren unvorsichtigerweise, zu offen zu sprechen
und das »eingeführte Verfahren« zur Schusskorrektur zu
kritisieren. Unter dem erstickten Gelächter seiner Crew-
Kameraden erhielt er einen Anpfiff. Nichtsdestoweniger
konnte sogar dieser Vorfall seine ausgezeichnete Bewertung
nicht beeinträchtigen und er blieb der Beste seiner Kompanie – bis zum Rosenmontag 1937.

Der »Rosenmontag« krönte nach rheinländischer Tradition den Karneval und er wurde von den Fähnrichen auch in
Flensburg gefeiert. Hierzu hatten die Fähnriche aller Kompanien Urlaub bis 06.00 Uhr erhalten – bis auf Suhrens Fähn-
richskompanie. Sein Kompaniechef hatte den Urlaub um
eine Stunde verkürzt und auf 05.00 Uhr begrenzt, eine Tatsache, die Teddy Suhren bei reichlich Bier und Wein prompt
vergaß, während das Tanzbein bis in den frühen Morgen ge-
schwungen wurde. Im letzten Augenblick erkennend, dass er
im Gegensatz zu seinen feiernden Kameraden bereits um
05.00 Uhr zurück sein musste, passierte Teddy Suhren nach
Dauerlauf und in letzter Minute erwischter Straßenbahn um
wenige Minuten zu spät das Tor der Marineschule. Ein
diensteifriger Gruppenoffizier meldete ihn zum Rapport
beim Kompaniechef wegen Urlaubsüberschreitung und dann
stand Teddy Suhren vor einem wütenden Korvettenkapitän,
wobei seine bloße Anwesenheit den Zorn seiner Vorgesetzten
um so mehr zu entfachen schien. Am schmerzlichsten für den
besorgten Teddy Suhren war, dass Kapitänleutnant Walther
Kölle, sein Gruppenoffizier, der ihm in den vergangenen
Wochen so gute Beurteilungen gegeben hatte, schweigend da-

neben stand und ihn nicht verteidigte, während die Anschuldigungen Suhren buchstäblich zerrissen. Die Folgen hätten verhängnisvoll sein können. In wenigen Wochen sollte die Offiziershauptprüfung abgelegt werden, und die Bewertung der Diensttüchtigkeit in Verbindung mit den Prüfungsergebnissen ergab die Rangstufe eines jeden Fähnrichs, die sich in der Rangliste niederschlug. Teddy Suhrens Diensttüchtigkeitsbewertung wurde von 7,5 zunächst auf 4 herabgesetzt und später auf 5 korrigiert – sie entsprach einer Herabstufung vom Klassenbesten zum Klassenletzten. Er würde Kölle nie das verzeihen, was er als dessen Treubruch betrachtete. Doch eines Tages sollte Suhren mitten im Atlantik eine kleine Genugtuung erfahren.

Schließlich bestand er die Offiziershauptprüfung und zusammen mit der korrigierten Bewertung der Diensttüchtigkeit kam er auf die erforderliche Rangstufe. Doch seine Konduite hatte einen dauerhaften Fleck, der ihn überallhin begleitete. So auch zu seinem ersten richtigen Bordkommando, als der Fähnrich z.S. Suhren im Herbst 1937 zur praktischen Bordausbildung auf den Zerstörer MAX SCHULTZ abkommandiert wurde, der zur 1. Zerstörerdivision in Swinemünde gehörte. Dort schien der Himmel das Missgeschick auf den glücklosen Teddy Suhren herabregnen zu lassen, als KKpt. Martin Baltzer, der Kommandant des Schiffes, sofort eine Abneigung gegen den jungen Mann fasste: »Anscheinend wirkte mein bloßes Auftreten schon provozierend, zumal ich als einer der Kleinsten alles andere als ein Duckmäuser war und mich nicht brechen ließ. Ich war ich und wollte so bleiben.«[9] Wie dies ein befreundeter Maat in seinem Berliner Dialekt ausdrückte:

»Fähnrich, det will ick dir sagen, wenn de erst einmal verschissen hast, dann hilft dir nischt, dann haste immer verschissen. Denn kannste allens bestens, aber auch allerbestens machen, det niemand nischt mehr findet. Und am Ende scheißt der Alte dir doch an, weil de ihm de Deckswarzen zu tief ins Eisendeck trittst!«[10]

Zu einem Zeitpunkt hatte Teddy Suhren sogar in Betracht gezogen, die Marine zu verlassen. Er vertraute sich seinem Bruder Gerd an – der bereits Leutnant (Ing.) war – und dessen entsetzte Reaktion sowie seine Hilfe, wie er die Meinung seines Kommandanten beeinflussen könnte, überzeugten ihn vom Verbleib in der Marine. Der seit Anfang Januar 1938 zum Oberfähnrich z.S. beförderte Teddy Suhren wurde schließlich bereits am 1. April 1938 zum Leutnant z.S. befördert und ohne sein Zutun gleichzeitig zur U-Boot-Waffe abkommandiert. Eine völlig neue Welt begrüßte und schätzte tatsächlich unkonventionelle Offiziere und ihm eröffnete sich ein selbstständiges Denken. Teddy Suhren hatte endlich seinen Platz gefunden.

Während der U-Boot-Ausbildung an der U-Boot-Schule in Neustadt i.H. erlernte er das Handwerkszeug seiner neuen Tätigkeit. Die zwanglose Atmosphäre und Kameradschaftlichkeit, die für Dönitz' kleines Korps so typisch war, fand bei Teddy Suhren großen Anklang und infolgedessen blühte er förmlich auf. Unter den Lehrgängen, die er zu absolvieren hatte, befand sich auch der Wachoffiziers-Lehrgang, für dessen Dauer Teddy Suhren auf *U 1* (Oblt.z.S. Jürgen Deecke) kommandiert war, einem sog. »Einbaum« vom Typ II A (250 t), der zur Schulflottille gehörte. Als er sich an sein neues Leben gewöhnt und die U-Bootausbildung abgeschlossen hatte, wurde er im November 1938 der U-Flottille »Wegener« zugeteilt, um als Wachoffizier auf *U 48* eingesetzt zu werden, das sich zu dieser Zeit auf der Krupp-Germaniawerft in Kiel noch im Bau befand. In der rasch wachsenden U-Boot-Waffe unter dem Kommando des damaligen Kpt.z.S. Karl Dönitz als Führer der Unterseeboote (FdU) wurde die U-Flottille »Wegener« später als die 7. U-Flottille bezeichnet. Zum Zeitpunkt des Eintreffens von Teddy Suhren hatte sie vier Boote aufzuweisen: *U 45, U 46, U 47* und *U 51*, während vier weitere Boote, darunter auch das von Suhren, ihrer Fertigstellung entgegensahen. Bei der U-Boot-Waffe der Vorkriegszeit wurden außerordentlich hohe Maßstäbe angelegt und geeignete Offiziere waren knapp. Um dem Mangel an ausgebildeten Männern abzuhelfen und auch um jenen, die gerade ihre Ausbildung beendet hatte, eine größere Erfahrung zu vermitteln, ließ Dönitz die »überzähligen« Männer auf den verfügbaren U-Booten rotieren. Auf diese Weise fand sich Teddy Suhren auf drei der vier »Wegener«-Boote als II. Wachoffizier (II.WO) wieder: *U 51, U 46* und *U 47*. Die Erfahrungen auf jedem Boot unterschieden sich genauso beträchtlich wie die Temperamente der einzelnen Kommandanten. Während Kptlt. Ernst-Günter Heinicke (*U 51*) und Kptlt. Herbert Sohler, beide ruhig und selbstbewusst, ältere Marineoffiziere mit einem Jahrzehnt Erfahrung waren, gehörte der sprunghafte Kptlt. Günther Prien (*U 47*) zur Gruppe der Handelsschiffsoffiziere, die unter besonderen Bedingungen in die Kriegsmarine übernommen worden waren, um den Offiziersmangel auszugleichen, der durch den Verlust eines großen Teil der Offiziersanwärter der Crew 32 beim tragischen Untergang des Segelschulschiffes NIOBE und durch die rasche Expansion der Marine entstanden war.[10a] Zäh, fähig und leidenschaftlich in seinem Beruf, war Prien eine überaus strenge Persönlichkeit. Er konnte jeden, der sich nicht bewährte, mit seinem scharfen Verstand in Fetzen reißen. Teddy Suhren gehörte jedoch nicht zu jenen, die sich sein Missfallen zuzogen; ihm gefiel es an Bord. Während seiner Dienstzeit auf *U 47* nahm er die unkonventionelle Art des erfolgreichen Führens eines U-Bootes von einem Mann auf, der zu Deutschlands legendären Kommandanten gehörte, und schloss enge Freundschaft mit dem freundlichen, ruhigen – und von der Statur her gleichermaßen kleinen – Engelbert Endrass, gerufen »Bertl«, der Priens I.WO war.

1938 kannte aus dem kleinen Kreis der U-Boot-Offiziere jeder den anderen. Loyalitäten innerhalb der Flottillen verstärkten die Bande, so dass die Offiziere der U-Flottille »Wegener« in den schwierigen Jahren, die folgen sollten, aufs Engste miteinander verbunden blieben. An einem Frühlingsmorgen im April 1939 stand der Lt.z.S. Teddy Suhren als I.WO mit der Besatzung an Oberdeck angetreten,

als der Kommandant, Oblt.z.S. Herbert Schultze, *U 48* (Typ
VII B) mit dem Kommando »Heißt Flagge und Wimpel!« in
Dienst stellte und die Flagge der Kriegsmarine zum ersten
Male auf dem Boot wehte. *U 48* begann, sich auf seinen
Werdegang vorzubereiten, der erst am 3. Mai 1945 mit der
Selbstversenkung enden sollte. Im Sommer 1939 geriet
Teddy Suhren einmal mehr mit einem Vorgesetzten in Kon-
flikt: dieses Mal mit keinem Geringeren als Karl Dönitz, der
damals noch Kpt.z.S. und Kommodore der FdU war.[10b] Er
rügte ihn, als er während eines Artillerieschulschießens an
Bord von *U 48* eine unmilitärische Ausdrucksweise benutzte.
Hinter den harschen Worten von Dönitz war jedoch eine un-
ausgesprochene Anerkennung der hervorragenden Schieß-
kunst von Teddy Suhren und der Bereitschaft zu erkennen,
die Starrheit abzustreifen, die zuweilen die Überwasserflotte
kennzeichnete, um die gewünschten Ergebnisse zu erzielen.[10c]

   Unter drei erfolgreichen Kommandanten – die alle das
Ritterkreuz des Eisernen Kreuzes erhielten – und während
insgesamt zwölf Feindfahrten (25. August 1939–21. Juni
1941) wurde *U 48* das erfolgreichste U-Boot des Zweiten
Weltkrieges. Von den 54 Handelsschiffen mit insgesamt
324.131 BRT, die dem Boot zum Opfer fielen, hatte Teddy
Suhren über die Hälfte mit Torpedoschuss versenkt, ein erst-
klassiges Ergebnis für einen I.WO, der nur dann die Torpedos schoss, wenn das U-Boot über Wasser angriff. Am 3. November 1940 bekam Teddy Suhren in Anerkennung dieser
Leistung als erster Wachoffizier eines U-Bootes das Ritterkreuz des Eisernen Kreuzes.[11]

   Der zweite Kommandant von *U 48* – KKpt. Hans-Rudolf
Rösing – übernahm das Boot Ende Mai 1940 als zeitweiligen
Ersatz für den erkrankten Kptlt. Herbert Schultze. Er hatte
den Vorteil, mit *U 48* gut vertraut zu sein, da er seit Januar
1940 die 7. U-Flottille geführt hatte:

Schultze hatte eine ausgezeichnete Besatzung – eine der bes-
ten, die ich je kennen lernte. Als er ernsthaft erkrankte und
nicht hinausfahren konnte, brauchte das Boot einen anderen

Kommandanten. So kam ich drei oder vier Tage vor dem Auslaufen zur Feindfahrt an Bord von U 48. Da ich alle Besatzungsangehörigen kannte, war das kein Problem und ich sagte ihnen: »Jedes Boot hat seine Gewohnheiten. Es bleibt alles so, wie es ist, und wenn ich etwas nicht mag, dann werde ich es Ihnen sagen.« Aber es gab nur eine einzige Änderung. Meine Glückszahl ist die Sieben und deshalb achtete ich darauf, dass jeder Kurs, den wir steuerten, durch die Sieben teilbar war. Und obwohl wir in der deutschen Marine die Gewohnheit hatten, »Dez« zu befehlen, d.h. 10° nach Backbord oder Steuerbord zu steuern, gab ich die Weisung, dass dies jetzt »7° nach Backbord oder Steuerbord« zu heißen hatte. Dies hatte im Grunde keine Bedeutung, aber diese Kleinigkeiten sind für die Stimmung der Besatzung wichtig. ... Suhren und [Otto] Ites, die meinen Wunsch befolgten, verstanden das. Zusammen mit [Erich] Zürn, dem Leitenden Ingenieur, waren wir ein prächtiges Team.

Wenn wir warteten und in der Messe saßen, spielten wir »Fang' den Hut!«, ein Spiel für Kinder; denn im Kriege gab es natürlich lange Perioden der Langeweile, unterbrochen durch kurze Perioden großer Besorgnis. Karten spielten wir nie. Wir redeten miteinander ... und waren in unserer kleinen Messe eine gute »Gang« – eine glückliche Besatzung.

Suhren war ein sehr humorvoller Mann und außerordentlich selbstbewusst. Daher musste man ihn unterstützen. Wenn man ihn in Ruhe ließ, während man ihm die Unterstützung gewährte, die er brauchte, war er ausgezeichnet. Er war auch ein hervorragender Torpedoschütze.

Nachdem ich zwei Feindfahrten an Bord war, liefen wir als eines der ersten Boote in Lorient ein. Unmittelbar danach telefonierte ich mit Dönitz, der zu mir sagte: »Sie müssen das Boot verlassen.« Nun, ... ich ließ ihn wissen, dass ich nicht dieser Meinung war. Aber natürlich war es für ihn wichtig, dass ich ging, denn viele der älteren Kommandanten, die erfahrenen Männer der Friedenszeit, waren gefallen. Wir waren nur noch wenige, und er brauchte uns für andere Aufgaben. So wurde ich zu den Italienern nach Bordeaux ge-

schickt. Ich hätte es vorgezogen, bei einer derart prächtigen Besatzung zu bleiben; denn wir waren mehr als Kameraden.[12/12a]

Die unter Herbert Schultze begonnene Glückssträhne des Bootes setzte sich unter Rösings Kommando fort und Teddy Suhren begegnete seinem neuen Kommandanten mit großem Respekt für dessen Führungsstil und seinen Umgang mit den Männern. Sie hätten für jeden Offizier, dem es nicht gelungen wäre, ihr Vertrauen zu gewinnen, eine schwierige Besatzung sein können; denn die Männer an Bord von *U 48* waren eine eng verschworene Gemeinschaft, die keinen Dummkopf als Kommandant geduldet hätte. Kptlt. Heinrich Bleichrodt, wie Prien ein ehemaliger Offizier der Handelsmarine, war der dritte Kommandant des Bootes und unter seiner Führung erhielt Teddy Suhren das Ritterkreuz, da sich Bleichrodt geweigert hatte, die Auszeichnung entgegenzunehmen, wenn Suhren sie nicht ebenfalls bekäme. Bis Ende Oktober 1940, als Suhren nach Memel als Lehrer für die Torpedo-Schießausbildung abkommandiert wurde, hatte *U 48* auf seinen Feindfahrten 119 Torpedos verschossen – 65 von ihnen hatte Teddy Suhren geschossen, von denen wiederum 30 Torpedos ihr Ziel trafen (ca. 200.000 BRT versenkter Schiffraum).

Im Februar 1941 war *U 564* vom Typ VII C in Hamburg auf dem riesigen Gelände der Werft Blohm & Voss vom Stapel gelaufen und Teddy Suhren wurde am 1. März 1941 zur Übernahme seines ersten Kommandos abkommandiert. Nach der Baubelehrung und den Werfterprobungen stellte er sein neues Boot am 3. April 1941 für die Kriegsmarine in Dienst. Neben seinem vorauseilenden Ruf brachte er von *U 48* ein weiteres Erbe mit: das Wappen des Bootes – ein inoffizielles Symbol, wie es die Kommandotürme fast aller Front-U-Boote zierte. Für *U 564* behielt Teddy Suhren den Glücksbringer seines alten Bootes bei: einen großen schwarzen Kater mit in die Höhe gerecktem Schwanz, dessen Buckel sich über der Ziffer »3 X« wölbte. In Deutschland wie in anderen Ländern gilt eine schwarze Katze als Unglücksbote, aber die Beschwörung »3-mal« soll das Unglück abwenden und das Glück herbeibringen. Schon bald trugen Kommandant und Besatzung ihre eigenen, kleineren Metallabzeichen des Katers an den Mützen und das jüngste »Dreimal-schwarzer-Kater-Boot« zog in den Krieg.

Sogar heute noch erinnern sich manche an Teddy Suhren als einen Außenseiter, der häufig mit Vorgesetzten zusammenstieß, aber auch an seinen unbezähmbaren Humor sowie an sein Talent für die Führung seiner Männer und für die U-Boots-Kriegsführung. Die Geschichten über seine Taten an Land und die beinahe ständigen Verweise wie auch jene über seine Kaltblütigkeit im Kampf sind fast legendär geworden.

In einem Land, in dem die hektische Tätigkeit der Sicherheitsorgane des Reiches einen Menschen für die geringste Verunglimpfung der Staatsführung verurteilen konnte, hielt Dönitz zum Glück für Teddy Suhren seine schützende Hand über die große Mehrheit seiner Männer und besonders über jene, die in seiner Gunst standen. Teddy Suhren war bereits in das Blickfeld der Abwehr-Dienststelle Hamburg dieses militärischen Nachrichtendienstes geraten, weil er unter anderem Verbindung zu einer Jüdin hätte und in Uniform mit einem Neger trinkend in einer Bar gesehen worden wäre. Die Abwehr hatte der U-Boot-Führung ein vier Schreibmaschinenseiten langes Dossier zugeleitet. KAdm. Hans-Georg v. Friedeburg, der als 2. Admiral der U-Boote der Vertreter von Dönitz war, konfrontierte Suhren mit diesem Bericht, an dessen Rand der Admiral bereits handschriftlich »So ein Quatsch!« angemerkt hatte. Damit war die Angelegenheit erledigt. Eigentlich war dem jungen Teddy Suhren das gesamte Problem hinsichtlich der Überlegenheit der arischen Rasse ein Gräuel. Nach dem 6. September 1941, als das NS-Regime verfügt hatte, dass alle deutschen Juden einen außen auf die Kleidung aufgenähten gelben Davidsstern zu tragen hatten, wurde auch Teddy Suhren mit diesem Ereignis konfrontiert:

*Wir wurden draußen auf den Meeren umhergejagt und beka-
men praktisch gar nicht mit, was sich zu Hause eigentlich tat.
Zwei Jahre später [d.h. 1942] besuchte ich während eines
Urlaubs meine Eltern und fuhr über Berlin, wo mir auf dem
Kurfürstendamm ältere Herrschaften auffielen, die an ihrer
Kleidung einen gelben Stern trugen. Naiv genug, frug ich
einen der Betroffenen nach dessen Bedeutung. Der sah mich
ganz verdutzt an.*
*»Lieber Herr Offizier, das ist doch ein Judenstern, mit dem
wir uns in der Öffentlichkeit zeigen müssen.«*
*Das ging mir noch immer durch den Kopf, als ich in einem
Straßenkaffee saß und zwei Hitlerjungen aufkreuzten. Sie
wollten von mir ein Autogramm oder eine sonstige Unter-
schrift, die ich aber kurz angebunden verweigerte. Die
frischen Jungen konnten nichts dafür und waren verwundert
und verletzt. Ich aber auch, wenn auch aus einem anderen
Grunde.*[13]

Fünf Feindfahrten in den Nordatlantik und entlang der
amerikanischen Ostküste hatten auf Teddy Suhrens bereits
beeindruckendem Konto seines erfolgreichen Werdegangs bis
zum Sommer 1942 weitere beträchtliche Erfolge angesam-
melt. Hinzu kamen am 31. Dezember 1941 die Verleihung
des Eichenlaubes zum Ritterkreuz des Eisernen Kreuzes
durch Hitler im Führerhauptquartier »Wolfsschanze« und
am Tage darauf die Beförderung zum Kapitänleutnant durch
Großadmiral Raeder in Berlin:

*Ich selbst hatte das Glück, ... [Raeder] persönlich kennen zu
lernen. ... Ich erinnere mich an den Tag im Januar 1942. Ich
war gerade aus dem Führerhauptquartier zurückgekommen
und war als nächstes von Großadmiral Raeder zum Frühstück eingeladen. Zeit 14.00 Uhr! Lehmann-Willenbrock
[Kommandant von U 96] und ich waren am Abend zuvor in
Berlin angekommen. So sagte ich: »He, ... das ist eine besonders rücksichtsvolle Frühstückszeit für uns! Das wird uns
noch ein paar zusätzliche Stunden in den Federn ver-*

schaffen!« So gingen wir aus und machten das Beste daraus. Ganz Berlin war eine Wolke. Um sechs Uhr morgens schlossen wir die »Jockey«-Bar von innen und machten weiter. Wir bekamen nicht viel Schlaf.

Dann begann um 14.00 Uhr das Frühstück. Die Admiralität lächelte neben uns affektiert und Raeder schnappte nach Luft, um nicht vollständig von den berauschenden Dünsten überwältigt zu werden, da wir nicht weit von ihm entfernt saßen. Während des anschließenden Gespräches bei Kaffee und Kognak, als Raeder mit mir über die nicht funktionierenden Torpedos sprach, konnte ich sehen, wie er immer wieder versuchte, sich nach hinten zu lehnen, um sich von meiner Alkoholwolke freizumachen. Als er sich gegen 16.00 Uhr entschuldigte und seine Admirale zurückließ, saßen wir alle ... gemütlich um den Tisch und verhandelten neben anderen Dingen über meine Beförderung zum Kapitänleutnant. ... Am nächsten Tag sollte ich mein U-Boot-Kriegsabzeichen in Gold mit Brillanten abholen und dabei sollte die Beförderung von Raeder ausgesprochen werden. Ich bekam in der Tat das U-Boot-Kriegsabzeichen, wurde aber nicht befördert. Als ich das Amtszimmer des Oberbefehlshabers der Kriegsmarine verließ, traf ich VAdm. [Otto] Backenköhler, der mir zu meiner Rangerhöhung gratulierte. Ich erwiderte ihm: »Keine Beförderung. Ich werde nicht schlau daraus.« Ich war gerade dabei, nahebei das Ende der großen Freitreppe zu erreichen, als FKpt. Freiwald [Raeders Adjutant] mich eiligst zum Zurückkommen aufforderte. Dann sagte der ObdM zu mir: »Jetzt müssen Sie noch etwas anderes über sich ergehen lassen. Ich befördere Sie zum Kapitänleutnant.« Hinter ihm grinste KAdm. Schulte-Möntig, neben mir Freiwald. Ich stand da und konnte kaum ein Lächeln unterdrücken. Ich muss ein viel dümmeres Gesicht als sonst gemacht haben, so dass mich der ObdM ... frug: »Was ist mit Ihnen, glauben Sie das nicht? Das ist mein Vorrecht; ich kann das.«[14]

Anfang 1942 stand Teddy Suhren im Zenith seines Werdegangs auf Frontbooten, obwohl er im April fast das

Opfer eines tragischen Unfalls geworden wäre.[15] Am 7. April, drei Tage nach dem Auslaufen aus Brest in einer Wetterlage, die für Biskaya-Verhältnisse als »noch erträglich« bewertet wurde (Wind aus Westsüdwest, Stärke 6, mit einer 4-m-Dünung), hatte der II.WO des Bootes, Lt.z.S. Hans-Ferdinand Geisler, von der diensthabenden Brückenwache untersucht, was das laute und regelmäßige krachende Geräusch verursachte, das vom Oberdeck des U-Bootes herrührte. In der Annahme, es käme entweder von einem losen Lukendeckel oder sogar von einem an Bord geschmuggelten Biervorrat, der unter der hölzernen Decksgräting versteckt worden war, befahl Suhren dem Bootsmann Heinz Webendörfer, sich an Oberdeck über die schlüpfrige Bootsverkleidung zu begeben, um das zu untersuchen, was sich später tatsächlich als ein beschädigter Lukendeckel herausstellen sollte.

Webendörfer hatte die Leine seines Sicherheitsgürtels in den vom Turm ausgehenden Netzabweiser eingeklinkt, als er seine gefährliche Aufgabe in Angriff nahm, den Lukendeckel zu befestigen. Heranrollende grüne Seen überfluteten häufig das Boot. Während sich der bedauernswerte Seemann am bockenden Deck festhielt, kam Teddy Suhren auf die Brücke, um den Vorgang zu überwachen. Ohne Rettungsweste oder Sicherheitsleine traf er übereilt die Entscheidung, dem sich abmühenden Mann zu helfen.

Als er angestrengt über das Schanzkleid des Turms starrte, während er sich darauf vorbereitete, hinunter aufs Deck zu steigen, traf eine turmhohe See das U-Boot. Webendörfer klammerte sich ans Leben, als der stählerne Bootskörper zeitweilig untertauchte. Suhren war jedoch nicht schnell genug und als der Turm aus dem kochenden Wasser wieder freikam, hallte der Schrei »Kommandant über Bord!« unten in der Zentrale wider. Beide Diesel gingen sofort mit voller Kraft zurück, als der bereits mehrere Meter entfernte Teddy Suhren verzweifelt versuchte, die hinderliche Lederjacke (mit dem schweren Zeiss-Doppelglas und einer Mauser-Pistole in der Tasche), die Hosen und die Seestiefel in dem Bestreben abzustreifen, schwimmend an der Oberfläche zu bleiben. Zum Glück wurde der junge Kommandant wieder aus dem Wasser gefischt. Er hatte sich an einem Rettungsring festgehalten, der ihm von der Brücke aus zugeworfen worden war. Der einzige Verlust, den das Ereignis hinterließ, war Suhrens verletzter Stolz.

Als ein bizarres Beispiel des Papierkrieges der militärischen Bürokratie gab es eine offizielle Untersuchung des Ereignisses einschließlich des Verlustes der zu *U 564* gehörenden Ausrüstung. Suhrens Liste umfasste folgende Posten: »1 Regenjacke (Südwester), 1 dreiviertellange Lederjacke, 1 Paar Lederhosen, 1 Paar U-Boot-Stiefel (mit Korksohlen), 1 Mauser-Pistole (Kal. 7,65 mm), 1 Artillerie-Stoppuhr, 1 Sonnenbrille im Etui, 1 Artillerie-Lampe.«

Teddy Suhrens offizieller Bericht – abgefasst in seinem unnachahmlichen ironischen Stil –, dem ähnliche Berichte von Webendörfer und von Stabsobersteuermann Limburg (III.WO) für die Untersuchung beigefügt waren, schloss mit den Worten:

»Bootsmann Webendörfer kann nicht dafür getadelt werden, dass der Kommandant hinunter auf das Oberdeck geklettert ist, um bei der Reparatur des beschädigten Lukendeckels zu helfen. Außerdem betrachte ich Bootsmann Webendörfer nicht als verantwortlich dafür, was der Kommandant in seinen Taschen hat. Alle Anstrengungen, die verlorenen Sachen zu bergen, blieben erfolglos und ich sollte lieber darum ersuchen, dass die verlorenen Sachen ersetzt werden. [gez.] Suhren.«

Alle Sachen, mit Ausnahme der Pistole und der Stoppuhr, wurden vom Verwaltungsoffizier der Flottille in Brest ersetzt. In der Serie »Humor im Kriege« ließ VAdm. Karl Dönitz den gesamten Bericht für die U-Boot-Waffe zirkulieren.

Mitte 1942 bewegten sich die deutschen U-Boote anscheinend am Rande der Seeherrschaft im Atlantik; sie setzten den verwundbaren Handelswegen unbarmherzig zu, die Britanniens Kriegsanstrengungen davor bewahrten, zu einem nicht

mehr umkehrbaren Stillstand zu kommen. Seit einem kurzen
Aufschub im Verlaufe des vergangenen Dezember waren die
Verluste an alliiertem Handelsschiffsraum auf den Verkehrs-
wegen unerbittlich in die Höhe geklettert. Die erschreckenden Versenkungserfolge erreichten im Juni 1942 einen Höhepunkt, als die deutschen U-Boote 136 Schiffe mit insgesamt
636.926 BRT an alliiertem Handelschiffsraum weltweit auf
den Grund des Meeres schickten, eine Versenkungsziffer, die
während des Krieges nur noch einmal übertroffen werden
sollte. Für die Deutschen lag der verlockende Hauch des Sie-
ges gerade über dem Horizont, während für die Alliierten die
Katastrophe drohend sichtbar wurde, als sich die Möglichkeit abzuzeichnen begann, dass die gefürchteten »Wölfe« des
Admirals Karl Dönitz ihr schwieriges Ziel erreichen könnten.

Der alliierte Vorteil des Einbruchs in den mit der Schlüsselmaschine »Enigma« verschlüsselten Funkverkehr der
deutschen U-Boote nach dem Mai 1941 war mit der Einführung des Schlüsselbereiches »Triton« im Herbst 1941 sowie
des *Marinefunkschlüssels M 4* (mit der vierten Walze in der
»Enigma«) am 1. Februar 1942 zunächst dahin. Bletchley
Park hatte mit diesem neuen Marinefunkschlüssel bis Mitte
Dezember 1942 zu kämpfen, ehe endgültig ein Einbruch zustande kam. Auf der anderen Seite waren dem B-Dienst des
deutschen Marinenachrichtendienstes ebenfalls Einbrüche in
alliierte Codes gelungen, insbesondere in den Marinecode
Nr. 3, der von der britischen, der kanadischen und der
amerikanischen Marine im Atlantik benutzt wurde. Zu einem Zeitpunkt schätzte Dönitz, dass 50 % seiner operativ
verwertbaren nachrichtendienstlichen Erkenntnisse vom
B-Dienst stammten, obwohl es eines jahrelangen Kampfes
bedurfte, ehe genügend U-Boote zur Verfügung standen, um
durch den Einsatz von U-Boot-Gruppen die Erkenntnisse der
Funkaufklärung voll auszunutzen.[15a]

Jedoch nachrichtendienstliche Erkenntnisse allein konnten den Krieg nicht gewinnen. Während Geleitzug um Geleitzug, beladen mit entscheidend wichtigen Versorgungsgütern
und Kriegsmaterial, mit Ostkurs den Atlantik überquerte,

liefen immer mehr U-Boote aus, um sie abzufangen und zu versenken. Von Dönitz angespornt, der in der U-Boot-Waffe als der »Große Löwe« bekannt und beliebt war, griffen die »Grauen Wölfe« pausenlos an. Im Juli 1942 bereitete sich Teddy Suhren darauf vor, mit seinem *U 564* vom Typ VII C in dieser Arena zur sechsten Feindfahrt in den Kampf zu ziehen.

Im französischen Kriegshafen Brest, in dem das zur 1. U-Flottille gehörende *U 564* stationiert war, rüstete die erfahrene Besatzung am 9. Juli ihr Boot aus, um erneut in See zu gehen. Ihr Bestimmungsort waren diesmal die warmen Gewässer der Karibik. *U 564* sollte eines von zehn Booten sein, die aus europäischen Gewässern in den Westatlantik vor der Südostküste der USA und in die Karibik entsandt wurden, und für das Boot sollte es seine zweite Feindfahrt in den Westatlantik werden. Zudem sollte dies auch Teddy Suhrens letzte Feindfahrt sein, ehe er routinemäßig aus dem Fronteinsatz genommen wurde, um Wachoffiziere auszubilden sowie Kommandanten und Besatzungen frontnah zu schulen. Als sich Suhren vor der bevorstehenden Feindfahrt zu einer letzten Einsatzbesprechung beim BdU meldete, hatte sich Dönitz klar ausgedrückt:

»Suhren, sieh' zu, dass du dein Boot heil nach Hause bringst und aussteigst; denn du wirst als Ausbilder in der Heimat gebraucht. Prien, Kretschmer und Schepke wären an sich dran gewesen, aber die sind alle ausgefallen. Prien und Schepke sind tot, Kretschmer ist in Gefangenschaft. [Erich] Topp ist bereits ausgestiegen – und jetzt bist du dran.«[16]

Am Freitag, dem 3. Juli 1942, musste sich *U 564* den Werfterprobungen unterziehen, um seinen Unterwassertrimm zu überprüfen und die Bewegungsfreiheit der Tiefen- und des Doppelruders festzustellen sowie auch das Funktionieren der Unterwasserhorch- und -ortungsanlagen sicherzustellen. Die Rostbehandlung hatte alle Spuren der Korrosionswirkung des Salzwassers auf dem stählernen Bootskörper und seiner äußeren Ausrüstung verschwinden lassen. Danach

wurden am 5. Juli letzte Arbeiten durchgeführt und anschließend flossen bei der Treibstoffübernahme gewaltige Mengen
an Dieselöl in die Heizölbunker. Am folgenden Tag erfolgte
die Übernahme der Torpedos sowie der Artillerie- und Flak-
munition. Während seines Aufenthaltes in Brest hatte *U 564*
an seinem Liegeplatz in einer der Boxen des am Hafen erbau-
ten riesigen Betonbunkers mit seinen dicken Wänden festgemacht. Das Verstauen des Proviants nahm zwei weitere Tage
in Anspruch, wobei jeder Winkel, jede Ecke und jede Ritze
ausgenutzt wurden, in dem Frischproviant oder Konserven
untergebracht werden konnten. Bis zum Mittwoch hatte sich
zudem die gesamte Besatzung den medizinischen Untersu-
chungen durch Dr. Richter, den Arzt der 1. U-Flottille, unterziehen müssen. Nachdem der gesamte Proviant sorgfältig
verstaut worden war, lief *U 564* zusammen mit *U 654* (Oberleutnant z.S. Ludwig Forster) am folgenden Abend, dem
9. Juli, um 21.30 Uhr aus Brest aus. Die beiden nach Lorient
bestimmten Boote folgten dem »Herz«-Weg durch die ge-
fährlichen Defensiv-Minensperren. Gesichert wurden sie
durch zwei Vorpostenboote und einen vorausfahrenden
Sperrbrecher, da die gemeinsame Bedrohung durch feindliche
Flugzeuge und Minen sehr real war.[16a] In Lorient erhielt
Suhren den Befehl, einen Passagier an Bord zu nehmen.

Der Sonderführer (Bootsmannsmaat) Haring[16b] aus einer
Propaganda-Kriegsberichterstatter-Kompanie war zeitweilig
als Bildberichter an Bord kommandiert, um die Feindfahrt
eines deutschen U-Boot-Helden aus einer neuen Generation
mit der Kamera im Bild festzuhalten. Die Marinekriegsberichter der in Frankreich stationierten PK-Kompanie waren
einsatzmäßig der Marine-Kriegsberichterstatter-Abteilung
West unter KKpt. Karl Hinsch unterstellt und wurden häufig
den noch vom Glanz einer Elitewaffe umgebenen U-Booten
zugeteilt, wie zum Beispiel auch der Marinekriegsberichter
Lothar-Günter Buchheim (*Das Boot*). Der vorgesetzte
Sonderführer, der die PK-Leute direkt an Bord der U-Boote
kommandierte, war der bekannte Journalist Wolfgang
Frank, berühmt für seine Bücher über den U-Boot-Krieg (z.B.

Die Wölfe und der Admiral) und insbesondere über Prien, teilweise während des Krieges oder danach geschrieben.

Die U-Boote waren für die Aufmerksamkeit der Propaganda keine Fremden; sie tauchten häufig auf den Seiten jeder Art von Zeitschriften auf, die in Deutschland und in den besetzten Ländern erschienen. Doch Teddy Suhren schien die Störung durch Haring an Bord »seines« Bootes fast übel zu nehmen. Trotz seiner Ungezwungenheit fühlte er sich im Scheinwerferlicht der Öffentlichkeit unbehaglich, eine Tatsache, an die sich Harald Busch erinnerte, ein weiterer Kriegsberichterstatter, dem die Aufgabe zugefallen war, Suhren im Januar 1942 zu befragen:

Er schien tatsächlich gehemmt, als ob er wusste, dass er beobachtet wurde. Ich hatte den Eindruck, dass er zu klug war, um in der Lage zu sein, sich zu entspannen und sich an seiner neu gewonnenen Position zu erfreuen, berühmt zu sein. Er konnte es sich nicht zubilligen, von einer Öffentlichkeit, mit der er vermutlich nicht viel Gemeinsames hatte, als U-Boot-Fahrer gepriesen zu werden. Natürlich war er stolz darauf, Erfolge errungen zu haben, aber er war nicht imstande, vor Leuten ein Handeln vorzutäuschen, die einer ganz anderen Gesellschaftsschicht angehörten und die ihn nicht begreifen würden. Reinhard Suhren schien mir ein ungewöhnlich nachdenklicher Mann zu sein, der diese Tatsache hinter den komischen »Kaspereien« eines Clowns verbarg: »Kommt her, ihr Kinder! Schaut nicht so ängstlich drein! Nehmt euch nicht so ernst!« Mir erschien das, als ob er den Zirkus nur für mich verlassen hätte, da ich mit der Ankündigung zu ihm gekommen war, ich hätte alles über ihn herauszufinden.[17]

Auf diese Weise stieß Anfang Juli Haring zur Mannschaft von *U 564*. Er hatte auf dem Boot keine besonderen Aufgaben zu erfüllen, außer sich allgemein nützlich zu machen und nicht im Weg zu stehen. Seine hauptsächlichen »Waffen« waren eine kleine Schmalfilmkamera und eine »Leica« zum Aufnehmen von Standfotos. Mit ihnen sollte er das Alltags-

leben an Bord eines deutschen U-Bootes aufzeichnen, das
eine erfahrene Besatzung an Bord hatte.

Es sollte Samstag, der 11. Juli 1942, werden, ehe die
beiden U-Boote endlich von dem U-Boot-Stützpunkt an der
französischen Küste aus in See gingen und mit einer ähnli-
chen Geleitsicherung wie zuvor auf dem Marsch von Brest
nach Lorient hinaus in den Golf von Biskaya auf dem minenfreien Weg »Kernleder« liefen. Am Ende des frei geräumten
Fahrwassers, dem Punkt »Kern«, blinkte von dem aus kleinen Räumbooten und dem größeren Sperrbrecher bestehenden Geleit zum Abschied der Spruch »Gute Jagd!« auf und
verkündete das Ende der Sicherung gegen feindliche Flugzeuge und Minen. Die Überwasserschiffe drehten ab und die
beiden U-Boote setzten ihren Marsch mit lärmenden Dieseln
hinaus in den Atlantik allein fort. Die Ausgucks der Brückenwache auf *U 564* verloren Forsters Boot in dem stärker
werdenden Zwielicht bald außer Sicht. In Kürze würde die
sterbenslangweilige Routine des Ausmarsches mit Unterbrechungen durch Ausweichbewegungen einsetzen, je weiter
das Boot mit dem »Schwarzen Kater« nach Westen in die
atlantischen Jagdgründe eindrang.

Teddy Suhren (links im Bild) als Fähnrich zur See während seiner turbulenten
Ausbildungszeit zum Marineoffizier. Wie die beiden anderen Offiziersanwärter trägt
er die blaue Uniform wie ein Portepeeunteroffizier, obwohl der Fähnrich im Rang
dem Unteroffizier ohne Portepee gleichgestellt war. Sein Dienstgrad wird durch die
Schulterlitzen ausgewiesen, die aus einer doppelt gelegten silbernen Plattschnur
bestanden, die oben eine Knopfschlinge bildeten (ohne Sterne, Oberfähnrich zwei
Sterne). Die Seeoffiziers-Laufbahn ist aus dem Laufbahnabzeichen zu ersehen: ein
goldfarbener Seestern auf beiden Unterarmen. Beim Fähnrich z.S. rechts im Bild ist
der Dolch mit Portepee gut zu erkennen, der zum Ausgehanzug getragen wurde.

Reinhard Suhren sah im Scheinwerferlicht der Öffentlichkeit, das ihn auf dem
Höhepunkt seiner Karriere blendete,
nicht sehr fotogen aus. Misstrauisch
gegen jene, die sein Land während des
Zweiten Weltkrieges führten, verbarg er
seine Zurückhaltung hinter einem rauen
und rebellischen Sinn für Humor. Seine
Kameraden nannten ihn »Teddy«, weil
einer von ihnen eines Tages gesagt
hatte, er marschiere wie ein Teddybär.

April 1941 in Hamburg: Oberleutnant z.S. Teddy Suhren stellt das bei Blohm &
Voss erbaute *U 564* in Dienst. Im Bild die achtern auf dem Oberdeck angetretene
Besatzung während der Ansprache des Kommandanten. Links mit Schärpe und
Dolch Oblt.z.S. Fritz Mumm, der damalige I.WO Suhrens. In der vorderen Reihe
der angetretenen Besatzung stehen (von links nach rechts) der Matrosengefreite
Heinz Schmutzler, der Matrosenobergefreite Werner Grünert, der Gefechtsruder-
gänger, und der Matrosengefreite Roland Schiedhelm, die während der gesamten
Zeit, als Suhren das Boot führte, an Bord waren.

Reinhard Suhren in einer bekannteren,
aber weitaus natürlicheren Pose.
Nachdem er am 31. Dezember 1941
das Eichenlaub zum Ritterkreuz des
Eisernen Kreuzes erhalten hatte und
einen Tag später zum Kapitänleutnant
befördert worden war, entstand diese
Aufnahme auf dem Gelände der
Marineschule in Brest hoch über dem
Kriegshafen. Dort befanden sich das
Stabsquartier des Seekommandanten
Bretagne sowie das der 1. U-Flottille.
Unterhalb des EK I ist das U-Boot-
Kriegsabzeichen in Gold mit Brillanten
zu sehen, das Suhren gleichzeitig mit
der Beförderung zum Kptlt. vom ObdM,
Großadmiral Raeder, erhalten hatte.

Oben: In Deutschland war es Brauch – und ist es auch heute noch –, dass Städte Patenschaften für ein Schiff oder Boot der Marine übernahmen. Die Besatzung bzw. Abordnungen der Besatzung besuchten gelegentlich die Patenstadt und genossen die Gastfreundschaft ihrer Bürger. Für *U 564* hatte die Patenschaft die Stadt Zweibrücken im Industrierevier östlich von Saarbrücken übernommen. Hier stattete Oblt.z.S. Teddy Suhren mit einer Abordnung der Besatzung im August 1941 der Patenstadt einen Besuch ab.

U 564, gefolgt von *U 654* (Oblt.z.S. Ludwig Forster), läuft am Morgen des 10. Juli 1942 in den Hafen von Lorient ein. Von zwei Vorpostenbooten und einem vorausfahrenden Sperrbrecher gesichert, hatten die beiden Boote den Weg von Brest aus im Nachtmarsch zurückgelegt. Die beiden Boote vom Typ VII C waren mittlere Hochsee-Tauchboote, die weitgehend über Wasser operieren mussten, aber für eine gewisse Zeit auch tauchen konnten. Die Ausbuchtungen des Bootskörpers rechts und links vom Turm zeigen an, dass es sich beim Typ VII C um ein Einhüllenboot mit Satteltanks handelt.

Nachdem die beiden Boote über Nacht Gäste bei der in Lorient stationierten
2. U-Flottille gewesen waren, bereiten sie sich vor, noch am selben Tag in den
Nordatlantik auszulaufen. Links im Bild *U 654* und im Vordergrund Suhrens
U 564, deren Besatzungen im Begriff stehen, an Oberdeck zur Abschiedszeremonie
anzutreten. Ihre Sonderbekleidung wird als »U-Boot-Päckchen« bezeichnet (kurze
Bluse und lange Hose aus graugrünem Drillich). Auf dem »Wintergarten« ist die
2-cm-Einzelflak auf Sockellafette zu erkennen.

Die Besatzungen sind zum Auslaufen angetreten. Im Vordergrund auf *U 564* in der
Mitte die Gruppe der angetretenen Maate, unter ihnen der Kriegsberichter Haring.
Ihr Dienstgrad als Unteroffiziere ist an den »Metallwinkeln« am Kragen der Bluse
zu erkennen. Links im Bild schließen sich mit Schirmmütze die Portepeeunteroffiziere
an und rechts von den Maaten die Mannschaften. Vor der Front stehen der I.WO,
Oblt.z.S. Ulf Lawaetz, und der Leitende Ingenieur, Oblt.(Ing.) Ulrich Gabler, der gerade auf seine Taschenuhr sieht. Dieses Foto wie auch die übrigen, die das Auslaufen
der beiden U-Boote zeigen, hat der Kriegsberichter Meisinger aufgenommen.

Sonderführer (Bootsmannsmaat)
Haring (links im Bild), ein Marinekriegsberichterstatter, in Lorient vor
dem Auslaufen von U 564 im Gespräch
mit Rudolf Meisinger (Spitzname: »Der
schöne Rudi«). Auch Meisinger war
ein Kriegsberichterstatter und trägt
auf dem linken Oberarm ein Dienst-
gradabzeichen, das ihn als Bootsmannsmaat ausweist (gleichzeitig das
Laufbahnabzeichen der Bootsmannslaufbahn: ein unklarer Anker). Er ist
bereits ein Veteran, wie das U-Boot-
Kriegsabzeichen und darunter das
Kriegsabzeichen für Minensuch-,
U-Boots-Jagd- und Sicherungsverbände
belegen. Haring ist mit Bordmütze und
dem beliebten blaugrauen Lederanzug
bekleidet, der von den U-Boot-Leuten
auch vielfach an Land getragen wurde:
Lederhose und die zweireihige fast
knielange Lederjacke.

U 564 hat abgelegt und verlässt mit langsamer Fahrt voraus den Hafen von Lorient.
Die Leinenkommandos verstauen noch vorn und achtern ihre Leinen. Gut sind
achtern die beiden Drahtkabel der Netzabweiser-Antennen zu erkennen. Seitlich an
der Verkleidung befinden sich die Flutschlitze.

1. Marsch ins Operationsgebiet
11.–16. Juli 1942

Die beiden Boote verloren allmählich die Verbindung zueinander, als sie auf parallelen Kursen westwärts auseinander strebten. Als sie den Abfall ins tiefe Wasser erreichten, der den Anstieg zur bretonischen Granitküste widerspiegelte, tauchten die beiden Boote zum erstenmal unter Einsatzbedingungen zu einem Prüfungstauchen, um die Verschlüsse, den Trimmzustand und die Bordsysteme zu überprüfen. Das entfernte schwache Summen der Propeller von *U 654* wurde nach dem Umschalten auf die E-Motoren leiser und verschwand. Teddy Suhrens Boot war ein weiteres Mal in den turbulenten Gewässern des Golfes von Biskaya auf sich allein gestellt. Wochen des Urlaubs in der Heimat und in den Erholungsheimen in Paris und in der Bretagne verblassten zu fernen Erinnerungen, als die zumeist erfahrenen U-Boot-Männer rasch zu ihren gewohnten Pflichten und Arbeitsabläufen an Bord des Bootes zurückfanden und die Bordroutine einsetzte.

Für die an Gefahren so reiche Existenz der »Grauen Wölfe« kennzeichnete oft Erfahrung den Unterschied zwischen Überleben und Tod, und *U 564* hatte das Glück, eine überwiegend bewährte Besatzung zu besitzen. Die Besatzungsstärke von Suhrens Boot umfasste 44 Mann – plus ihren Passagier aus der PK-Kompanie –, als es Frankreich verließ. Von ihnen waren 29 Mann seit der Indienststellung von *U 564* Anfang April 1941 an Bord.

Von den vier planmäßigen Offizieren an Bord war der II.WO, Lt.z.S. Herbert Waldschmidt, mit seiner unbezähmbaren guten Laune wahrscheinlich der unerfahrenste. Der

20-jährige Dortmunder war im März 1942 an Bord gekom-
men, hatte mit Teddy Suhren an der vorausgegangenen
Feindfahrt des Bootes teilgenommen und nach dem Ab-
schluss seiner Offiziersausbildung als Angehöriger der Crew
XII/39 auf U 564 seine ersten Erfahrungen im U-Boot-Krieg
gesammelt. Die von April bis Anfang Juni 1942 dauernde
Feindfahrt brachte Teddy Suhren das erfolgreichste Mai-
Ergebnis eines Bootes vom Typ VII mit beanspruchten
35.000 BRT an versenktem Schiffsraum (eine ungewollte
Überschätzung, weil eines seiner angenommenen Opfer in
Wirklichkeit nur beschädigt war und später zur Reparatur in
die Werft gebracht wurde).[1] Doch sein unglücklichstes und
bedeutsamstes Opfer war der 4000 BRT große mexikanische
Tanker SS POTRERO DEL LLANO, auf der Höhe von
Sands Key, Florida, den U 564 mit Torpedos angriff und versenkte. Teddy Suhren machte geltend, dass das Schiff abge-
dunkelt und mit bewaffneter Geleitsicherung fuhr, während
die mexikanische Regierung unnachgiebig darauf bestand,
dass Scheinwerfer groß herausgestellte mexikanische Flaggen
auf seinen Aufbauten anstrahlten. 13 Besatzungsangehörige
wurden bei dem Angriff getötet und die der alliierten Sache
freundlich gegenüberstehende Regierung erklärte am
22. Mai Deutschland den Krieg. Dies sollte einen weiteren
heftigen Angriff der U-Boote bedeuten, als Dönitz daraufhin
die Beschränkungen gegen die mexikanische Schifffahrt im
Golf von Mexiko aufhob.

Waldschmidts Aufgaben als II. Wachoffizier des Bootes
betrafen hauptsächlich die Artillerie an Bord – sowohl das
Decksgeschütz als auch die Fla-Waffen –, wozu einige der all-
täglicheren Verwaltungsangelegenheiten kamen. In Verbindung mit seinen Pflichten als Wachhabender einer der drei
Seewachen, die zweimal täglich auf der Brücke des Bootes
aufzuziehen hatten, entschied er, wann die Überwasserwaf-
fen des U-Bootes gereinigt werden mussten, um ihre jederzei-
tige Gefechtsbereitschaft sicherzustellen. Er war auch oft gezwungen, vom BdU übermittelte und besonders klassifizierte
Funksprüche zu entschlüsseln, während der routinemäßige

Funkverkehr den beiden Oberfunkmaaten Rudi Elkerhausen und Willi Anderheyden mit ihren erfahrenen Funkern überlassen blieb.

Waldschmidt hatte sich gut in die für ihn neue Besatzung eingelebt, da der ihm direkt vorgesetzte I.WO, Oblt.z.S. Ulf Lawaetz, ebenfalls zur selben Zeit an Bord gekommen war. Doch im Gegensatz zu Waldschmidt hatte Lawaetz bereits Kampferfahrungen gesammelt, ehe er zur U-Boot-Waffe kam. Sein voller Name lautete Ulf Erling Günther Lawaetz und er war 1916 in Kopenhagen zur Welt gekommen, Sohn eines dänischen Ingenieurs, der auf deutschen Werften arbeitete, und einer deutschen Mutter. Als Erstgeborener von fünf Geschwistern besuchte Ulf als Student die dänische »Sorö Akademi«, ehe er in der Königlich Dänischen Marine seine Kadettenausbildung als *Sökadet Ældste Klasse* begann. Mit 21 Jahren und drei Jahre nach dem vorzeitigen Tod seiner Mutter musste er sich 1937 zwischen der dänischen und deutschen Staatsbürgerschaft entscheiden und dementsprechend auch zwischen einer Zugehörigkeit zur deutschen oder dänischen Marine. Seine Vorgesetzten in der dänischen Marine rieten ihm, sein Geburtsland zu verlassen und nach Deutschland zu gehen, um in die Kriegsmarine einzutreten, wenn er eine ernsthafte Marinekarriere anstreben wollte. Zu dieser Zeit war die dänische Regierung von Natur aus pazifistisch eingestellt und in Dänemark waren die Chancen in einem militärischen Beruf außerordentlich gering. So kam es, dass Lawaetz die deutsche Staatsbürgerschaft wählte und bald danach in der Kriegsmarine als Angehöriger der Crew 37b seine Offiziersausbildung absolvierte. Anschließend wurde er im November 1939, als der Krieg in seinen dritten Monat ging, auf den Zerstörer HANS LÜDEMANN (Z 18) als Zweiter Artillerieoffizier versetzt.

Im April 1940, als im Rahmen des Unternehmens »Weserübung« die Landung deutscher Truppen in Norwegen erfolgte, gehörte HANS LÜDEMANN zur Gruppe der zehn Zerstörer, die ausersehen waren, Gebirgstruppen zum weit im Norden liegenden Hafen Narvik zu bringen. Nach dem

Ausschiffen seiner kostbaren Fracht am 9. April, die aus 200 Gebirgsjägern mit Ausrüstung und Munition bestand, wurde in Narvik auch der Zerstörer von Lawaetz in Gefechte verwickelt, in deren Verlauf der gesamte Verband verloren ging. Bei einem überraschenden Angriff durch das Schlachtschiff WARSPITE mit fünf Begleitzerstörern sanken in den frühen Morgenstunden des 10. April neben zwei britischen auch zwei der deutschen Zerstörer. Drei Tage später wiederholte HMS WARSPITE den Angriff mit neun Zerstörern. Im Vestfjord stationierte U-Boote sollten die deutschen Zerstörer gegen einen britischen Angriff abschirmen, waren hierzu jedoch infolge der auftretenden Torpedoversager nicht in der Lage, als sie den Versuch unternahmen, die gegnerischen Schiffe abzufangen. Nach einem kurzen und heftigen Gefecht sanken auch die restlichen acht Zerstörer bzw. versenkten sich infolge Munitions- und Treibstoffmangels selbst. Zu den Letzteren gehörte auch HANS LÜDEMANN, nachdem sich die Besatzung, darunter auch Lawaetz, an Land gerettet hatte.[1a] Die von den Zerstörern an Land gelangten Besatzungsangehörigen wurden in der Folge in die erbitterten Landkämpfe einbezogen, als deutsche Gebirgstruppen und zahlenmäßig überlegene alliierte Streitkräfte um den Besitz der in Mitleidenschaft gezogenen Stadt und ihren Hafen rangen. So gehörte auch Lawaetz zu einer improvisierten Kampfgruppe der Marine für den infanteristischen Einsatz, von den Angehörigen des Heeres anerkennend »Gebirgsmarine« genannt. Die deutschen Truppen gewannen schließlich die Oberhand und die Alliierten räumten Anfang Juni 1940 Narvik und Nordnorwegen. Auch die geretteten Überlebenden der versenkten Zerstörer kehrten nach Deutschland zurück und erhielten neue Kommandierungen.

Nach kurzer Kommandierung zur Zerstörer-Stammabteilung wurde Lawaetz aus offensichtlichen Gründen zum Adjutanten beim Militärbefehlshaber Dänemark ernannt. Dort erwiesen sich seine Kenntnisse der Landessprache und der Landessitten als außerordentlich nützlich. Im März 1941 erfolgte seine Versetzung als Zweiter Artillerieoffizier auf

den Schweren Kreuzer LÜTZOW (das frühere Panzerschiff
DEUTSCHLAND), der zu dieser Zeit in der Werft lag, nachdem ihn beim Rückmarsch aus Norwegen das britische Unterseeboot SPEARFISH torpediert hatte. Drei Monate später
war Lawaetz zurück in Skandinavien, kommandiert im Juni
1941 zur Dienstleistung beim Marineattaché in Helsinki, ehe
er sich im September 1941 freiwillig zur U-Boot-Waffe meldete. Nach dem Abschluss seiner U-Boot-Ausbildung im
April 1942 wurde er auf *U 564* versetzt, um Oblt.z.S. Hans-
Ferdinand Geisler als I.WO abzulösen.[2]

Als Erster Wachoffizier des U-Bootes war Lawaetz im
Grunde genommen der Zweitkommandierende und für die
Disziplin an Bord sowie für die Einsatzbereitschaft der Torpedowaffe des Bootes verantwortlich. Außerdem führte er
die Erste Seewache, die jeden Tag um 00.00 Uhr und um
12.00 Uhr zu einem Vier-Stunden-Törn aufzuziehen hatte.[2a]
Hinsichtlich der Torpedowaffe bestand seine Aufgabe darin,
die Hauptwaffe des Bootes und ihre komplizierten Feuer-
leitsysteme in höchster Gefechtsbereitschaft zu erhalten. Die
tatsächliche Wartung der Torpedos selbst war nicht die Aufgabe von Lawaetz, sondern die von Obermechanikersmaat
(T) Gerhard Ehlers mit seinen Gehilfen. Wenn das Boot jedoch zum Überwasserangriff ansetzte, dann war das Schießen der Torpedos die Domäne des I.WO, und zwar unter der
direkten Überwachung durch den Kommandanten, der auf
der Brücke die Oberaufsicht ausübte und das Gesamtgesche-
hen rund um das Boot im Auge behielt, damit sich der I.WO
auf den Schuss konzentrieren konnte.

Teddy Suhrens begabter Leitender Ingenieur (LI) war
Oblt.d.R. (Ing.) Ulrich Gabler, ein Berliner. Dieser hoch
qualifizierte Schiffbau-Ingenieur war bereits vor dem Kriege
als Schiffskonstrukteur tätig. 1913 geboren, hatte Gabler
in Berlin-Charlottenburg Schiffbau studiert und war anschließend Assistent von Professor Dr.-Ing. Schnadel im Ingenieurkontor für Schiffbau in Lübeck.[2b] Seiner Einberufung
als Reserveoffizier 1939 Folge leistend, kam er zur U-Boot-
Waffe und wurde LI auf *U 121*, einem Schulboot des Typs II.

Gabler wurde als LI von *U 564* zur Baubelehrung abkommandiert, noch ehe die Kiellegung des Bootes erfolgt war. Anschließend begleitete er jede Phase seines Baufortgangs und wurde mit jedem Spant und jedem Niet dieses neuen VII-C-Bootes vertraut, als es auf der berühmten Hamburger Werft Blohm & Voss Gestalt annahm. Die Zusammenarbeit zwischen Gabler und Suhren funktionierte ausgezeichnet und nach fünf Feindfahrten war zwischen den beiden Männern eine feste Freundschaft entstanden. Im Juni 1942, als *U 564* von seinem Einsatz vor der Küste Floridas zurückgekommen war, sollte Gabler an Land abkommandiert werden, um an der Entwicklungsarbeit für U-Boote mitzuwirken. Doch Suhren nahm mit Dönitz Rücksprache und weigerte sich rundweg, ohne ihn auszulaufen. Der halsstarrige Kommandant lehnte ein Nachgeben in dieser Sache ab, wie vorherzusehen war, und Gablers Abkommandierung zu einem Landkommando wurde für eine weitere Feindfahrt aufgeschoben.

Gablers Stellung als Leitender Ingenieur stellte ihn während der Feindfahrt faktisch mit Suhren auf die gleiche Stufe, wenn *U 564* operierte. Seine Aufgaben als Vorgesetzter der technischen Besatzungsangehörigen bestanden in der Überwachung der gesamten Technik des Bootes, insbesondere seiner komplizierten Tauch- und Antriebssysteme. Für den Erfolg des Bootes war ein gutes Verhältnis zwischen dem LI und seinem Kommandanten von wesentlicher Bedeutung und die Partnerschaft zwischen Suhren und Gabler bedeutete für *U 564* das denkbar beste Verhältnis. Während dem Kommandanten zwei Wachoffiziere zur Seite standen, um ihn bei seinen vielfältigen Aufgaben zu unterstützen, hatte der LI zwei Portepeeunteroffiziere zur Verfügung, die ihm direkt verantwortlich waren: ein Obermaschinist für die Dieselmotoren und ein zweiter für die E-Motoren sowie für das entsprechende Bedienungspersonal.

Auf seiner letzten Feindfahrt hatte Gabler noch einen zweiten Ingenieuroffizier dabei, den Lt.d.R. (Ing.) Eberhard Hammermüller, von der U-Boot-Führung auf ein Frontboot abkommandiert, um im Einsatz Kampferfahrung durch einen erfahrenen Leitenden Ingenieur zu sammeln. Als zusätzliches Besatzungsmitglied an Bord eines bereits überfüllten Bootes war Hammermüller im Unteroffiziersraum untergebracht und teilte sich den beschränkten Platz mit den Maaten des Bootes.

Im Übrigen bestand die Besatzung, die im Juli 1942 an Bord von *U 564* in den Atlantik hinausfuhr, weitgehend aus erfahrenen Soldaten des U-Boot-Krieges, die einen typischen Querschnitt deutscher Seeleute darstellten. Ihre geografische Herkunft reichte von Wilhelmshaven an der Nordseeküste bis Triften, einem kleinen Dorf, das weniger als 20 km von der heutigen deutsch-österreichischen Grenze entfernt liegt. In ähnlicher Weise erstreckte sich die altersmäßige Zusammensetzung der Besatzung vom 18-jährigen Matrosengefreiten Paul Stephan, der an Bord von *U 564* bereits eine Feindfahrt hinter sich hatte, bis zum 43-jährigen Stabsobersteuermann Karl Limburg.

Limburg führte den Spitznamen »Stürkorl«, ein alter plattdeutscher Ausdruck für Rudergänger aus der Segelschiffszeit, obwohl Herbert Waldschmidt geltend machte, er wäre von dem Wort »Steuer« abgeleitet, dem sein Vorname Karl hinzugefügt war. Der Stabsobersteuermann hatte sogar noch in der Marine des Kaisers während des Ersten Weltkrieges gedient und hatte das Eiserne Kreuz II. Klasse erhalten. Als 1914 der Krieg ausbrach, war er im Alter von 15 Jahren in die Kaiserlich Deutsche Marine eingetreten, in der er während der folgenden vier Jahre des verheerenden Krieges diente. In der schwierigen Zeit nach dem Ende der Feindseligkeiten, als die Ehre der Marine durch die Revolution von 1918 als besudelt angesehen wurde, war er in der Reichsmarine geblieben, aus der er 1928 ausgeschieden war. Elf Jahre später, als in Europa ein neuer Krieg ausgebrochen war, folgte erneut seine Einberufung. Limburg war unter den Portepeeunteroffizieren an Bord der dienstälteste. Er war auch als Stabsobersteuermann der III.WO des Bootes und führte die Dritte Seewache. In administrativer Hinsicht gehörte es zu

den Aufgaben Limburgs, zu überwachen, wo und wie der
Proviant an Bord des Bootes verstaut wurde. Hierbei musste
er eng mit Gabler zusammenarbeiten, denn er hatte ihm für
das erfolgreiche Trimmen des Bootes eine genaue Meldung
über die Gewichtsverteilung des verstauten Proviantes zu erstatten.[2c] Doch als Stabsobersteuermann war seine Hauptaufgabe die Navigation. Daher zeichnete er auch den Kurs
des Bootes in die Seekarte ein, sei es bei der Atlantiküberquerung oder bei der Verfolgung eines gegnerischen Geleitzuges.
Teddy Suhren machte auch an Limburg als den Lebensältes-
ten an Bord ein Zugeständnis: Er gestattete ihm einen persönlichen Rumvorrat, um den häufigen Kreislaufproblemen
zu begegnen, die aus den Beschränkungen des U-Boot-Lebens
herrührten. Am Ende der ersten Feindfahrt des Bootes 1941
hatte Limburg eingestanden, dass er durch den Koch die
10-l-Korbflasche mit dem für medizinische Zwecke bestimmten Rum hatte »anzapfen« lassen, der in der Artillerielast
verstaut war. Vor diesem freiwilligen Eingeständnis hatte
Suhren nämlich einen Grogabend für alle angesetzt und sich
gewundert, dass eine Granate die Flasche zerschlagen haben
sollte, um den »plötzlichen Schwund zu erklären«. Mit
Suhrens Kompromisslösung war die Angelegenheit bald
bereinigt. Sie demonstrierte seine Fähigkeit, mit Menschen
umzugehen, und kennzeichnete ihn als einen beliebten und
erfolgreichen Kommandanten.

Teddy Suhren war es mit Umsicht gelungen, einen harten
Kern seiner ursprünglichen Besatzung zu einer Zeit zu behalten, als viele andere erfahrene Besatzungen auseinanderbra-
chen, weil ihre Angehörigen versetzt wurden, um erfahrene
Kader für neu in Dienst gestellte U-Boote bereitzustellen.
Nur wenige Neue kamen an Bord und wurden über das ganze Boot verteilt. Die jungen Männer, begierig, zu ihrer ersten
Feindfahrt auszulaufen, fügten sich in die Kameradschaft
ein, die nur durch die in See verbrachten gemeinsamen Tage
entstehen konnte. Sie passten sich rasch dem Rhythmus des
Bordlebens an, sei es an die neuen Bewegungen eines U-Bootes von mittlerer Größe oder an einen der erfahrenen See-

leute. Die Wachroutine an Bord von *U 564* bestand für fast
alle Besatzungsangehörigen aus Vier-Stunden-Wachen,
ausgenommen das Maschinenpersonal, das im Zwei-
Wachen-Turnus zu je sechs Stunden arbeitete. Von 08.00 bis
20.00 Uhr im Vier-Stunden-Turnus Wache gehend, teilten
auch die Funker diesen langen Wachtörn während der
Nachtzeit, da in diesem Zeitraum der Funkverkehr üblicherweise geringer war. Um eine gewisse Normalität und einen
fest umrissenen Rahmen in einer ohnehin schon schwierigen
Umgebung beizubehalten, blieb die Bordzeit auf deutsche
Sommerzeit eingestellt, d.h. MEZ (15° Ost) plus eine Stunde.
Auf diese Weise gab es unabhängig von der jeweiligen Ortszeit Frühstück stets am »Morgen«.

U 564 war ein Boot vom Typ VII C, das »Arbeitspferd«
der U-Boot-Waffe, das auf nahezu jedem Kriegsschauplatz
vertreten war, auf dem die Kriegsmarine kämpfte. Diese
U-Boote kamen von den Eiswüsten der Arktis bis zu den
warmen Gewässern vor Westafrika wie auch vor den Küsten
Mittel- und Nordamerikas zum Einsatz. Sie legten Entfernungen zurück, die ihre Konstrukteure ursprünglich niemals
ins Auge gefasst hatten, und sie erwiesen sich hierbei als todbringende und leistungsfähige Kriegsmaschinen. Anfangs
wurde der Typ VII C als zu klein angesehen, um den Atlantik von Frankreich bis zu den Küsten der USA zu überque-
ren, und so blieb dieses Einsatzgebiet den größeren U-Booten
von Typ IX vorbehalten. Über Wasser konnte ein VII-C-Boot
bei normaler Marschfahrt von 10 kn 8500 sm zurücklegen –
unter Verwendung des kombinierten Diesel- und Elektro-
antriebs waren sogar 9700 sm möglich. Doch dies hätte
höchstens zu einem Aufenthalt von begrenzter Dauer im
mittleren Westatlantik gereicht, wobei dem U-Boot nur noch
wenig Treibstoff als Sicherheitsreserve für seine Rückkehr
geblieben wäre.

Es wurde jedoch festgestellt, dass die Besatzungen bereit
waren, ihren schwierigen und unbequemen Aufenthalt an
Bord der VII-C-Boote sogar unter noch härteren Bedingungen hinzunehmen, indem ein Teil des Frischwasservorrats

durch Treibstoff ersetzt und so viel Proviant wie möglich an Bord verstaut wurde, so dass ihre Torpedos in dem eskalierten Krieg auch gegen die USA eingesetzt werden konnten. *U 564* zog vor allem aus der Anwesenheit Gablers mit seinem großen Wissen über Entwurf und Leistungsfähigkeit der U-Boote Nutzen, während alle U-Boote im Jahr 1942 vom Vorhandensein einer neuen Möglichkeit in der U-Boot-Kriegsführung profitierten: des als »Milchkuh« bezeichneten U-Tankers vom Typ XIV. Das erste dieser großen Versorgungs-U-Boote lief im März 1942 zu seiner ersten Feindfahrt aus, und als *U 564* durch die Biskaya pflügte, steuerten auch zwei »Milchkühe« ihren Einsatzraum im Mittelatlantik an und drei weitere dieser Boote sollten ebenfalls bald in See gehen.

Obwohl Teddy Suhren Befehl hatte, vor dem Einfahren in das karibische Kampffeld aus einem dieser U-Tanker Treibstoff zu ergänzen, war *U 564* beim Auslaufen aus Frankreich mit Proviant für die 45 Männer an Bord bis in den letzten Winkel vollgestopft. Frischproviant und Konserven hingen oder stapelten sich an fast jedem freien Platz. Wie bei den anderen VII-C-Booten seiner Klasse auch hatten Proviant und Munition an Bord des schnittigen grauen Bootskörpers Vorrang vor jeder Rücksichtnahme auf die Belange der Besatzung; ihre Bequemlichkeit war äußerst gering.

Am Bug erstreckte sich die elegante, spitz zulaufende äußere Decksverkleidung neun Meter über das Ende des Druckkörpers hinaus. Diese frei flutende Verkleidung, die ein Decksbelag aus Hartholz krönte, verlieh dem Unterseeboot seine charakteristische Gestalt. Vier Bugtorpedorohre bildeten das Zentrum der Hauptbewaffnung des Bootes; sie erstreckten sich fast vier Meter in den Druckkörper hinein, wo ein erheblicher Teil der Besatzung für die Dauer der Feindfahrt lebte und arbeitete. Diese Bewaffnung dominierte den vorderen Torpedo- oder Bugraum, in dem die Mannschaften der Besatzung – die »Lords« – neben den massiven, zylindrisch geformten »Aalen« lebten. In dieser Abteilung waren über 25 Seeleute untergebracht und teilten sich zwölf Kojen oder schliefen in Hängematten. Ihre Aufgaben in See

reichten vom Koch über Rudergänger, Funker, Torpedomechaniker und »Heizer« (ein Ausdruck, der kaum mehr auf
das Maschinenpersonal eines U-Bootes zutrifft, aber ein
traditionelles Überbleibsel aus der Zeit des Dampfantriebs
bei der Marine darstellt) bis hin zum seemännischen Personal, das nicht nur die Seewachen stellte, sondern auch für die
allgemeinen seemännischen Aufgaben sowie für die Bedienung des Decksgeschützes und der Flak zuständig war. Im
Bugraum ließ sich wenig verstauen und zusätzliche Kleidung
für jeden Mann beschränkte sich im Allgemeinen nur auf Un-
terwäsche zum Wechseln. Innerhalb dieser Abteilung hatte
nur ein Einziger ständig eine Koje in Besitz: der Obermechanikersmaat (T) Gerhard Ehlers, der einzige Unteroffizier im
Wohnraum der Mannschaften. Zur Unterscheidung von den
Artilleriemechanikern – (A) – führte das Torpedopersonal
den Zusatz (T). Suhrens Auffassung war:

*Für die Besatzung war das Leben im Bugraum hart. Wenn
wir aus dem Stützpunkt ausliefen, hatten wir vier Torpedos
in den Rohren, vier Torpedos in der Bilge und zwei Torpedos
über der Bilge, so dass wir im Bugraum insgesamt zehn Torpedos hatten. Die beiden Torpedos oberhalb der Bilge waren
mit wattierten Wolldecken bedeckt. Flankiert von den Kojen
musste auf ihnen auch gegessen werden. Rechts über ihnen
war das Gerüst (Träger, mit deren Hilfe die Torpedos zum
Laden angehoben oder zum Warten gezogen werden konnten), das heißt, die Leute hatten kaum Platz, um sich zu bewegen, und wenn sie dies dennoch taten, dann oft auf allen
vieren! Selbst wenn die See einigermaßen ruhig war, brachte
immer wieder eine gelegentliche Welle das Boot ins Schwan-
ken – und die Erbsensuppe verschwand sonst wohin!*[3]

Hinter einer schmalen Tür im Stützschott befand sich unmittelbar achteraus des Bugtorpedoraums auf der Backbordseite der vordere Waschraum mit der vorderen kleinen
Toilette, während gegenüber an Steuerbord ein ebenfalls kleiner Proviantraum lag. Hinter diesen kleinen Räumen kam

weiter achtern der Oberfeldwebelraum für die PUOs des Bootes (PUO-Messe). Hier standen vier Kojen zur Verfügung, und zwar zwei auf jeder Seite des schmalen Durchgangs. Ferner war ein kleiner, leicht nach Backbord versetzter Tisch mit herunterklappbaren Seitenteilen vorhanden. Bewohner dieses Raumes waren der Dieselobermaschinist Hermann Kräh, der E-Obermaschinist Heinz Mattern, der Oberbootsmann Heinz Webendörfer und der Stabsobersteuermann Karl Limburg. Webendörfer war im Juni 26 Jahre alt geworden und an Bord von *U 564* der »Spieß« der Besatzung. Seine Hauptaufgabe war das Aufrechterhalten von Ordnung und Disziplin unter den Mannschaften, um einen reibungslosen Dienstablauf zu gewährleisten. Bei der Besatzung als die »Seemännische Nr. 1« bekannt, war er für Anzug und Ausrüstung genauso verantwortlich wie für die allgemeine Sauberkeit des Bootes selbst. Durch seine zahlreichen Pflichten ständig beschäftigt, hatte Webendörfer die Autorität, sich mit allen Angelegenheiten der Disziplin zu befassen, bevor die Aufmerksamkeit der zuständigen Offiziere gefordert war. Auch er leistete seinen Teil an Wachdienst und gehörte zu Lawaetz' Erster Seewache. Seine Gefechtsstation während eines Angriffs befand sich im Turm, wo er die von Suhren oder Lawaetz mündlich weitergegebenen Zielwerte in den Torpedovorhalterechner des Bootes eingab, von wo aus sie auf elektrischem Wege direkt an den Torpedoschussempfänger vor den Rohren und an die Torpedos in den Rohren übermittelt wurden. Bei seinen Aufgaben unterstützten Webendörfer zwei weitere Unteroffiziere: Oberbootsmannsmaat Heinrich Bartels (»Seemännische Nr. 2«) und Bootsmannsmaat Karl-Ernst Thiel (»Seemännische Nr. 3«). Von der Unterstützung hinsichtlich Disziplin und Wohlergehen der Besatzung abgesehen, war Bartels für die Wartung und Buchführung aller Munition (mit Ausnahme der Torpedos) verantwortlich, die an Bord von *U 564* in der Munitionslast auf Höhe des Funkraums verstaut war, während Thiel für das 8,8-cm-Decksgeschütz sowie für die Personalverwaltungsaufgaben an Bord zuständig war.

An den Oberfeldwebelraum schloss sich der Offiziers-
raum (Offiziersmesse) an. Hier hatte der Druckkörper fast
seinen maximalen Durchmesser (Zentrale: 4,70 m) erreicht.
Die Kojen der Offiziere waren vom Hauptdurchgang leicht
zurückversetzt. Zudem gab es an der Backbordseite einen
kleinen Tisch, auf dessen Sitzgelegenheit Gabler schlief, obwohl ihm eine zusammenklappbare Koje darüber zur Verfügung stand, aber von ihm kaum genutzt wurde. Gegenüber
auf der Steuerbordseite schliefen Ulf Lawaetz und Herbert
Waldschmidt, der I. und II. WO. Vier kleine Spinde füllten die
Enge des Raumes, gewährten aber genug Platz, um die spärlichen Habseligkeiten der Offiziere unterzubringen, die an
Bord gestattet waren.

Der nächste Abschnitt zwischen Offiziersmesse und Zentrale wurde von dem einzigen halb privaten Raum an Bord
beansprucht, denn auf der Backbordseite des Durchgangs lag
die Kammer des Kommandanten, durch einen grünen Vorhang vom restlichen Boot abgetrennt. Hier standen Teddy
Suhren ein kleines Schreibpult und eine eigene Koje zur Verfügung, von wo aus er die Aktivitäten an Bord hören konnte. Direkt gegenüber an Steuerbord lagen die beiden wich-
tigsten Informationsbereiche: der Horch/UT-Raum mit der
Ausrüstung für das Gruppenhorchgerät (GHG) sowie direkt
neben der Zentrale der kleine Funkraum. Beide waren durch
die sich paarweise abwechselnde Wache des vierköpfigen
Funkpersonals ständig besetzt. Das GHG bestand aus 2 x 24
kleinen Empfängern (Unterwassermikrofonen), die zum Teil
auf Lücke versetzt in zwei Bögen untereinander über und um
die Abweiser der vorderen Tiefenruder des U-Bootes angeordnet waren. Ein elektrischer Kompensator registrierte die
zeitlichen Verzögerungen, mit denen die Schallimpulse die
einzelnen Empfänger erreichten. Dies bildete die Grundlage
der Richtungsbestimmung, die der Funker über Kopfhörer
mit Hilfe der Handradeinstellung im Horchraum vornahm.
Dieses System hatte das genauere Kristalldrehbasisgerät
(KDB) ersetzt, ein drehbares Unterwassermikrofon in einem
Gehäuse, das auf dem Druckkörper aufgesetzt war und über

das Oberdeck in der Nähe der vorderen versenkbaren Poller ragte. Obwohl das KDB einen höheren Grad an Genauigkeit bot, war seine Reichweite wesentlich geringer als die des GHG (heute unter den Begriff Passivsonar fallend), das unter günstigen Bedingungen Einzelschiffe bis zu 20 km (10,8 sm) und Geleitzüge bis zu 100 km (54 sm) Entfernung orten konnte.

Im Funkraum fand auch das Ver- und Entschlüsseln der Funksprüche statt, ein Vorgang, der in späteren Jahren zu einem der berühmtesten Aspekte des U-Boot-Krieges im Atlantik werden sollte. Das Funkpersonal an Bord von *U 564* hatte zu Beginn des Jahres 1942 eine nagelneue Schlüsselmaschine »Enigma« erhalten, die mit vier Walzen ausgestattet war. Bei Kriegsausbruch 1939 besaß die deutsche Wehrmacht eines der kompliziertesten Fernmeldesysteme der Welt. Kern dieses Systems war die Fähigkeit, mit Hilfe einer Schlüsselmaschine und der darauf beruhenden Funkschlüssel sicher verschlüsselte Funksprüche zu senden und zu empfangen, die vermutlich nicht entziffert werden konnten. Die »Enigma«-Version der Kriegsmarine mit drei Schlüsselwalzen war der »Marinefunkschlüssel M 3«; er glich einer kleinen transportablen Schreibmaschine mit wechselnden inneren und äußeren Einstellungen, die alle 48 bzw. 24 Stunden wechselten. Hierdurch ergaben sich nach wissenschaftlichen Berechnungen über 150,7 Billionen mögliche Einstellungen.

Während es den britischen »Codebrechern« in der streng geheimen *Government Code and Cipher School* in Bletchley Park gelungen war, bereits Anfang 1939 einige kleinere Erfolge bei der Entzifferung von »Enigma«-Verschlüsselungen der Luftwaffe und des Heeres zu erzielen (mit enormer und oft übersehener Unterstützung von Entziffern des polnischen Nachrichtendienstes, die bereits Jahre vor dem Krieg am Knacken der »Enigma«-Verschlüsselung arbeiteten und dann im Kriege über Frankreich nach England gelangten), kam der vollständige Einbruch in den mit der »Enigma« verschlüsselten Funkverkehr der Luftwaffe im Mai 1940 im Verlaufe des Frankreichfeldzuges (der Einbruch in den des

Heeres folgte erst ab Herbst 1941), während der komplizier-
tere Funkschlüssel der Kriegsmarine allen Einbruchsver-
suchen zunächst widerstand. Verschiedentlich erbeutete
Schlüsselwalzen aus einem U-Boot und einem Vorpostenboot
sowie Aussagen von Kriegsgefangenen in den ersten Kriegs-
monaten erbrachten Stücke zur Lösung dieses komplizierten
Rätsels. Doch den ersten tatsächlichen Durchbruch erzielte
Bletchley Park nach einem britischen Kommandounternehmen (Operation *Claymore*) am 3./4. März 1941 gegen die
Lofoten. Ein Enterkommando des Zerstörers HMS SOMALI
erbeutete aus dem Vorpostenboot KREBS eine »Enigma«-
Maschine mit dem vollständigen Satz von acht Walzen, der
es den britischen Entzifferern im Nachhinein ermöglichte,
den deutschen Funkverkehr im Schlüsselbereich »Heimische
Gewässer« vom 13.–23. Februar zu entziffern. Am 7. Mai
1941 erfolgte ein weiteres zielgerichtetes Unternehmen, bei
dem erneut ein Enterkommando der HMS SOMALI auf dem
Wetterschiff MÜNCHEN in der Nähe der Insel Jan Mayen
Schlüsselmittel und -unterlagen erbeutete, die den britischen
Entzifferern ein weiteres Eindringen in den Bereich »Heimische Gewässer« gestatteten, den auch die U-Boote benutzten.
Auch der erbeutete »Wetter-Kurzschlüssel 1940« brachte
einige Ergebnisse. Doch erst die Kaperung von *U 110*
(Kptlt. Fritz-Julius Lemp) am 9. Mai 1941, wobei neben der
»Enigma«-Maschine mit allen Schlüsselwalzen auch wesent-
liche Schlüsselunterlagen erbeutet wurden, brachte den
endgültigen Einbruch in den Schlüsselbereich »Heimische
Gewässer«.

Um jeden Verdacht auszuschließen, dass die Verschlüsselung nicht mehr sicher wäre, führte das OKM am 5. Oktober 1941 den neuen Schlüsselbereich »Triton«[4] für die U-Boote beim Einsatz im Atlantik ein (alliierter Codename *Shark*),
gefolgt am 1. Februar 1942 von der Einführung des »Marinefunkschlüssels M 4«, d. h., es kam eine vierte Walze hinzu.
Diese Maßnahme vergrößerte die mögliche Vielzahl an Einstellungen erheblich und führte auf alliierter Seite zu einem
»Blackout«, der bis Mitte Dezember 1942 anhielt – und die

Alliierten mussten entsprechende Verluste hinnehmen.

Oberfunkmaat Rudi Elkerhausen war für das Funkpersonal auf *U 564* verantwortlich. Beim Wachdienst unterstützte ihn der Funkobergefreite Werner Apitz, während der Oberfunkmaat Willi Anderheyden und der Funkobergefreite Ewald Gaiser die Zweite Wache im Funkraum stellten. Der Funk war ständig besetzt, und zwar tagsüber im Vier-Stunden-Turnus (08.00 bis 20.00 Uhr) und nachts im Sechs-Stunden-Turnus – sogar auf Sehrohrtiefe, auf der Funkverkehr noch empfangen werden konnte. Während der eine der beiden Funker die Sende- und Empfangsanlage besetzt hielt, bediente der andere das GHG und suchte den Ozean nach verräterischen Anzeichen des Gegners ab.

Den vorderen Teil des Bootes schloss hinter dem Funkraum und der Kammer des Kommandanten ein schweres, wasserdichtes Kugelschott für den Fall ab, dass der vordere Bereich volllief. Dieses kreisrunde Schott führte direkt in die Zentrale, das mittschiffs gelegene Nervenzentrum des Bootes unterhalb des Turms. Hier befanden sich das Beobachtungssehrohr, der Ruderstand, die Tiefenruderstände, die Flut-, Lenz- und Trimm-Einrichtungen sowie zahlreiche weitere Systeme zur Handhabung des Bootes. Zur Zentrale gehörten auch der Kreiselkompass und ein kleiner Navigationsbereich. Eine Leiter aus Metall führte über das Zentraleluk zum Kommandantenstand im druckfesten Teil des Kommandoturms, in dem das Angriffssehrohr und der Torpedovorhalterechner untergebracht waren, ehe das schwere, runde Turmluk mit 60 cm Durchmesser auf die Brücke ins Freie führte, auf der sich vorn auch ein zweiter Ruderstand für Überwasserfahrt befand. Neben dem Turmluk, das in See für Ein- und Ausstieg in der Regel allein benutzt wurde, waren noch das Kombüseluk sowie das vordere und das achtere Torpedoluk zum Verbringen der Torpedos in den Bug- bzw. Heckraum vorhanden.

Sowohl Gabler als auch Limburg hielten sich während ihrer Wache oft in der Zentrale auf. Hier hatte auch der Obermaschinenmaat Emil Grade, der Zentralemaat, seinen

Platz. Er war für die Feineinstellungen an den Ventilen der Trimmeinrichtung (»Christbaum« genannt) bei Tauchfahrt, für den Druckausgleich im Boot und für die Wartung der hydraulischen Systeme für das Ein- und Ausfahren der Sehrohre zuständig. Hierbei unterstützten ihn die Maschinenobergefreiten Johann Rebahn, Werner Rieckhoff und Hans Merk.

Nach achtern schloss die Zentrale ein weiteres schweres, wasserfestes Kugelschott ab, das achtere Zentraleschott, das in den Unteroffiziersraum führte. Acht wegklappbare Sofakojen standen den elf Maaten im Wechsel zur Verfügung. Ferner gab es zwei leicht nach Steuerbord versetzte, abklappbare Tische für die Mahlzeiten. In dieser engen Abteilung mit dem fast ständig benutzten Hauptdurchgang wohnten Elkerhausen, Anderheyden, Bartels, Thiel und Grade sowie sechs weitere Maate, die für die Antriebssysteme des U-Bootes mitverantwortlich waren. Zusätzlich waren hier auch noch während der Dauer dieser Feindfahrt der Leutnant (Ing.) Eberhard Hammermüller und der Sonderführer (Bootsmannsmaat) Haring einquartiert worden.

Achteraus des Unteroffiziersraumes folgten unmittelbar an Steuerbord das achtere WC, zumeist als Proviantraum benutzt, und an Backbord die winzige Kombüse. Ein elektrischer Herd mit drei runden Kochfeldern und zwei kleinen Backröhren war alles, was dem Matrosenobergefreiten Hermann Hausruckinger zur Verfügung stand, um die gesamte Besatzung mit den erforderlichen Essensrationen zufrieden zu stellen. Hausruckinger war seit der Indienststellung des Bootes an Bord und war bis vor kurzem bei Heinrich Ramm der »zweite Koch« gewesen, ehe dieser versetzt wurde. Da er nunmehr der »Smutje« des Bootes war, brauchte er keine Wache mehr zu gehen, um sich auf die fast ständige Forderung nach Mahlzeiten einschl. des »Mittelwächter« oder nach Kaffee angesichts der ständig wechselnden Wachen zu konzentrieren. Zuweilen half er jedoch auch bei allgemeinen seemännischen Arbeiten, wenn er gerade verfügbar war und gebraucht wurde. Suhren über das Essen:

In den ersten acht Tagen war das Essen sehr gut. So hatten wir zum Beispiel eine Menge frisches Gemüse, Obst und dergleichen an Bord. Jede Art Frischproviant wurde zuerst aufgebraucht.
Die Kombüse befand sich zwischen dem Unteroffiziersraum und dem Dieselmotorenraum. Der Kombüsenherd stand auf der Backbordseite, während gegenüber an Steuerbord das achtere WC lag, vollgestopft mit frischem Gemüse, Obst, Fleisch usw. Natürlich ist es nicht schön, dass sich neben der offenen Kombüse ein WC befindet, aber andererseits reicht ein WC (in der vorderen Bootshälfte) für 46 Mann nicht aus! Das größte Problem war das Brot. Wir brachten es in einer Hängematte unter, so dass genügend Luft herankonnte, aber nach einer gewissen Zeit begann es zu verderben und [die Brotlaibe] sahen wie Kaninchen aus, weil sie mit Schimmel überzogen waren. Wir schnitten so viel wie notwendig davon weg und aßen es dann.
War aller Frischproviant aufgebraucht, wandten wir uns der Büchsennahrung zu. Alles in allem waren unsere Proviant-vorräte gut; eigentlich hatten wir alles – ausgenommen die Tatsache, dass alles nach Dieselöl schmeckte.[5]

In dem sich nach achtern anschließenden Dieselmotoren-raum dominierten an Backbord und an Steuerbord je ein 6-Zylinder-Viertakt-Dieselmotor F 46a/6pu mit Aufladung der Krupp-Germaniawerft. Ein schwitzendes Maschinenper-sonal wartete die einen höllischen Lärm verursachenden Motoren, die über Wasser den Antrieb für U 564 lieferten. Der erforderliche Luftsauerstoff zur Verbrennung des Kraft-stoffs wurde dem Bootsinneren entnommen, aber mit zuge-führter Druckluft aus kleinen Behältern neben den Funda-menten der Motoren aufgeladen, konnten die beiden starken Dieselmotoren 3200 PSe für eine Höchstgeschwindigkeit von 17,7 kn leisten. Unter Aufsicht des Diesel-Obermaschinisten Hermann Kräh in eine Backbord- und eine Steuerbordwache eingeteilt, arbeitete das Personal (je ein Obermaat und zwei Heizer) im Sechs-Stunden-Turnus. Vom Dieselmotorenraum durch ein Lärmschott getrennt, schloss sich als letzter Bereich der E-Maschinen- und Hecktorpedoraum an. Hier standen an beiden Seiten je ein kleinerer E-Motor GG UB 720/8 der Fa. Brown, Boveri & Cie. (BBC) mit einer Leistung von 750 PSe für eine Höchstgeschwindigkeit unter Wasser von 7,6 kn. Über Kupplungen konnten sowohl die Diesel- wie auch die E-Motoren auf beide Wellen zum Antrieb der Propeller ein- und ausgerückt werden, wobei auch bei laufenden Dieselmotoren die E-Motoren leer mitlaufen konnten. Zum Aufladen der Batterien wurden Letztere als Generator geschaltet. Für die E-Maschinen war der Obermaschinist Heinz Mattern verantwortlich, unterstützt durch vier Obermaate und drei Heizer, die gleichfalls in zwei Wachen eingeteilt waren. Das achtere Ende dieses Raums beherbergte ein einzelnes Hecktorpedorohr, vor dem sich an Backbord der wegklappbare Notsteuerstand für das Hauptruder sowie unter den Flurplatten ein einzelner Reservetorpedo befanden. Unter den Flurplatten hatte die Bilge über die gesamte Länge des Bootes fast so viel Raum wie über den Flurplatten vorhanden war. Ihn beanspruchten jedoch hauptsächlich die Trimm- und Tauchzellen sowie zwei umfangreiche Batteriebänke zu je 62 Zellen, die insgesamt 9160 Ah erbrachten. Sie standen in zwei Akkumulatorenräumen, und zwar einer achtern unter dem Unteroffiziersraum und der andere vorn vor der Munitionskammer. Diese Batterien lieferten für die E-Maschinen die lebenswichtige Energie, die aber gleichzeitig die Achillesferse für die U-Boote des Zweiten Weltkrieges darstellte. Infolge des begrenzten Umfangs an gespeicherter Energie waren die Batterien bald erschöpft. Somit konnte *U 564*, wie alle damaligen U-Boote, nur eine begrenzte Zeit tauchen und mit den E-Maschinen unter Wasser operieren. Seine Geschwindigkeit war hierbei sehr verringert. Selbst bei höchsten Umdrehungen konnten die E-Motoren *U 564* nur mit etwas mehr als sieben Knoten vorantreiben, eine Geschwindigkeit, die bald zur Erschöpfung der Batterien führen würde. War dieser Zustand eingetreten, stand der Kommandant vor der verzweifelten Alternative: Er musste auftauchen und sah sich einem auf der Lauer liegenden Gegner gegenüber oder die Propeller hörten auf, sich zu drehen, und das U-Boot sank langsam ins Bodenlose, bis der Druckkörper dem auf ihm lastenden gewaltigen Druck des Meerwassers nicht mehr standhalten konnte und zerdrückt wurde. Eigentlich war ein damaliges U-Boot mehr ein Tauchboot als ein wirkliches Unterseeboot. Die Zeit der Letzteren begann erst gegen Kriegsende mit dem späteren Typ XXI.

Als *U 564* in den Golf von Biskaya steuerte, hatte ein Prüfungstauchen seine Seetüchtigkeit und Einsatzbereitschaft erwiesen. Mit dem Ergebnis zufrieden, befahl Teddy Suhren, unter einem mondlosen Nachthimmel aufzutauchen. Die hämmernden Diesel gestatteten *U 564* eine Marschfahrt mit wirtschaftlichster Geschwindigkeit in Richtung des mittleren Atlantik, wobei es sich beeilte, auf einem westlichen Kurs die Biskaya zu durchqueren, die inzwischen ein Tummelplatz für alliierte U-Jagdflugzeuge geworden war. Angesichts der leicht identifizierbaren Wege, die aus den französischen Atlantikstützpunkten auslaufende oder in sie zurückkehrende U-Boote nehmen mussten, hatte das Küstenkommando (*Coastal Command*) der *Royal Air Force* (RAF) seine U-Jagdpatrouillen entsprechend eingeteilt. Die von ihnen ausgehende Bedrohung begann zu einer akuten Gefahr zu werden. Daher war bei einer am 16. Juni 1942 in Paris abgehaltenen Besprechung zwischen dem BdU und verschiedenen Abteilungsleitern aus dem OKM die zukünftige Luftabwehrstrategie der U-Boote besprochen worden. Die Entwicklung und Erprobung von Funkmessbeobachtungsgeräten (FuMB) erhielt höchste Priorität, gefolgt von einer verstärkten und verbesserten Flakbewaffnung. Es war ein Ergebnis dieser Besprechung, dass der »Wintergarten« zum bisherigen Turmaufbau eine zusätzliche Flakplattform erhielt und das FuMB 1 »Metox« beschleunigt eingeführt wurde.[5a]

Doch diese Verbesserungen lagen für U 564 noch in der Zukunft, als das Boot Südwestkurs steuerte. Die Ausgucks auf der Brücke strengten ihre Augen an und versuchten die Dunkelheit zu durchdringen, um Anzeichen von feindlichen

Störenfrieden zu erkennen. Mit einer fast sicheren Unver-
meidlichkeit wurde das erste Feindflugzeug am 12. Juli um
04.58 Uhr gesichtet, als das Boot noch nicht einmal 100 sm
von Lorient entfernt war. Das unheilvolle Brummen britischer Flugzeugmotoren kündigte die dunklen Umrisse eines
Bombers an, der in nur 100 m Entfernung das Kielwasser des
U-Bootes passierte. Die Bedienung bemannte das kleine Maschinengewehr, ein MG 34, als der große Schatten über sie
hinwegfegte, dessen eigene, aus den Plexiglaskuppeln star-
rende Waffen deutlich erkennbar waren. Doch diesmal entwickelte sich kein Gefecht; das Flugzeug verschwand so
rasch, wie es aufgetaucht war. Suhren vermerkte im KTB:
»Vermutlich Aufklärungsflugzeug, das uns infolge der dunklen, mondlosen Nacht nicht sah.«[6] In der Erkenntnis, dass
die Chancen eines zweiten glücklichen Entkommens höchst
gering waren, ließ Teddy Suhren um 06.10 Uhr tauchen und
das Boot verbrachte die Stunden der morgendlichen Dunkelheit in der Sicherheit der Tiefe. Es setzte den Überwassermarsch erst bei vollem Tageslicht fort, als es möglich war, bei
klarer sommerlicher Sicht über größere Entfernungen zu
beobachten.

In der folgenden Nacht schickte eine Wiederholung derselben Erfahrung *U 564* mit rasender Eile in die Tiefe und
diesmal kam die Brückenwache beim Alarmtauchen unten
krachend auf den stählernen Flurplatten an. Ein riesiges
»Sunderland«-Flugboot, im deutschen Sprachgebrauch
»Traktor« genannt, hatte untrüglich auf das stark phospho-
reszierende Kielwasser zugehalten, das jetzt *U 564* heimsuch-
te. Doch die wachsamen deutschen Ausgucks hatten seinen
Angriff durchkreuzt. Erneut war das Boot gezwungen, unter
Wasser mit der langsamen Fahrt, die seine E-Maschinen
hergaben, westwärts zu schleichen. Die Risiken von Luftangriffen wogen schwerer als jeder Vorteil einer schnelleren
Durchquerung der Biskaya. Selbst die Morgendämmerung
brachte wenig Erleichterung. Das Boot war aufgetaucht und
die Bedienung setzte das MG 34 auf dem Turm in seine Halterung – nur um es in weniger als 20 Minuten später wieder

nach unten zu befördern, als das Boot erneut beim Auftauchen eines gegnerischen Flugzeuges tauchen musste. Es war ein anstrengender Vorgang, der an den blanken Nerven der Besatzung zerrte, und die zunehmende Bedrohung durch feindliche Flugzeuge zeichnete sich deutlich ab.

Sobald Teddy Suhren den Golf von Biskaya hinter sich hatte, war es ihm schließlich gelungen, drei Tage lang ungestört Südwestkurs zu halten, obwohl die Bedrohung aus der Luft an anderer Stelle ihr erstes Opfer unter den zehn westgehenden Booten forderte. Am 17. Juli war *U 751* unter Führung von KKpt. Gerhard Bigalk, eines Ritterkreuzträgers, nordwestlich von Kap Ortegal von der »Whitley« H der 502. Squadron zusammen mit der »Lancaster« F der 61. Squadron angetroffen und mit Wasserbomben angegriffen worden. Das Boot glitt mit dem Heck voraus in die Tiefe der See und die gesamte Besatzung kam ums Leben.[7]

Hinter *U 654* (Oblt.z.S. Forster) läuft Suhrens *U 564* am Samstagnachmittag des 11. Juli 1942 aus dem Hafen von Lorient aus, um auf dem minenfreien Weg »Kernleder« den Marsch in den Golf von Biskaya anzutreten. Ein Sicherungsgeleit mit einem Sperrbrecher an der Spitze sicherte die beiden U-Boote gegen feindliche Flugzeuge und Minen, bis sie den freien Seeraum erreichten.

U 564 in See: Oblt.d.R. (Ing.) Ulrich Gabler (links im Bild) und Teddy Suhren auf
der Brücke. Im Dienst gab es zwischen den beiden Offizieren eine hervorragende
Zusammenarbeit, aber auch privat waren die beiden eng befreundet, eine Kameradschaft, die auch über den Krieg hinaus Bestand hatte. Suhren trägt hier eine speziell
für das U-Boot-Personal entworfene Sonnenbrille; ihre Gläser waren an das »Zeiß«-
Fernglas angepasst. Gabler, ein begabter Ingenieur für Schiffbau, war bereits vor dem
Kriege als Konstrukteur tätig. Nach dieser Feindfahrt arbeitete er ab Herbst 1942
erneut bei der Konstruktion neuer U-Boote mit. Nach dem Kriege Inhaber der
Fa. Ingenieurkontor Lübeck (IKL), das viele U-Boote für die Bundesmarine und für
ausländische Marinen konstruierte, lehrte Prof. Dipl.-Ing. Gabler auch das Fach
»Sonderschiffbau« am Institut für Schiffbau an der Universität Hamburg.

Die Brückenwache – und Schaulustige. Zu den Letzteren gehörten der E-Obermaschinist
Heinz Mattern (links im Bild) und der Oberfunkmaat Willi Anderheyden (ganz rechts).
Davor ist der Oberbootsmann Heinz Webendörfer (ohne Mütze), die »Seemännische
Nr. 1« des Bootes, von der Ersten Seewache. Die übrigen, weniger gut sichtbaren
Angehörigen dieser vierköpfigen Seewache waren Oblt.z.S. Ulf Lawaetz, der I.WO,
der Matrosenobergefreite Ernst Schlittenhard und der Matrosengefreite Eduard Kalbach.
An der Oberkante des Turms ist der bei *U 564* später angebrachte Windabweiser zu
sehen, vor dem die Abspannisolatoren der vorderen Netzabweiser-Antenne zu erkennen
sind. Darunter befindet sich das Wappen des Bootes: »3 X Schwarzer Kater«.

Der vordere Torpedo- oder Bugraum zur Zeit des Abendessens. Hier sind die Mannschaften der Besatzung in großer Beengtheit und Unbequemlichkeit untergebracht: um die 25 Mann, für die es neben Hängematten zwölf Kojen gab, sechs auf jeder Seite auf zwei Ebenen. Lediglich der Obermechanikersmaat (T) Gerhard Ehlers hatte eine eigene Koje. Er war der einzige Unteroffizier in diesem Raum, während sich die Übrigen den verfügbaren Raum teilen mussten. In diesem Raum befanden sich auch noch zehn 7 m lange Torpedos: vier in den Rohren, vier in der Bilge unter den Flurplatten sowie zwei darüber zwischen den hochgeklappten unteren Kojen. Auf ihnen sitzen und essen die »Lords« gerade. Im Hintergrund ist eben noch die schmale Tür im Stützschott nach achtern zum Oberfeldwebelraum und zur Zentrale zu sehen.

Brot, das gerade zum Essen gereicht wird, gehört mit anderem Frischproviant zu den ersten Posten auf der Proviantliste, die auf Feindfahrt rasch verderben. Sobald sich auf den Broten außen Schimmel bildete, musste das Äußere weggeschnitten werden und die Männer konnten nur noch das altbackene Innere essen. Sobald auch dies ungenießbar geworden war, gab es nur noch Dosenbrot.

Der Bugraum zur Essenszeit. Die beiden Torpedos über den Flurplatten, die den Mannschaften noch weniger Raum als sonst lassen, sind über einer provisorischen Holzabdeckung mit wattierten Decken bzw. Matratzen bedeckt. Die Männer lehnen sich an die oberen Kojen an. Es gab auch zusammenklappbare Tische, die unter den unteren Kojen verstaut wurden. Sie sind aber angesichts der hier erkennbaren Beengtheit völlig unpraktisch.

Matrosenobergefreiter Roland Schiedhelm (gerade Kaffee eingießend) und der Matrosengefreite Eduard Kalbach zu erkennen. Für den Letzteren war dies die erste Feindfahrt an Bord von U 564.

Obermechanikersmaat (T) Gerhard Ehlers – der einzige Unteroffizier, der seine Koje im Bugraum hatte – sucht sich seinen Weg nach achtern zum Unteroffiziersraum direkt hinter der Zentrale, um dort seine eigene Mahlzeit einzunehmen. An beiden Seiten neben ihm (von links nach rechts): Matrosengefreiter Heinrich Wagner und Mechanikerobergefreiter (T) Horst Becker sowie Rieckhoff, Hausruckinger und Grünert. Die Mechanikerlaufbahn war in die für Artilleriemechaniker (VII A) und Torpedomechaniker (VII B) zweigeteilt. Zur Unterscheidung wurde dem Dienstgrad entweder (A) bzw. (T) angehängt oder »Artillerie-« bzw. »Torpedo-« vorangestellt.

Linke Seite oben: Der Unteroffizierswohnraum, der zugleich als
Messe diente, während einer Mahlzeit. Dieser kleine Bereich,
direkt achteraus der Zentrale gelegen, beherbergte zwei leicht
nach Steuerbord versetzte, zusammenklappbare Tische, acht
wegklappbare Sofakojen mit Spiralfederrahmen und Auflege-
matrazen sowie 36 unterschiedlich große Spinde zur Aufnahme
von Kleidung und Ausrüstung.
Der Blick geht nach achtern: Im Hintergrund ist das Schott zum
achteren WC an Steuerbord (zumeist als zusätzlicher Proviantraum genutzt) und zur Kombüse gegenüber zu erkennen. Hinter
dem unsichtbaren Betrachter befindet sich das achtere Kugelschott zur Zentrale. Wie auf dem Foto zu sehen ist, konnte das
Einnehmen der Mahlzeit im Hauptdurchgang bedeuten, ständig
gestört zu werden. Der aufwartende Pantrygast (mit Kaffeekanne) ist ein Mannschaftsdienstgrad. Um die Tische sitzen von
links nach rechts: ObMaschMt. Fritz Stocker, MaschMt. Hans
Neumann, ObMaschMt. Fritz Hummel, ObFkMt. Rudi
Elkerhausen, ObMaschMt. Emil Grade, ObBtsmMt. Heinrich
Bartels und ObMechMt. Gerhard Ehlers.

Linke Seite unten: Die Schwierigkeiten, sich bei derart beengter
Räumlichkeit zu entspannen, werden in dieser Fotofolge augen-
fällig demonstriert. Der den Unteroffiziersraum durchschnei-
dende Gang war für einen Großteil der Besatzung ein wichtiger
Hauptdurchgangsweg, denn er lag zwischen dem Bugraum, in
dem die Mannschaften untergebracht waren, und dem Dieselmotorenraum sowie dem Hecktorpedo- und E-Maschinenraum.

Einige der »Lords« aus dem Bugraum (von links nach rechts): Maschinenobergefreiter Werner Rieckhoff (Zentralegast), Matrosengefreiter Hermann Hausruckinger
(Koch), Matrosenobergefreiter Werner Grünert (Gefechtsrudergänger); Funkobergefreiter Ewald Gaiser und Maschinenobergefreiter Werner Schlägel (Stb.-Diesel).

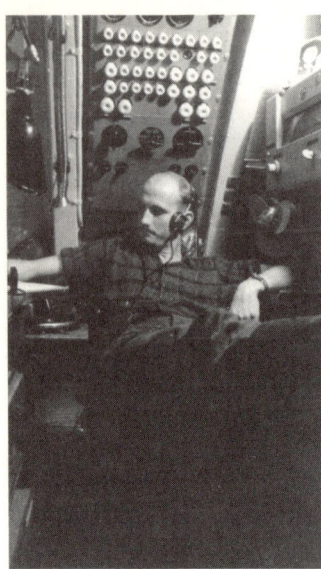 

Linkes Bild: ObFkMt. Willi Anderheyden, der Zweite Funkmaat, im Funkraum auf
Wache. Anderheyden war ein erfahrener U-Boot-Fahrer. Er gehörte bereits zur
Besatzung von *U 124* (Kptlt. Georg-Wilhelm Schulz) – dem »Edelweiß-Boot«, das
einen großen Teil der Besatzung des im April 1940 bei Narvik gesunkenen *U 64* an
Bord hatte – und war im Oktober 1940 mit dem EK II ausgezeichnet worden.
Infolge der engen Funkfernführung der U-Boote durch Dönitz und BdU op. im
Einsatz gab es einen umfangreichen Funkverkehr, der eine ständige Überwachung
erforderte. Hinzu kam, dass der Funkraum auch als Unterhaltungszentrum der
Besatzung diente: Unter Anderheydens ausgestrecktem Arm befindet sich das Gram-
mophon des Bootes. Rechts oben im Bild ist der Hauptempfänger des U-Bootes vom
Typ Telefunken E 436 S mit einer Frequenzbreite von 3–30 MHz zu sehen. Zudem
gab es noch ein kleines Radio für normale Rundfunksendungen. Links ist am Spant
das Sprachrohr zu erkennen, das den Funkraum mit der Brücke verbindet.

Rechtes Bild: ObFkMt. Anderheyden bei der Entschlüsselung eines Funkspruchs.
Hierzu betätigte er eine Tastatur, ähnlich einer Schreibmaschine, mit den Buchstaben
des verschlüsselten Textes und schrieb die auf dem Glühlampefeld oberhalb des
Tastenfeldes erscheinenden Buchstaben (Klartext) nieder. Die in der Bildmitte von
hinten erkennbare »Enigma«- Schlüsselmaschine bestand aus dem Walzenteil, dem
Glühlampenfeld, dem Tastenfeld und dem Steckerbrett (nicht sichtbar an der
Vorderseite der Maschine). Deutlich erkennbar sind die vier Walzenräder im
Walzenteil. Bei dieser Maschine handelt es sich um den am 1. Februar 1942 einge-
führten »Marinefunkschlüssel M 4«, d.h. zu den bisherigen drei Schlüsselwalzen
(M 3) war eine vierte hinzugekommen (im Bild ganz rechts): die sog. Alpha- oder
»Griechenwalze«. Während die bisherigen drei Walzen aus einem Vorrat von acht
ausgewählt wurden, konnte die »Griechenwalze« zunächst nicht ausgetauscht wer-
den. Erst 1943 gab es einen Vorrat von drei dieser Walzen. Der Funker hatte auf der
»Enigma«-Maschine den für den Schlüsselbereich »Triton« jeweils geltenden
Tagesschlüssel einzustellen (siehe Anm. 15a zur »Einführung«).

Blick in den Dieselmotorenraum nach achtern. Im Vordergrund die Fahrstände für
den Stb.-Diesel (links im Bild) und den Bb.-Diesel mit den Hebeln zum Anlassen und
Umsteuern der Motoren, darüber die Maschinentelegrafen und die Drehzahlmesser.
In der Mitte unter der Decke das Handrad für das Hauptzuluftventil. Das Maschinen-
raumpersonal bei den Vorbereitungen zum Tauchen: Der Stb.-Diesel ist gestoppt und
während der Bb.-Diesel noch mit kleiner Fahrt läuft, beginnt das Schließen der Zuluft-
und Abgasventile. Der Obermaschinist Hermann Kräh (links im Bild) war seit der
Indienststellung von U 564 bei Suhren an Bord.

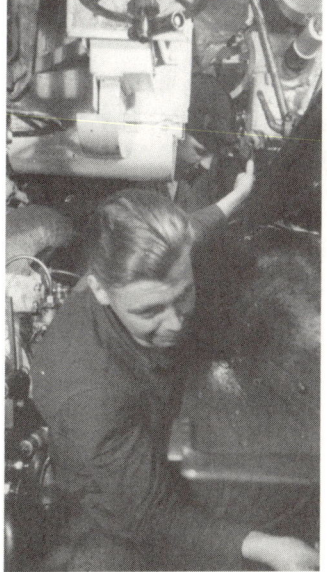

Der Obermechanikersmaat (T) Gerhard Ehlers und der Mechanikerobergefreite (T) Horst Becker (mit Bordmütze) warten den teilweise aus dem Heckrohr gezogenen Torpedo. Erkennbar sind die beiden gegenläufigen Heckpropeller. Torpedos erforderten ständige Aufmerksamkeit und Wartung, um ihre Zuverlässigkeit sicherzustellen. Diese Aufgabe hatten Ehlers und seine beiden Gehilfen zu erfüllen. An Bord wurden sie im Marinejargon allgemein »Torpedomixer« genannt. Das Deck des Hecktorpedoraumes scheint ebenfalls mit Proviant vollgestopft zu sein. Vermutlich handelt es sich um Säcke mit Kartoffeln.

Linke Seite: Während das Hämmern der Dieselmotoren abklingt und schließlich schweigt, lassen der Obermaschinenmaat Heinz Nordmann (rechts im Bild) und ein Maschinenobergefreiter die beiden E-Motoren von U 564 an. Im ersten Bild hängt gerade noch etwas sichtbar ein Maschennetz mit Proviant von der Decke. Die daneben hängende Korbflasche enthält destilliertes Wasser, das für die Batterien gebraucht wird.

Doch es waren nicht nur die Torpedos, die einer regelmäßigen
Aufmerksamkeit und Wartung bedurften. Das Deckgeschütz
war durch das häufige Tauchen in sehr starkem Maße dem
Risiko der Korrosion und Funktionsstörungen ausgesetzt.
Dicke Schichten aus Schmierfett wurden aufgetragen, wann
immer dies notwendig war. Das vor dem Turm gefahrene
Seezielgeschütz war eine 8,8-cm-Schnellfeuerkanone C/35
(L/45) in U-Boots-Lafette L.C/35. Alle Bedienungselemente
waren doppelt, d.h. auf jeder Seite vorhanden. Das Richten
erfolgte seitlich durch je ein Höhen- und ein Seitenricht-
Handrad. Die empfindliche Visiereinrichtung war abnehmbar
und konnte beidseitig angebracht werden. Hier arbeiten der
Bootsmannsmaat Karl Thiel und Kommandant Suhren an der
auf der Steuerbordseite aufgesetzten Visiereinrichtung.
Suhren hatte seine U-Boot-Karriere als Artillerieoffizier mit
ausgezeichneten Schießleistungen begonnen und Thiel, die
Seemännische Nr. 3, war für die Wartung des Geschützes zu-
ständig. Ab November 1942 waren die Deckgeschütze der
U-Boote auch im Zonenschießverfahren zur Luftabwehr ein-
setzbar. Doch hiervon machte kaum ein Boot Gebrauch.
Nach dem 12. Juni 1943 lief kein VII-C-Boot mehr mit dem
Deckgeschütz aus.

2. Geleitzugschlacht
17.–20. Juli 1942

Am 17. Juli 1942 hatte *U 564* gegen Mittag den Mittelatlantik erreicht und die Gefahren im Golf von Biskaya aus der Luft, die Bigalks Boot zum Verhängnis geworden waren, schließlich weit hinter sich gelassen. Bis zu diesem Zeitpunkt hatte das Boot bereits über 370 sm im Überwassermarsch und weitere 60 sm, erzwungen durch die zunehmend wirksamere alliierte Luftüberwachung, unter Wasser zurückgelegt. Teddy Suhren hatte vom BdU die Bestätigung seines Ersuchens erhalten, Treibstoff aus einer »Milchkuh« ergänzen zu können. Daher brummte *U 564* mit stetiger Marschfahrt durch eine sanfte Dünung westwärts seinem Treffpunkt zu. Trotz Gablers Fähigkeit, jeden noch freien Kubikzentimeter Bunkerraum mit Treibstoff zu füllen, folgerte Suhren richtig, dass jeder Tropfen zusätzlichen Treibstoffs, der jetzt an Bord genommen werden konnte, ein längeres Verweilen im weit entfernten karibischen Kampfgebiet zulassen würde, in dem sich noch reiche Beute unter den dort verkehrenden alliierten Tankern und Frachtern bot.

Doch in dieser Nacht, als der Oberfunkmaat Rudi Elkerhausen die ständige Flut an Funksprüchen abhörte, die durch die Funkfernführung des BdU an seine »Grauen Wölfe« erging, fing er ein Kurzsignal von *U 202*, einem Flottillenkameraden, mit einer potenziellen Ablenkung von ihrer ruhigen Marschfahrt über den Atlantik auf: »2207. KR/KS. Geleitzug in BD 6979. Kurs 250, mäßige Fahrt.«[1]

Kptlt. Hans-Heinz Linders Boot war auf dem Rückmarsch von einer Feindfahrt an die Ostküste der Vereinigten Staaten, in deren Verlauf er vier Saboteure als Teil des

Unternehmens »Pastorius« an Land gesetzt hatte, des ersten
größeren Sabotageunternehmens, das die deutsche Abwehr
geplant und in Gang gesetzt hatte.[2/2a] Nach einer erfolgreichen Feindfahrt nunmehr ohne Torpedos, beschattete Linder
die gesichteten Marschkolonnen der Handelsschiffe als Fühlungshalter, sendete regelmäßig Sichtmeldungen und gab
Peilzeichen für alle in Angriffsentfernung stehenden U-Boote.
Selbst wenn er noch Torpedos gehabt hätte, wäre Linder als
Fühlungshalter gezwungen gewesen, auf das Herankommen
weiterer U-Boote zu warten, ehe er den Geleitzug hätte
angreifen können. Seine Position gegen die des Geleitzuges
abwägend, meldete Suhren an Dönitz: »Eigene Position CE
20. U 564.«

Hunderte von Kilometern weiter ostwärts markierte BdU
op., Admiral Dönitz' Führungsstab, der sich im neuen Stabsquartier an der Avenue Maréchal Maunory in Paris eingerichtet hatte, die zuletzt gemeldete Position des Fühlungs-
halters auf der riesigen Karte, die eine ganze Wand des
Lagezimmers schmückte. Auf dieser komplizierten Gitternetzkarte des Atlantischen Ozeans waren die gegenwärtig
bekannten Positionen aller U-Boote und die vermuteten
Standorte der schwer erfassbaren alliierten Ziele zu erkennen. In seinem beschlagnahmten und näher den Biskaya-
häfen gelegenen Château in Angers vermerkte der Stab von
FKpt. Hans-Rudolf Rösing, seit dem 1. Juli 1942 FdU West,
dieselben Positionen auf der Karte, der einzigen genauen
Kopie der Lagekarte des BdU.[3/3a] Bald darauf hallten verschlüsselte Morsezeichen nach Rösings Weisungen über die
massiven französischen Sendemasten durch den Äther, als
Dönitz allen Booten in Angriffsentfernung den Angriff befahl. An Bord von U 564 händigte Elkerhausen seinem
Kommandanten den hastig entschlüsselten Funkspruch aus:
»Linder: Fühlung halten am Gegner, solange Treibstoff dies
zulässt. Suhren U 564 ran!«

Obwohl die Position der Sichtmeldung in einiger Entfernung nordöstlich lag, hatte Teddy Suhren seinem Stabsobersteuermann Karl Limburg, dem »Stürkorl«, bereits befohlen,

einen Abfangkurs auszurechnen, überzeugt davon, dass
Dönitz ihm befehlen würde, auf den Geleitzug zu operieren.
Neben *U 564*, dem Boot mit dem Wappen »3 X Schwarzer
Kater«, das dann befehlsgemäß mit 15 kn Fahrt die Verfolgung aufnahm, beteiligte sich bald darauf auch *U 108* (KKpt.
Klaus Scholtz) vom größeren Typ IX B an der Jagd. Angesichts der ständigen Positionsmeldungen, die von Linder
hereinkamen, wurden ihre Chancen, Fühlung zu gewinnen,
als gut angesehen, und Teddy Suhren befahl, alle fünf Torpedos mit elektrischem Antrieb (als »Eto« bezeichnet) zu ziehen, d.h. teilweise aus ihren Rohren zu holen, und sie auf
potenzielle Defekte zu überprüfen, wieder einzufetten und
einsatzbereit zu machen. Die 2,4 m langen Batterien der Etos
wurden von Ehlers' zwei Torpedomixern überprüft und mit
Elektrolyt aufgefüllt. Zudem wurde eine kleine Anzahl Heiz-
elemente innerhalb der Batteriebehälter eingeschaltet, um die
Zellen vor dem Abschuss vorzuwärmen und auf diese Weise
die Reichweite der Torpedos um 60 Prozent zu steigern.

Als Gablers Dieselmotoren mit höchster Umdrehung los-
hämmerten, befahl der Kommandant allen Besatzungsangehörigen, die nicht gebraucht wurden, sich hinzulegen, um die
sich bietende Gelegenheit zum Ruhen auszunutzen. Teddy
Suhren selbst konnte sich nicht entspannen. Er blieb ständig
auf der Brücke anwesend, um besorgt den Ozean zusammen
mit den Ausgucks der Wache nach Anzeichen ihrer Beute abzusuchen. Dampfende Tassen mit starkem schwarzem Kaffee
wurden aus Hausruckingers winziger Kombüse auf die
Brücke gebracht und bald spannte das unverkennbare »Auf-
putschen« des Koffeins die bereits vibrierenden Nerven der
Ausgucks noch weiter an.

Jenseits des Horizontes erhielten die 35 Schiffe des Geleitzuges OS.34, der von Großbritannien in die erstickende
Hitze Freetowns unterwegs war, Kenntnis von ihren uner-
wünschten Verfolgern. Die OS-Route war während des Jahres 1941 eingerichtet worden, und in den Südatlantik, nach
Panama und in die Karibik bestimmte Schiffe fuhren unter
dem Schutzschirm des *Western Approaches Command*[3b] bis

nach Freetown/Sierra Leone. Die unerbittliche Ausweitung
der Handelskriegsführung durch die U-Boote nach Süden
hatte diesen Umweg erforderlich gemacht. Bis zum Juli 1942
hatte die britische Admiralität aus insgesamt 1343 Handelsschiffen, die bisher auf der OS-Route eskortiert worden waren, nur 13 Schiffe verloren, drei von ihnen im Nordkanal
nur einen Tag nach dem Auslaufen. In der Größe kleiner als
die durchschnittlichen Geleitzüge, die diese Route regelmäßig befuhren, bestand der OS.34 aus Schiffen, die aus dem
Mersey (Liverpool), Milford Haven (Südwales), dem Clyde
(Glasgow), Belfast und Oban (Westschottland) in »Zubrin-
ger-Geleitzügen« kamen, gesichert durch U-Jagd-Trawler aus
örtlichen Sicherungseinheiten. Als die 35 Handelsschiffe
schließlich neun geordnete Kolonnen gebildet hatten, wurde
die Aufgabe ihrer Sicherung am 12. Juli einer ozeanischen
Geleitsicherungsgruppe übergeben: fünf Sloops der *15. Escort Group*, sämtlich mit Kurzwellenpeilgeräten (HF/DF-An-
lagen) ausgerüstet.[3c] HMS FOLKESTONE, GORLESTON,
WELLINGTON, ORISSA und ERNE geleiteten die Schiffe
mit ihrer kostbaren Ladung hinaus auf das Schlachtfeld des
Nordatlantik, während sich die Antennen ihrer Sensoren-
Ausrüstung in den Masten ständig drehten und alle Bedienungen und Ausgucks in höchster Alarmbereitschaft waren.[4]
    An Bord von HMS FOLKESTONE wies der Komman-
dant der Sloop, der auch die Geleitsicherungsgruppe führte,
den vier anderen Sloops ihre Stationen zu, als die kompakte
Masse der Handelsschiffe in breiter Front mit acht Knoten
Fahrt den Nordkanal verließ, ehe sie nach Süden in Richtung
Westafrika eindrehte. Das zivile Pendant des Führers der Geleitsicherungsgruppe war der Kommodore des Geleitzuges,
R.G. Clayton, der sich an Bord der SS EMPIRE STANLEY
an der Spitze der aus vier Schiffen bestehenden mittleren
Kolonne befand. Trotz der bisherigen geringen Verlustrate
durchdrang die Furcht vor einem U-Boot-Angriff die Besatzungen der Handelsschiffe, als sich diese zu Kolonnen
formierten. Die breite Front und die geringe Tiefe des Geleitzuges wurde als der beste Schutz gegen U-Boot-Angriffe an

den verwundbaren Flanken empfunden. Die sichernden
Kriegsschiffe des taktischen Kommandos der *Western
Approaches* durchstreiften auf der Suche nach räuberischen
deutschen U-Booten die Gewässer des Atlantik an den
Außenseiten des Geleitzuges.

Als Linder ständige Standortmeldungen in den Äther zu
den sich nähernden Booten der Kameraden funkte, wurden
sie auch durch die Abhörstationen des Y–Dienstes in Großbritannien aufgenommen. Obwohl es derzeit nicht möglich
war, die verschlüsselten deutschen Funksprüche mitzulesen,
hatten starke Peilantennen den Standort des Senders durch
Dreieckspeilung lokalisiert und ein verschlüsselter Funkspruch der britischen Admiralität an die Geleitsicherung der
Royal Navy ließ nichts Gutes ahnen: »Dringend. Peilung um
2009 auf 11,068 K/cs deutet an, dass OS.34 von U-Boot gemeldet worden ist.« Alle Geschütze an Bord der Sloops, die
den OS.34 an den Seiten sicherten, wurden in Gefechtsbereitschaft versetzt, während ein weiterer Funkspruch an Bord
der britischen Schiffe die Sinne für die sich nähernde Gefahr
verstärkte: »Peilungen ... deuten die Wahrscheinlichkeit an,
dass sich zwei weitere U-Boote in der Nähe des Geleitzuges
befinden.«[4a]

Linders starke Peilsignale gestatteten es jedoch den
Sloops, aufgrund ihrer eigenen »Huff-Duff«-Kontakte auf
den Standort des die Funksignale abgebenden *U 202* zuzu-
laufen, und schließlich gelang es, das deutsche U-Boot vom
Geleitzug abzudrängen. Doch der erfahrene U-Boot-Kommandant war von seiner Aufgabe nicht so leicht abzubringen
und er versuchte hartnäckig, wieder Fühlung zu gewinnen,
bis die anderen »Jäger« eintrafen. Die ganze Nacht hindurch
hielten das todbringende Bestreben des U-Bootes, sich eine
günstige Position zu verschaffen, und das der Sloop an,
Linder in Schach zu halten. Doch schließlich scheiterte die
Absicht, die Handelsschiffe im Geleit zu schützen; die Briten
konnten ihren Verfolger und seine sich nähernden Kameraden nicht abschütteln.

Als die Morgendämmerung die dichten Wolkenbänke am

östlichen Horizont zu färben begann, war Teddy Suhren endlich in seiner Koje verschwunden, um seine eigenen Batterien aufzuladen. Als die Sonne langsam höher stieg und ihr Licht schwach durch einen bewölkten Himmel über einer ungewöhnlich ruhigen See durchsickerte, schien die Ruhe des Meeres, das *U 564* umgab, nur durch den eleganten grauen Bootskörper der deutschen Kriegsmaschine beeinträchtigt zu sein. Auf *U 564* waren die Vorbereitungen abgeschlossen und das Boot war gefechtsbereit, als es Linders gekoppelten Positionsmeldungen folgte. Endlich wurde die Konzentration der Ausgucks um 11.50 Uhr belohnt. Backbord voraus erschien der unverkennbare schmutzige Fleck des Rauches von Handelsschiffen, dem bald darauf die streichholzförmigen Masten und schlingernden Rümpfe alliierter Frachter folgten. Als Suhren beständige Fühlung gewonnen hatte und sich die anderen beiden Boote rasch näherten, brach der an Treibstoff knappe Linder die Verfolgung ab und ging auf Heimatkurs, einer letzten Salve auf große Entfernung aus den Geschützen einer Sloop entgehend, als er von seiner Beute abließ und sich aufgetaucht mit voller Fahrt absetzte.

An Bord von *U 564* musterten Teddy Suhren und seine Offiziere das entfernte Ziel scharf und grübelten über die beste Möglichkeit zur Annäherung nach. Innerhalb einer Stunde fiel die Entscheidung und die vordere Antenne des U-Bootes strahlte ein über Funk abgegebenes Kurzsignal aus, ehe Suhren tauchen ließ, um einen Anlauf zu einem Unterwasserangriff zu beginnen und das Boot vorzusetzen, wobei sich sein Bug direkt auf einen Punkt voraus des Geleitzugkurses richtete.

Im weit entfernten Paris ging Suhrens Kurzsignal bei Dönitz ein, während die Anspannung unter den versammelten Offizieren seines Stabes einen Höhepunkt erreichte: »Geleitzug in BD 9592. Greife an. Suhren.« Auf der Gitternetzkarte des Atlantischen Ozeans wurde Teddy Suhrens gegenwärtige Position vermerkt und der schmale Strich weiter fortgeführt, der den Kurs des sich ebenfalls vorwärts bewegenden OS.34 markierte, während Dönitz' Stab, zumeist erfahrene Offiziere in der U-Boot-Kriegsführung, auf weitere Meldungen warteten.

Das vertraute und willkommene Gemisch aus Besorgnis und Erregung erfasste die gesamte Besatzung von *U 564*, als Gabler das Boot auf 14 m Tiefe auf ebenen Kiel brachte. Teddy Suhren hatte es sich im Turm bequem gemacht und saß rittlings auf dem kleinen Sattelsitz, der mit dem Angriffssehrohr verbunden war. Das schlanke Sehrohr nur so weit ausfahrend, dass sein Kopf gerade aus dem Wasser ragte, begann er die erforderlichen Werte für den Torpedoschuss zu schätzen. Die Bedingungen waren für einen Unterwasserangriff nicht ideal, denn selbst die geringste Spur des Kielwassers, die das Sehrohr hinter sich herzog, würde die Geleitsicherungsfahrzeuge alarmieren, die an den Flanken ihrer wertvollen Schützlinge umherstreiften. Zwei Sloops führten die dicht geschlossenen Kolonnen des Geleitzuges an, während die drei anderen die verwundbaren Kanten überwachten. Die Besatzungen befanden sich seit der ersten Fühlungnahme Linders auf ihren Gefechtsstationen und sie waren sich der deutschen Bedrohung, die jede ihrer Bewegungen folgte, nur zu gut bewusst.

Durch das Fadenkreuz der empfindlichen Optik wählte Teddy Suhren seine Ziele für den ersten Torpedofächer aus, die Werte für Oberbootsmann Webendörfer am Torpedovorhalterechner ruhig ansagend. Webendörfer teilte den beengten Raum im Turm mit seinem Kommandanten. Plötzlich, als der Augenblick des Angriffs näher rückte, änderte der OS.34 seinen Kurs nach Steuerbord und damit außer Reichweite. Somit musste der Tanz zwischen Jäger und Gejagten aufs Neue beginnen. Das Sehrohr von *U 564* war gesichtet worden, wie die Sloop HMS GORLESTON bewies, indem sie kurze Zeit zum Angriff auf das U-Boot zuhielt. Suhren tauchte umsichtig in die Tiefe weg und zeigte dem Gegner das Heck.[5] Anschließend ließ er die Besatzung von den Gefechtsstationen wegtreten, ging wieder auf Sehrohrtiefe und beobachtete, wie der Geleitzug faktisch in 20 sm Entfernung verschwand. Danach tauchte *U 564* aus der Tiefe auf und begann erneut die Verfolgung über Wasser. Doch diesmal war das Boot nicht mehr allein.

Achteraus kam Forsters *U 654* in Sicht und als die Boote nebeneinander auf parallelem Kurs liefen, tauschten sich die beiden Kommandanten durch Winkspruch und über Megafon aus. Teddy Suhren wies Forster den Kurs in Richtung Geleitzug: »K an K. Ich habe Fühlung am Gegner. Auf gleichen Kurs wie ich gehen und nicht näher an den Geleitzug heran.« – »Bestätigt. Verstanden!«[6]

Forster drängte voraus, um eine eigene vorteilhafte Position entlang des Geleitzugkurses zu erlangen, und die beiden Boote trennten sich rasch. Die Kommandanten waren übereingekommen, den Einbruch der Nacht abzuwarten, und folgten ihrer Beute beiderseits ihres Kurses in einer Entfernung, die sie als sicher vor einer Entdeckung ansahen. *U 108* und *U 126* (Kptlt. Ernst Bauer), ein weiteres Boot vom Typ IX C, kamen ebenfalls rasch auf. Teddy Suhren fühlte sich bald imstande, sein Ziel leichter im Auge zu behalten; denn mehrere Dampfer mit Kohlebefeuerung verrieten die Position des OS.34, indem ihren Kurs dicke Rauchfahnen kennzeichneten. In Anbetracht ihrer veralteten Maschinenanlage schaufelten die schwitzenden Heizer fieberhaft Kohle in die Feuerungen der Kessel, um mit dem übrigen Geleitzug Schritt zu halten. Die schlechte Qualität der an Bord der SS PORT AUCKLAND und der SS PORT ADELAIDE mitgeführten Kohle führte zum Ausstoß dichter Rauchwolken und gestaltete die Verfolgung des Geleitzuges zu »einer einfachen Operation«.[7]

Am Abend registrierte Teddy Suhren über ihnen die unwillkommene Anwesenheit eines gegnerischen Flugzeuges: einer »Liberator« der 120. Squadron des Küstenkommandos der RAF. Die Maschine tauchte aus der Abenddämmerung auf und blieb fast eine Stunde über dem OS.34. Obwohl Suhren richtigerweise überzeugt war, dass der viermotorige Bomber ihn gesichtet hatte, erfuhr sein Boot weder eine Belästigung noch einen Angriff. Doch das ständige

Wegtauchen, als das Flugzeug über ihnen seine Kreise zog,
begann ihn zu verärgern:

*»LI, wir gehen wieder auf Sehrohrtiefe!« Immer dieses Rauf
und Runter wie im Fahrstuhl. Diese verteufelte Luftsicherung der Alliierten. ... Oben wird es dunkel, die Nacht zieht
herauf.*
*»Eins W.O. und Zwo W.O. zum Kommandanten!« – »Hört
mal zu, wenn wir jetzt auftauchen, verteilen wir uns auf die
vier Sektoren und kieken, Holzauge, sei wach!«*[8]

Die Bedeutung dieses Augenblicks schien auf Teddy
Suhren keinen Eindruck zu machen. Doch dies war das erste
Mal, dass ein Flugzeug so weit in den Atlantik vorgedrungen
war. Der »Liberator«-Bomber hatte einen größeren Teil seiner Bombenzuladung dem Einbau zusätzlicher Treibstofftanks geopfert. Trotzdem rechtfertigte sein Wert als Auf-
klärer seine Anwesenheit. Wenn der Vorgang auch später
von der *Royal Navy* als von »wenig Wert, da die Flugdauer
nur einen kurzen Aufenthalt gestattete«, eingestuft wurde, so
war die »Liberator« doch ein Vorbote kommender schwerer
Zeiten für die deutsche U-Boot-Waffe. Denn durch den aus-
gesprochenen Erfolg dieser Langstreckenflugzeuge bei Auf-
klärungs- und Angriffsoperationen während des Frühjahrs
1943 sollte eine ausreichende Anzahl dieser VLR-Maschinen
zur Verfügung stehen, um das *Atlantic Air Gap* – auch das
Black Gap genannt: das Seegebiet inmitten des Atlantiks ohne alliierte Luftüberwachung – zu schließen, das bisher dort
aufgetaucht fahrenden U-Booten ein sicherer Zufluchtsort
gewesen war. Auf den Schiffen des OS.34 wandelte sich die
Ungewissheit in tiefe Besorgnis, als die sie überfliegende
»Liberator« ihnen unten signalisierte, dass voraus auf dem
Kurs des Geleitzuges zwei U-Boote gesichtet worden waren.
Nach und nach verschwanden die letzten Spuren des
Tages unter dem Leichentuch der einbrechenden Dunkelheit.
Eine leichte Brise kräuselte die See zu einer schwachen
Dünung, als die Besatzung von *U 564* erneut ihre Gefechts-

stationen bezog. Die Anspannung der Verfolgung hatte begonnen, sich auf alle auszuwirken, auch auf die ruhige Gelassenheit von Teddy Suhren selbst:

Ich konzentriere mich nur noch auf diese Rauchwolke [der Dampfer mit Kohlebefeuerung] und ermahne den Ausguck, mich nicht durch sein Gebrüll zu erschrecken. Man soll mich frühzeitig und in aller Ruhe auf Störungen hinweisen. Meine Nerven sind auch nicht von Stahl. Wie gesagt, ich hänge also an dieser Rauchwolke, damit mir nicht die Augen zufallen. Da höre ich auch schon den Posten zur Rechten nebensächlich und wie von obenhin »Flugzeug« sagen.[9]

Einmal mehr ließ sich die Brückenwache durch das Turmluk fallen und kam mit dem Krachen der genagelten Seestiefel auf den Flurplatten der Zentrale auf, von helfenden Händen zur Seite gezogen, um dem Nächsten aus dem Weg zu sein, der herunterkam. *U 564* kippte beängstigend nach vorn ab, als Suhrens Alarmtauchmanöver das Boot in die Tiefe gleiten ließ, während die Propeller scharf in das dichte Salzwasser schnitten.

Doch es folgten kein Angriff und keine krachenden Detonationen der aus der Luft abgeworfenen Wasserbomben. Die Besatzung des deutschen U-Bootes war erneut der Meinung, dass sie ihre Chance wahrgenommen und gewonnen hatte; sie war sich der Tatsache nicht bewusst, dass diese »Liberator« weder Wasserbomben noch normale Bomben an Bord hatte. Vorsichtig brachte Gabler das Boot auf Sehrohrtiefe zurück und Teddy Suhren benutzte die größere Optik des Beobachtungssehrohrs, um den Himmel nach dem möglichen Angreifer abzusuchen. Die »Liberator« hatte abgedreht und fuhr fort, für nahezu eine Stunde den Geleitzug zu umkreisen, ehe sie vollständig außer Sicht kam.

Um 00.30 Uhr am 19. Juli, dem dritten Tag der Verfolgungsjagd, tauchte *U 564* wieder aus der Tiefe auf, die Dieselmotoren erwachten zum Leben, als sich Teddy Suhren mit hoher Fahrt vor den Geleitzug setzte. Diesmal hatte er die

Absicht, sich zum Angriff einsickern zu lassen. Seine Besatzung bezog erneut ihre Gefechtsstationen. Von der Anwesenheit der beiden anderen U-Boote, mit denen er Verbindung gehabt hatte, war bisher nichts bemerkt worden, und Teddy Suhren entschloss sich zu einer riskanten Taktik, indem er sich mit seinem Boot bewegungslos vor den OS.34 in Wartestellung legte und ihn herankommen ließ, ehe er angriff. Nach fast einer Stunde mit äußerster Fahrt befand er sich in der richtigen Position und die »Feger« vor dem Geleitzug, die Geleitsicherungsfahrzeuge HMS GORLESTON und ORIS-SA, tauchten aus der Düsternis auf. Sie hielten langsam auf das aufgetauchte *U 564* zu, dessen Maschinen mit langsamster Fahrt liefen, als es Teddy Suhren in Angriffsposition brachte. Nach Norden ausgerichtet, war die schmale Silhouette von *U 564* für die nach Süden marschierenden alliierten Schiffe faktisch unsichtbar. Die beiden führenden Sloops glitten beiderseits vorbei, von der drohenden Gefahr aus dem Hinterhalt nichts ahnend; denn sie waren mit dem entscheidenden Abwehrmittel, dem im 10-cm-Wellenbereich arbeitenden Radargerät, noch nicht ausgerüstet. Die Kolonnen der Handelsschiffe pflügten auf ihn zu, und während Suhren den Geleitzug herankommen ließ, bereitete er sich auf den Torpedoangriff vor. Ungesehen zwischen der äußersten Steuerbordkolonne der Handelsschiffe und den flankierend sichernden Kriegsschiffen liegend, ließ er die Außenklappen aller vier Bugtorpedorohre öffnen.

Die U-Boot-Besatzung konnte deutlich die charakteristische Kakophonie der Schrauben- und Maschinengeräusche vernehmen, die durch das Wasser hallte, als der OS.34 ihr Boot darin einhüllte. In diesem Augenblick erkannte Teddy Suhren, dass er sich tatsächlich zu dicht an seinen Zielen befand. Er schwang sein Boot nach Steuerbord herum, ehe er es vorsichtig um 90° zurück nach Backbord manövrierte und abwartete, bis die Schiffe in seine Schusslinie dampften. Suhren ließ *U 564* aus Besorgnis, er könnte von der Wirkung der detonierenden Torpedos erwischt werden, noch leicht rückwärts gehen, ehe er Lawaetz an der UZO-Säule ruhig informierte, welche Ziele er nehmen sollte. Mit sich überlappenden Schiffen, die langsam vor den Rohren des U-Bootes vorbeiglitten, war die Schussposition ideal. Teddy Suhren wählte drei Schiffe in der Mitte aus: zwei Frachter von schätzungsweise je 5000 BRT und einen Fahrgastfrachter von etwa 8000 BRT. Letzterer zeigte aufreizend hohe Aufbauten und zwei Schornsteine, obwohl in Suhren der Gedanke nagte, dass der zweite Schornstein vielleicht eine Attrappe sein könnte – ein sicheres Kennzeichen für einen Hilfskreuzer.

Um 02.30 Uhr kam schließlich der Augenblick der Wahrheit: »Rohr eins: Los! – Rohr zwo: Los! – Rohr drei: Los! – Rohr vier: Los! Ruder hart Backbord. Beide Maschinen A.K. voraus!« Im Bugraum drückte Obermechanikersmaat Ehlers alle vier Abfeuerungshebel nacheinander nach unten und die Torpedos wurden mit Druckluft aus den Rohren geschossen, danach sprangen ihre Motoren an und sie begannen ihren Lauf zum Ziel. Innerhalb von nur 22 Sekunden hatten alle vier Aale vom Typ G7e die Rohre verlassen und liefen zuverlässig – während U 564 mit Höchstfahrt abzudrehen begann. Der laute, metallische Klang der vom Außenwasser zurückgedrückten schweren Kolben gegen die Bodenverschlüsse der Rohre und die ins Bootsinnere strömende Druckluft zeigten vier fehlerfreie Abschüsse an. Die Zeiger der Stoppuhren begannen die bedeutungsvollen Sekunden bis zum Auftreffen zurückzulegen. Das Quartett todbringender Torpedos suchte sich seinen Weg von U 564 zu den Zielen. Die kleinen Gleichstrom-E-Motoren hatten ihre Arbeit begonnen, nachdem die Aale durch den Druckluftstoß frei vom Boot waren, und die Torpedos entwickelten ihre Höchstgeschwindigkeit von 30 kn, als sie nur wenige Meter unter der Wasseroberfläche ihrem Zerstörungswerk entgegenflitzten. Faktisch war kein Kielwasser zu sehen, um die todbringenden Projektile den wachsamen alliierten Ausgucks zu verraten, und auf eine derart nahe Entfernung würden nur Sekunden vergehen, ehe die U-Boot-Besatzung entweder eine enttäuschende Niederlage erkennen oder in den Taumel des Erfolgs ausbrechen konnte.

Um keine Zeit zu verlieren, hatte Teddy Suhren den dringenden Befehl folgen lassen, mit dem Boot hart nach Backbord abzudrehen, so dass er beginnen konnte, dem Kordon der Geleitsicherungsfahrzeuge zu entkommen. Gleichzeitig konnte er auf diese Weise noch das Hecktorpedorohr gegen die Handelsschiffe zum Tragen bringen. Doch ehe *U 564* seine Drehung halb beendet hatte – weniger als zwei Minuten nach dem Losmachen der Torpedos –, brach im Geleitzug die Hölle los: »Zwei Detonationsblitze und sich aufblähende schwarze Wolken. Danach ein dritter ohrenbetäubender Knall, ein massiver Ausbruch lodernder Flammen und der ganze Dampfer fliegt in die Luft. Es ist der mit den zwei Schornsteinen; er hatte eine Ladung Munition an Bord.«[10]

Verwirrung beherrschte die Szene, als ein vierter detonierender Torpedo zu hören war. Der spektakuläre Feuerball, der einmal die 5724 BRT große EMPIRE HAWKSBILL gewesen war, bedeutete für die Angreifer große Entspannung, als sie die verblüffende Vernichtungsorgie von Ehrfurcht ergriffen beobachteten, die sie losgelassen hatten. Die *South Western Shipbuilding Company* in San Pedro/Kalifornien hatte diesen altgedienten Dampfer als SS WEST NIVARIA 1920 für das US-Schifffahrtsamt gebaut. Das Schiff hatte zweimal den Namen gewechselt, ehe es 1940 an die Engländer verkauft worden war. Als sein neuer Heimathafen wurde London angegeben. In EMPIRE HAWKSBILL umbenannt[11], hatte der Dampfer als Defensivbewaffnung ein 10,2-cm-Geschütz und mehrere Maschinengewehre erhalten. Nach zwei überstandenen Jahren Kriegsdienst hatten jedoch weder das Schiff noch sein Skipper, Kapitän Harold Theodore Lamb, noch die 37 Mann seiner Besatzung und die neun Kanoniere für das einzelne Decksgeschütz eine Chance. Die SS EMPIRE HAWKSBILL war eines der acht Schiffe im Geleitzug, die Munition an Bord hatten. Als der Gefechtskopf des Torpedos gegen die Bordwand ihres Rumpfes schlug, zerriss die anschließende Detonation der letzten Endes für die Tafelbai/Südafrika bestimmten Munitionsladung die EMPIRE HAWKSBILL und ihre Besatzung in Stücke, die mitsamt der Ladung einfach verschwanden.

Rund um *U 564* regneten Trümmer herab und, um ihre Sicherheit fürchtend, befahl Teddy Suhren der Wache, unten Schutz zu suchen, während er an Ort und Stelle blieb, gefesselt durch das pyrotechnische Schauspiel. Der schwarze Bug eines Geleitsicherungsfahrzeuges glitt zwischen *U 564* und den lodernden Resten des Frachters hindurch. Teddy Suhren riss sich von dem Anblick los und schrie nach Haring; er sollte auf die Brücke kommen, um den Augenblick mit der Kamera festzuhalten. Doch plötzlich hörte ein verblüffter Suhren das unmissverständliche Zischen entweichender Luft aus den Tauchzellen des U-Bootes und *U 564* begann sich rasch mit dem Bug nach vorne zu neigen. Suhren selbst hierzu:

»Deubel nochmal, was ist denn los, wer taucht denn hier? Ich bekomme gerade noch den Verschluss des Turmluks zu fassen, wobei mir schon eimerweise Wasser auf den Kopf stürzt. Dann geht das Boot auf Tiefe. Wütend fahre ich den Rudergänger an:
›Seid ihr denn alle verrückt geworden? Wer gibt hier an Bord Alarm? Wer hat das Sagen?‹
Der Angebrüllte ist völlig verdutzt. ›Aber, Herr Kaleu, Sie haben doch selber Alarm gerufen ...‹
Wer – wie – was soll ich gerufen haben? Ach du meine Güte, der arme Kerl konnte kaum etwas dafür; denn wenn ich die Brückenwache hinunterschicke, und das hatte ich wegen des Trümmerregens doch getan, kommt als nächstes immer Alarm. ...
›Mensch Meier, ich habe diesmal gar nicht Alarm gerufen, sondern P-K-Mann, wirklich P-K, P-K!‹
Dieser blöde Mitfahrer von der Propaganda-Kompanie. Seinetwegen hätte es bald ein verhängnisvolles Missverständnis gegeben."[12]

Für die nächsten zehn Minuten platzte Teddy Suhren fast vor Wut, als er nach dem unseligen Haring schickte und in der überfüllten Zentrale seinen Gefühlen freien Lauf ließ, wobei er viel sagende Ausdrücke der Marinesprache im

Original gebrauchte. Gabler unterbrach schließlich den Anpfiff und meldete sachlich: »Boot ist auf 100 m.« Der Klang
sich nähernder Schraubengeräusche kündigte einen unver-
meidlichen Gegenangriff von oben an. Im Horchraum verfolgte Oberfunkmaat Rudi Elkerhausen die sich nähernde
Gefahr und Teddy Suhren befahl rasch die neu installierte
»Bold«-Ausstoßvorrichtung zu benutzen. Der sprudelnde
Behälter zum Vortäuschen einer *Asdic*-Ortung[12a] wurde aus
dem Heckraum ausgestoßen, während *U 564* begann, Aus-
weichmanöver zu fahren. Diesmal hatte das Boot Glück: Als
Teil eines Angriffs nach vorgegebenem Muster gegen die ver-
mutliche Position eines feindlichen U-Bootes, bezeichnet als
Operation *Raspberry* (dt. Himbeere), warf die Sloop HMS
GORLESTON sechs Wasserbomben, die rund um den eine
Blasenwand erzeugenden »Bold«-Käfig detonierten, wäh-
rend *U 564* davonschlich und zunächst einmal entkam.

Der Einsatz des »Bold« konnte ein Ausweichen unter
Wasser enorm unterstützen. Sehr erfahrene U-Bootkomman-
danten unternahmen jeden Versuch, um aufgetaucht abzulaufen; denn hierbei konnten die schmale Silhouette und die
Geschwindigkeit des U-Bootes zu seinem Vorteil voll ausgenutzt werden. (Im Sommer 1942 war bei den Alliierten der
Einsatz von Radargeräten zur Seeraumüberwachung noch
nicht weit verbreitet und in der deutschen Kriegsmarine noch
unbekannt.) Wenn jedoch ein U-Boot zum Tauchen gezwungen war oder, wie im Falle Teddy Suhrens, durch einen
zufälligen Vorgang tauchte, wurde fast immer ein »Bold« in
dem Versuch ausgestoßen, jeden *Asdic*-Einsatz von oben zu
verwirren.

Die Täuschmaßnahme kam einer Idee zuvor und entsprach ihrem Zweck weitgehend, die später bei einer Führer-
Besprechung im September 1942 in Berlin mit hohen
Marineoffizieren erörtert werden sollte.[12b] Hierbei dachte
Hitler an eine Art Torpedo, um bei einer längeren Verfolgung
durch gegnerische Zerstörer die Vernichtung eines U-Bootes
vorzutäuschen. Der Täuschkörper sollte an der Wasseroberfläche platzen, Öl ausstoßen sowie Blubber und ähnliches

erzeugen. Doch der Verlust eines für den Angriff bestimmten Torpedorohres, um dieses Täuschmittel mitzuführen, war für Dönitz und die Vertreter des OKM nicht annehmbar. Doch eine Lösung war bereits gefunden worden, die 1942 als die wahrscheinlich wirkungsvollste deutsche Maßnahme als Schutz gegen die gegnerische *Asdic*-Ortung eingeführt worden war. Unter dem Namen »Bold« (hervorgegangen aus den zuerst verwendeten Decknamen »Lügenbold« und »Nebelbold«) bestand diese Erfindung aus einem zylinderförmigen Drahtkäfig von 10 cm Durchmesser und ca. 45 cm Länge, gefüllt mit gemahlenem Kalziumhydrit, das zur Verlangsamung der Wasserstofferzeugung mit wasserlöslichem Lack getränkt war. Die einem Torpedorohr ähnelnde Ausstoßvorrichtung (»Bold«-Schleuse), im Marinejargon »Pillenwerfer« genannt, befand sich im Heckraum und war mit sechs Käfigen bestückt, die unter Wasser ausgestoßen werden konnten. Ein Nachladen war in kürzester Zeit möglich. Den Käfig schlossen eine Schwimmkappe aus Aluminium sowie ein hydrostatisches Ventil ab. Nach dem Ausstoß wurde der Käfig aus der Kappe herausgedrückt und hing dann an Schnüren etwa 6 cm darunter. Ein Teil der erzeugten Gasbläschen füllte die Kappe, die dadurch einen Auftrieb bekam. Das Ventil öffnete sich und sorgte dafür, dass der Käfig bei der Gaserzeugung zwischen 15–25 m Wassertiefe pendelte. Eine Wand aus Wasserstoffbläschen ergab ein Scheinziel, das für das *Asdic* ein Echo darstellte, das einem U-Boot-Kontakt glich. Ein einzelner »Bold«-Käfig konnte für etwa 25 Minuten Gasbläschen erzeugen. Diese Erfindung bewährte sich gut und bewahrte so manches U-Boot vor der Vernichtung.[13]

Während Teddy Suhrens Männer darauf warteten, ob der »Bold«-Täuschkörper tatsächlich ihr Ablaufen verschleierte, formierte sich der OS.34 über ihnen nach dem verheerenden Angriff neu. Blendende Leuchtgranaten detonierten über dem Geleitzug und vervollständigten die gespenstische Illumination, hervorgerufen durch die brennenden Überreste der beiden Schiffe sowie durch die abgefeuerten weißen Seenotraketen. Suhren war sich sicher, dass er vier verschiedene

Schiffe getroffen hatte. Zwei von ihnen hatte er versenkt und die beiden anderen beschädigt. Sogar noch lange nach dem Krieg erinnerten sich Besatzungsangehörige beharrlich, dass sie bei diesem verworrenem Nachtangriff alle vier Schiffe getroffen hätten. Doch nach den alliierten Aufzeichnungen hatte die britische Admiralität keine Beschädigungen weiterer Schiffe vermerkt, obwohl Suhren hinsichtlich der beiden beim Torpedoangriff versenkten Schiffe Recht hatte. Wie die völlig ausgelöschte EMPIRE HAWKSBILL, so war auch die 5372 BRT große MV LAVINGTON COURT durch Torpedoschuss versenkt worden.

Auf der berühmten Werft Harland & Wolff in Belfast 1940 für die *Court*-Linie gebaut, hatte dieses stabile Motorschiff einen einzigen vernichtenden Schlag erhalten. Während die explodierende EMPIRE HAWKSBILL die Aufmerksamkeit eines Großteils des Geleitzuges mit ihrem beeindruckenden Schauspiel fesselte, erhaschte der Chefingenieur an Bord der LAVINGTON COURT einen flüchtigen Blick von der kaum sichtbaren, aber erschreckenden Laufbahn eines Hochgeschwindigkeits-Torpedos, der sich seinem Schiff näherte und schrie dem Kapitän J.W. Sutherland zu, den Kurs zu ändern. Doch hierzu war es zu spät. Merkwürdigerweise gab es weder eine laute Detonation noch eine Wassersäule, die den Treffer markierte, und so glaubte Sutherland anfangs, dass das achteraus von ihm laufende Schiff, die SS TUSCAN STAR, getroffen worden war. In Wahrheit hatte der Torpedo den Achterpiektank des eigenen Schiffes getroffen, der mit Frischwasser gefüllt war, und so war zunächst kaum eine Auswirkung zu spüren. Doch der Treffer hatte die Ruderanlage des Schiffes zerstört und die Schiffsschraube weggerissen. Dies hatte zur Folge, dass die LAVINGTON COURT außer Kontrolle geriet und nach Backbord quer zum Kurs des Geleitzuges ausscherte. Durch die Detonation waren auch die Unterkunft der Besatzung zerstört und sechs dort schlafende Männer getötet worden. Ohne Kontrolle über sein Schiff befahl Sutherland, zu stoppen und das Schiff zu verlassen. Eine zuvor durchgeführte

Suche nach Überlebenden führte zu keinem Ergebnis, denn den Rettern war es unmöglich, in das Trümmerfeld des verwüsteten Mannschaftslogis vorzudringen. Als die Rettungsboote von ihrem aufgegebenen Schiff wegpullten, kam die Sloop HMS WELLINGTON der GRIMSBY-Klasse in Sicht und nahm Sutherland an Bord, um genau festzustellen, was passiert war. Angesichts der wenigen Geleitsicherungsfahrzeuge, die den OS.34 zu schützen hatten, blieben die übrigen Überlebenden zurück. Doch der Kommandant der WELLINGTON kam später zurück, um auch sie aufzunehmen.

Unmittelbar nach ihrem Angriff auf den OS.34 und sobald sich die Emotionen beruhigt hatten, die dem nicht vorgesehenen Alarmtauchen gefolgt waren, herrschte an Bord von *U 564* absolute Stille, als die Besatzung weitere Vergeltungsmaßnahmen erwartete. Auf der anderen Seite des Geleitzuges konnten entfernte Wasserbombendetonationen gehört werden, als HMS FOLKESTONE *U 654* angriff. Das ständige Tropfen des Wassers von den nassen Lederjacketts sowie des Kondenswassers fügte dem endlosen Warten eine schaurige Atmosphäre hinzu. Das Schraubengeräusch der Sloop HMS GORLESTON kreuzte über ihnen weiterhin hin und her. Statt schwerfällig und verwundbar der *Asdic*-Ortung und den Wasserbomben ausgesetzt zu bleiben, entschloss sich Teddy Suhren, rasch aufzutauchen und unter Ausnutzung der hohen Überwassergeschwindigkeit des Bootes abzulaufen. Kurze Zeit später ließ er anblasen, Pressluft strömte in die Tauchzellen und das Boot begann zu steigen. Die Besatzung stand zum Auftauchen bereit, um in den freien Seeraum zu entkommen. Die Ausgucks der Brückenwache drängten sich am Fuß des Ausstiegs zum Turmluk, während rote Gläser ihre Augen auf die draußen herrschende Dunkelheit vorbereiteten. Über ihnen wartete Suhren direkt unter dem Turmluk, und sobald der Zuruf von Gabler kam, dass die Brücke aus dem Wasser war, riss er das schwere Turmluk auf, stürmte nach draußen und suchte die Wasseroberfläche rasch nach links und rechts ab, während

die Reste der explodierten HAWKSBILL noch immer ein
schemenhaftes Glühen auf dem kürzlichen Gefechtsfeld ver-
breiteten. Die GORLESTON lag nur etwa 800 m achteraus
und *U 564* wälzte sich in der Dünung zwischen den Geleit-
sicherungsfahrzeugen und dem sich entfernenden Geleitzug,
als Gablers Maschinisten die Diesel geräuschvoll anwarfen
und das U-Boot hohe Fahrt voraus in die Schutz bietende
Dunkelheit zu laufen begann.[14] Waldschmidt äußerte hierzu:

*» Wir wussten, dass ein Entkommen ein gewagtes Unterfangen
war, aber wir wussten auch, dass wir aufgetaucht bei Nacht
mit dem Heck dem Gegner zugewandt praktisch unsichtbar
und imstande waren, mit Höchstgeschwindigkeit abzulaufen.
Gabler konnte mit diesen Dieseln Wunder wirken.«*[15]

Plötzlich erwachte die britische Sloop zum Leben und
nahm die Verfolgung auf. Sie schoss mit Leucht- und Spreng-
granaten auf das sich windende U-Boot. Anfangs hatte sie
das getauchte *U 564* für Wrackteile gehalten und höchstens
als einen zweifelhaften Kontakt angesehen, aber jetzt kam
die GORLESTON näher, bis sie zu dem aufgetaucht fahrenden U-Boot unerwartet Sichtkontakt hatte. Nunmehr befahl
Teddy Suhren, zu den bereits mit 16 kn laufenden Dieseln
auch noch die E-Motoren zuzuschalten und die Geschwindigkeit erhöhte sich langsam auf 17 kn, während *U 564*
begann, einen Vorsprung vor der Sloop zu gewinnen. Der
starke Bewuchs am Schiffsboden der GORLESTON verringerte ihre Höchstgeschwindigkeit zumindest um zwei
Knoten, ansonsten hätte sie es mit dem U-Boot aufnehmen
können. HMS WELLINGTON, die sich gerade noch um die
LAVINGTON COURT gekümmert hatte, nahm inzwischen
auch an der Jagd teil und beide Schiffe waren imstande,
U 564 in Sichtweite zu behalten, als sie bei der Verfolgung
vorwärts drängten. Die GORLESTON konnte gerade noch
einer Kollision mit einem nicht identifizierten Handelsschiff
entgehen, das ohne Warnung aus einer kurzen Regenbö erschien. Die Geschütze an Bord der Sloop richteten sich auf

das Schiff, falls dies eine feindselige Handlung bedeuten sollte. Später wurde festgestellt, dass es sich um die SS ETTRICK BANK handelte, die als Nachzügler dem Geleitzug folgte.

Durch die unangenehm dicht liegenden Granateinschläge aufgeschreckt und dem grellen Licht der über ihnen schwebenden Leuchtkörper ausgesetzt, brüllte Teddy Suhren nach mehr Fahrt, während sich der II.WO, Lt.z.S. Herbert Waldschmidt, unwillkürlich duckte, als über ihnen wieder eine Leuchtgranate detonierte. Verlegen registrierte er bei dieser Reflexbewegung das gedankenverlorene Grinsen seines Kommandanten. Teddy Suhrens Hasardspiel zahlte sich aus und nur noch Minuten trennten *U 564* von einem sicheren Entkommen, als das Boot seine Verfolger hinter sich ließ. Der heftige britische Beschuss hörte abrupt auf, als ihr Ziel in die Dunkelheit strebte. Doch das Glück hatte Teddy Suhren nie mit einem einfachen Lebensweg ausgezeichnet und auch diesmal war es ihm nicht gestattet, auf so einfache Weise zu entkommen.

Gerade als der Wettlauf gewonnen schien, fing *U 564* heftig an zu vibrieren und das Boot verlor an Fahrt. Dicker schwarzer Qualm quoll aus beiden Ansaugschächten und auch aus dem Turmluk stieg kräuselnd Rauch auf, der sich auf dem Wasser ausbreitete und die verfolgenden Schiffe der *Royal Navy* verhüllte. Teddy Suhren war entsetzt, als die Stimme des Obermaschinisten Hermann Kräh gedämpft aus dem Sprachrohr erklang: »Boot ist tauchunklar. Steuerbord-Diesel ausgefallen.« Im Maschinenraum schien Feuer ausgebrochen zu sein und das gesamte Bootsinnere war in Dunkelheit versunken, als der Qualm alles einhüllte. Die Männer waren kaum noch imstande, inmitten des sie würgenden Rauches zu atmen. Suhren erhaschte durch kleine Lücken in dem dichten Rauch einen kurzen Blick auf die sich rasch nähernden Sloops. Als die noch laufende Backbordmaschine zu stottern begann und Anzeichen zeigte, ebenfalls den Geist aufzugeben, während der Strahl eines britischen Scheinwerfers über den Turm huschte, stürzte er mit der verbliebenen Wache in das widerlich verqualmte Bootsinnere, schmetterte

das Turmluk zu und befahl – Feuer oder nicht –, mit dem
Boot auf 150 m (A + 70) zu gehen. Nach Atem keuchend,
stellte das Maschinenpersonal den Backbord-Diesel ab und
ließ die E-Motoren volle Fahrt voraus laufen. Der Bug von
U 564 neigte sich nach vorn und das Boot tauchte, während
erneut »Bold«-Käfige aus dem Heckraum ausgestoßen wurden. Alle verfügbaren Angehörigen der Besatzung rannten
blind zum Bugraum, um das Alarmtauchmanöver zu
beschleunigen. Es sollte das gefährlich einem Angriff ausgesetzte *U 564* in die Sicherheit der Tiefe bringen. Mit tränen-
den Augen und mit einem vor Mund und Nase gepressten
Taschentuch, um besser atmen zu können, mühte sich
Gabler ab, das Boot abzufangen, als es in die Tiefe schoss.
Suhren sah die Lage später so:

Das Boot taucht tatsächlich, und ich höre, wie die E-Moto-
ren einsetzen. Aber sonst glaube ich meinen Augen nicht zu
trauen. Ich stehe in der Zentrale und kann die Hand vor Au-
gen nicht sehen. Alles ist voller Qualm, es hustet und keucht.
Ist die Beleuchtung ausgefallen? Warum wird die Not-
beleuchtung nicht eingeschaltet? Aber es bleibt zappenduster,
und das Boot sinkt. Den Geräuschen nach müssen wir etwa
auf 50 bis 60 m sein.
»LI, versuchen Sie das Boot auf ebenen Kiel zu kriegen!«
Der LI fängt das Boot ab, U 564 hebt sich vorne wieder. Jetzt
dürfen wir nicht nach hinten sacken, sonst geraten wir am En-
de ins Rutschen. Die Luft ist voller Qualm und zum Schneiden
dick. Wir pressen Tücher vor Nase und Mund, einige greifen
zum Tauchretter. In all unserer Bedrängnis nähert sich die
Jagdgruppe mit hoher Fahrt und mit Wut im Bauch.[16]

Über dem Unterseeboot stürmten HMS GORLESTON
und WELLINGTON voran und bereiteten sich zum Angriff
vor. Die Engländer hatten keine Kenntnis von dem Drama,
das an Bord ihres Gegners stattfand, sondern waren der Auffassung, das U-Boot setzte seinen Weg durch kurze, steile
Seen und gelegentliche Regenböen fort – ein Blickwinkel, den

der später niedergeschriebene Gefechtsbericht über die Ereignisse so offenbarte:

»Der Kommandant [der GORLESTON] war überzeugt, er könnte in Sichtweite folgen und stellte das Feuer in der Hoffnung ein, die Beute würde sich entspannen und annehmen, er hätte die Verfolgung aufgegeben. Die Pompoms [2-Pfünder, d.h. 4-cm-Fla-Geschütze] und die 12,7-mm-Brownings blieben jedoch auf das Ziel gerichtet, um jeder Offensivhandlung zu begegnen. Um 01.22 Uhr begann aus dem U-Boot, wie erwartet und begrüßt, Rauch auszutreten, der an Intensität zunahm. Um 01.35 Uhr war der Ausfall einer Maschine fast zu hören und die Entfernung, die bis dahin 2200 m betragen hatte, begann abzunehmen. Um 01.39 Uhr war zu erkennen, dass das U-Boot gestoppt hatte und den Eindruck vermittelte zu tauchen.«[17]

HMS WELLINGTON schob sich vor seinen Begleiter und schoss zehn flach eingestellte Wasserbomben Mk. VII rund um das entkommende U-Boot ab. Obwohl ihre Druckwellen *U 564* ernstlich durchschüttelten, gab es an Bord nicht einmal geringen Schaden, da es dem U-Boot gelungen war, unter den Detonationen wegzutauchen. Weitere zehn Wasserbomben von HMS GORLESTON, auf 15 m und 43 m Wassertiefe eingestellt, detonierten rund um den »Bold«-Täuschkörper, der aufs Neue seinen Wert bewies. An Bord der Sloops war eine – damals wie heute – nicht identifizierte »schwere Explosion« gehört worden. Sie verführte die Briten zur Annahme, dass ihre Wasserbomben ihr Ziel getroffen hätten. Beide Schiffe führten je einen weiteren Angriff auf etwas aus, das als ein zweifelhafter *Asdic*-Kontakt angesehen wurde. Doch an Bord der Sloops gab es keine Zeit zum Feiern; später wurde das Ereignis als »wahrscheinlicher« Erfolg verkündet: »Obwohl es nicht möglich war, einen Beweis zu erlangen, waren Tiefe und Bewegungen des U-Bootes so gut bekannt, dass ich mir kaum vorstellen kann, dass er [der Gegner] der Vernichtung nach einem derart schweren [Wasserbomben-]Muster entkam.«[18]

Doch die angenommene Vernichtung von *U 564* war ver-
früht. Obwohl das Boot nicht imstande war, den dicken
Rauch abziehen zu lassen, begann er sich langsam innerhalb
der Möglichkeiten des engen Druckkörpers zu setzen, und
die Anspannung, die alle an Bord erfasst hatte, ließ entsprechend nach. Als Limburg, der »Stürkorl«, so gleichmütig an
seinem Kartentisch stand, hatte die Besorgnis an Bord von
U 564 merklich nachgelassen. Mit seiner lauten Stimme
brachte er in seinem thüringischen Dialekt ruhig seine
Meinung zum Ausdruck, die alle in Hörweite deutlich vernehmen konnten: »Nu, hier is' es ja finster wie im Arsch des
Propheten!«

Kaum zu glauben, aber sie waren entkommen. Die
Schraubengeräusche der Sloops verschwanden langsam in
der Ferne. Der Brand war in einer Tiefe von 120 m unter
Kontrolle gebracht worden, nachdem absichtlich Seewasser
in den Druckkörper eingelassen worden war, um den Brand
zu löschen, da es mit den CO_2-Feuerlöschern nicht gelungen
war, die Flammen zu ersticken. In der Erkenntnis, dass nur
ein schmaler Grat das Überleben des Bootes vom plötzlichen
Tod durch einen Hagel von Wasserbomben getrennt hatte,
wartete Teddy Suhren getaucht vorsichtig ab, bis die Schraubengeräusche der Gegner im Horchgerät nicht mehr wahr-
zunehmen waren:

*Ich wische mir den Schweiß von der Stirne und atme auf. Sie
sind von der Fährte abgekommen. Die Vorsicht lässt uns
noch eine Viertelstunde in der Tiefe verweilen, wenn's auch
schwerfällt. Ganz langsam wird es im Boot wieder hell.
Durch den nachlassenden Qualm glimmen die Fäden der
Glühbirnen. Wir drehen auf Westkurs und steuern vorsichtig
die Oberfläche an.*[19]

Um 05.45 Uhr gab Suhren schließlich den Befehl zum
Auftauchen und *U 564* zeigte sich ein leerer Horizont.
Schwer atmende Ausgucks drängten sich rasch auf die
Brücke, als das Boot durchlüftet wurde und frische Luft in

das erstickende Innere strömte. Alles war mit einem schmierigen schwarzen Rußfilm überzogen. Teddy Suhren befahl Gabler und Kräh, seinen Diesel-Obermaschinisten, auf die Brücke, um festzustellen, was passiert war. Gabler konnte hierzu nicht viel sagen; denn während des Alarmtauchens hatte er auf seiner Gefechtsstation in der Zentrale bleiben müssen. Doch Kräh war in der Lage, die tückische Verkettung von Umständen zu erklären, die fast zu einer Katastrophe geführt hatten. Irgendeiner von den Dieselheizern – sowohl im KTB als auch in Suhrens Autobiografie wird sein Name nicht genannt – hatte eine Hand voll öliger Putzwolle gedankenlos auf einem Längsspant liegen gelassen, und das genau über dem gekrümmten Auspuff des Steuerbord-Diesels. Beim heftigen Schlingern des Bootes fiel die Putzwolle auf den Auspuff herunter, der durch die lange Höchstfahrt während des Entkommens glühend rot geworden war, und entzündete sich. Dann ist sie von dort nach unten in die Bilge gerutscht und befand sich somit außer Reichweite. Nach acht Tagen in See und durch die lange A.K.-Fahrt stand in der Bilge eine beträchtliche Menge Dieselöl. Dort hat sich dann ein Schwelbrand und letztendlich ein offenes Feuer entwickelt. Kräh war es dann schließlich gelungen, das Außenbordventil aufzudrehen, die Bilge mit Seewasser zu fluten und somit den Brand zu löschen. Mit den Worten von Teddy Suhren: »Kleine Ursachen, große Wirkungen. Diesmal ist es noch gut gegangen, aber das Boot ist eine einzige Sauerei. Überall schwarz und verrußt, wohin man auch fasst.«[20]

Als die Besatzung die mühsame Aufgabe in Angriff nahm, fast alles Sichtbare im verrußten Boot zu säubern, begann U 564 erneut, dem letzten gekoppelten Kurs zu folgen, den der Geleitzug genommen hatte. Die Torpedorohre wurden nachgeladen und das Boot wurde wieder in einen kampffähigen Zustand versetzt. Um 14.00 Uhr kam U 654 wieder in Sicht. Ehe Forster einen Angriff ansetzen konnte, war er vom OS.34 abgedrängt worden. Während es U 126 gelungen war, Fühlung zu halten, hatte auch U 108, das dritte der den Geleitzug jagenden und ihn angreifenden U-Boote, auf der

ganzen Linie Pech gehabt: KKpt. Scholtz hatte aus seinen vier
Bug- und zwei Heckrohren alle Torpedos in einem Vierer-
und einem Zweierfächer losgemacht, die sämtlich vorbeigin-
gen, ehe er von einer Sloop mit Wasserbomben angegriffen
und abgedrängt wurde. Teddy Suhrens zwei Versenkungen
blieben die einzigen Verluste, die der OS.34 auf der gesamten
Fahrt nach Sierra Leone erlitt.

U 564 und U 654 verfolgten den ganzen Tag über gemeinsam den Kurs des OS.34 und auch andere Boote suchten die schwer fassbaren Handelsschiffe. Suhren und Forster
trennten sich am Abend, als sich die Dämmerung über die
Weite des Atlantiks ausbreitete. Nachdem nunmehr Heftigkeit und Beklemmungen des Kampfes vorüber waren, hatte
sich die Besatzung auf jede erdenkliche Weise entspannt,
während sie ihr Boot wieder auf Vordermann brachte. Als
die Nacht hereinbrach, war von der Rußschicht des kleinen
Brandes kaum mehr eine Spur vorhanden. Eine kurze Ansprache des Kommandanten über die Lautsprecheranlage
lobte die Besatzung für ihre Gelassenheit in der Gefahr, selbst
das »Kamel«, das die ölige Putzwolle im Dieselraum unacht-
sam liegen gelassen hatte. Trotz der Empfehlungen des Obermaschinisten Kräh, den Missetäter förmlich zum Rapport zu
stellen, wollte Suhren »gar nicht wissen, wer das gewesen ist,
er wird sich das zur Lehre dienen lassen«. Er hätte nicht absichtlich, sondern aus nachlässiger Dummheit gehandelt;
denn schließlich wäre auch der Missetäter mit untergegangen, wenn es zum Schlimmsten gekommen wäre. Die finste-
ren Blicke der anderen, die das Boot wieder sauber machen
und die Rußschicht entfernen mussten, wäre für ihn Bestra-
fung genug.

Als U 564 in der sanften atlantischen Dünung durch die
Nacht rollte, brach Teddy Suhren die Verfolgung auf
Weisung des BdU ab, nachdem dieser seine Funksprüche bestätigt hatte. Der OS.34 war entkommen. Die Besatzung
kehrte zur ermüdenden Bordroutine zurück und brachte die
Zeit in ihren Kojen mit Lesen, Essen oder Schlafen zu, wenn
sie Freiwache hatte. Als Suhren mit den vertrauten Rücken-

schmerzen, die ihn während der langen Zeiträume quälten, die er auf der Brücke oder in der Zentrale verbringen muss- te, in seine Koje sank, war für ihn das Kampfgeschehen in seinem Unterbewusstsein noch immer gegenwärtig. Das beeindruckende Spektakel wiederholte sich hinter seinen geschlossenen Augen wie ein surrealer Film:

Das war ein Anblick für die Götter. Ich sollte nie wieder der- gleichen auf See zu sehen bekommen. Auch das Schauspiel des zerberstenden Munitionsdampfers wird sich nicht wie- derholen. Die Bilder von heute Nacht haben sich mir unaus- löschlich eingeprägt. Die Schatten der Bewacher, die Leucht- granaten über uns...[21]

Weit achteraus von *U 564* hatte sich die schwer beschä- digte LAVINGTON COURT geweigert zu sinken und ihre Besatzung war später von der HMS WELLINGTON zurück- gekehrt, um den Schaden zu inspizieren. An Bord waren auch noch vier verletzte Seeleute vorgefunden worden, die aus einem Bullauge des zerstörten Mannschaftslogis in Si- cherheit geklettert waren. Obwohl es für das Motorschiff als zu gefährlich angesehen wurde, die Rückreise nach England anzutreten, und die Besatzung von Bord gebracht worden war, hatte es eine Empfehlung zur Bergung gegeben. Von Gibraltar aus wurden zwei Schlepper entsandt, gesichert durch eine Korvette, um das Motorschiff zu suchen. Schließ- lich fand es der Schlepper PRUDENT am 26. Juli. Durch starke Schlepptrossen gesichert, wurde die verlassene Hulk fünf Tage lang Richtung England geschleppt. Doch dieser mutige Versuch, das beschädigte Schiff zu bergen, fand ein jähes Ende, als es am 1. August sank.

Der offiziell vorgelegte Bericht der Geleitkorvette HMS RHODODENDRON der »Flower«-Klasse berichtet über die letzten Augenblicke des Schiffes:

»Auf Position 49°40'N, 18°04'W mit Kurs 042° und 5 kn Fahrt verschwand die LAVINGTON COURT plötzlich.

*U-Jagd und Suche mit Leuchtgranaten ergebnislos durch-
geführt. ... Nehme n i c h t an [Hervorhebung im Original],
dass das Schiff torpediert wurde. Meiner Ansicht nach sank
das Schiff durch Schottbruch.«*

Auf diese Weise glitt Tage nach dem Torpedotreffer Teddy
Suhrens zweites Opfer unter die Wasseroberfläche und nahm
6000 ts Kriegsmaterial, die für den nordafrikanischen Kriegsschauplatz vorgesehen waren, mit auf den Grund des Meeres.
(Anm.d.Übers.: Hinsichtlich des nordafrikanischen Kriegs-
schauplatzes siehe Christer Jörgenson ROMMEL. Meister
der Panzertaktik, Motorbuch Verlag, Stuttgart 2004.)

Selbst bei einer mäßigen Dünung mit einer Wellenhöhe von nur zwei Metern schnei-
det der Bug eines VII-C-Bootes regelmäßig unter. Hier suchen Oblt.z.S. Ulf Lawaetz,
der I.WO, und die drei Mann seiner Ersten Seewache die See nach Schiffen ab.
Die schwere Regenschutzbekleidung aus gummiertem Stoff, einer Art Wachstuch
(»Ölzeug«), bestand aus dem Südwester (im Bild), Jacke bzw. Mantel, beide knielang,
und der Hose, die in den Seestiefeln steckte. Der Anzug wurde im Marinejargon
»Großer Seehund« genannt. Er war an Bord nur in wenigen Exemplaren vorhanden,
die von den Seewachen abwechselnd getragen wurden. Links vom I.WO ist die
UZO-Säule und davor die Öffnung für das Beobachtungssehrohr zu sehen.

Noch einmal: Wartung des 8,8-cm-Decksgeschützes. Das Oberdeck rund um das Geschütz ist mit verzinkten Eisenschienen versehen, um ein Ausgleiten der Bedienung auf dem oft schlüpfrigen Decksbelag zu verhindern. Dem Schutz gegen das Überbordspülen dient auch der Anfang 1941 zusätzlich angebrachte Relingzug auf halber Höhe für das seitliche Geländer. Vor dem Buggeschütz an Backbord die Behälter des Rettungsfloßes sowie daneben die Decksklappen über dem Torpedoluk, der Last für die aufblasbaren Schlauchboote (Dingis) und dem vorderen Reservetorpedobehälter.

Im Zuge der Verfol-
gung des Geleitzuges
OS.34 schließt *U 654*
(Oblt.z.S. Ludwig
Forster) zu Suhrens
Boot auf.
Stabsobersteuermann
Karl Limburg, der
III.WO, steht auf der
Reling des »Winter-
gartens« und nimmt
mit dem Kameraden-
boot mittels Wink-
spruch Verbindung
auf. Sein Gegenüber
an Bord von *U 654*
ist gerade noch zu
erkennen.

Oblt.z.S. Forster schwingt *U 654* herum und nähert sich Suhrens Boot auf dem Backbordbug. Diesmal auf parallelem Kurs laufen beide Boote auf Rufweite nebeneinanderher, so dass sich die Kommandanten mit dem Megafon, der »Flüstertüte« (in Suhrens Hand zu erkennen), über ihr Vorgehen verständigen konnten. *U 654* hat die kreisförmige Funkpeil-antenne ausgefahren (vgl. Seite 150) und führt am Turm zwischen Wind- und Spritzwasserabweiser als Wappen einen weißen Elefantenkopf mit empor-gerecktem Rüssel. Forsters Boot wurde mit der ge-samten Besatzung am 22. August 1942 in der Karibik nördlich von Colón durch eine Ma-schine vom Typ »Digby« der 45. Bomber-Squadron der USAAF mit Wasser-bomben versenkt.

Nachdem Suhrens erster Unterwasserangriff vereitelt worden war, als der Geleitzug
eine überraschende Kursänderung vornahm, begann U 564 die Suche nach dem verschwundenen Geleitzug. Bald zeigte sich über dem Horizont eine verschwommene
Rauchfahne, die den Kurs des Geleitzuges andeutete (oben Bildmitte). Suhren nahm
sofort seine Verfolgung in den hereinbrechenden Abend hinein auf. Während U 564
mit hämmernden Dieseln Große Fahrt lief, hefteten sich die Doppelgläser auf die
ferne Rauchfahne, die den Weg ihrer Beute verriet.

OBtsmMt. Bartels hält Ausguck im vorderen Sektor an Backbord. Jeder Ausguck war
für einen 90°-Sektor verantwortlich. Wegen der schlechten Sichtverhältnisse wurden
während der Abend- und Morgendämmerung der Wache zuweilen zusätzliche Ausgucks zugewiesen. Von Ende 1942 an erhielten die Wachen einen ständigen fünften
Ausguck, der den Himmel zusätzlich nach Flugzeugen abzusuchen hatte. Das MG 34,
eines der beiden von U 564 mitgeführten, diente der Fliegerabwehr, war hierbei aber
von geringem Nutzen.

In der Morgendämmerung des folgenden Tages zeigte sich eine ruhige See. Doch dieses Bild konnte sich innerhalb von Minuten ändern. Im Bild die Zweite Seewache auf *U 564*: Im Vordergrund MatrGefr. Heinz Schmutzler (links) und der durch das Doppelglas beobachtende MatrOGefr. Ernst Schlittenhard, die am Sehrohrbock lehnen, im Hintergrund rechts Lt.z.S. Herbert Waldschmidt, der II.WO (vor ihm ein MG 34 in seiner Halterung), und links mit dem Rücken zur Kamera OBtsmMt. Heinrich Bartels. Rechts und links die mit Gittern versehenen Öffnungen der Zuluftschächte für die Diesel und dazwischen das Angriffssehrohr. Gut sind die spiralförmig angeschweißten Eisenstäbe zu erkennen, die sowohl das durch das Wasser hervorgerufene Vibrieren der Optik wie auch das Kielwasser des Sehrohrs durch viele Einzelwirbel verringern sollten.

OBtsmMt. Bartels (links) und Lt.z.S. Waldschmidt suchen unaufhörlich in ihren Sektoren Himmel und See bis zur Kimm nach Schiffen und gelegentlich auftauchenden Flugzeugen des Gegners ab. Jeweils vier Stunden – eine ermüdende Aufgabe, aber sie ergab nicht nur den Unterschied zwischen Erfolg und Misserfolg im Auffinden eines Geleitzuges, sondern auch zwischen Leben und Tod. Im Vordergrund ist die UZO-Säule für den Torpedoschuss über Wasser zu sehen, den üblicherweise der I.WO abgibt. Hierzu wird die aus einem Doppelglas mit leuchtendem Fadenkreuz bestehende U-Boot-Zieloptik (UZO) auf dem Torpedo-Zielgerät aufgesetzt, das automatisch die Richtungs- und Entfernungsangaben an den Vorhalterechner im Turm liefert.

Linkes Bild: An BdU: »1150. BD 9861. Geleitzug in Sicht.« Bei ruhiger gewordener See beobachten Suhren und Oblt. (Ing.) Gabler (Vordergrund) die entfernten Schiffe des OS.34, während der I.WO, Oblt.z.S. Lawaetz, auf die Entscheidung des Kommandanten hinsichtlich der Angriffstaktik wartet. Die übrigen Ausgucks beobachten ihre Sektoren weiterhin scharf.

Unten links: StOStrm. Karl Limburg (»Stürkorl«) am Kartentisch an der Backbordseite der Zentrale. Der hervorragende Navigator errechnet hier rasch den Kurs für das Vorsetzen des Bootes vor den Geleitzug – wie er auch zuverlässig die U-Boot-Treffpunkte in den Weiten des Atlantik berechnete.

Unten rechts: MatrOGefr. Werner Grünert, der Gefechtsrudergänger, am Hauptruderstand an Steuerbord vorn in der Zentrale, die Kompassanzeige fest im Blick. Vor ihm die Sprachrohre und die Maschinentelegrafen: Beide Diesel laufen »Langsame Fahrt voraus!«. Links der Aufgang zum Turmluk.

»Rote, grüne, gelbe, weiße Feuerstöße sausen durch die Luft. Ein Flammendom unvorstellbaren Ausmaßes erhellt die Nacht und läßt die Silhouetten der Schiffe hervortreten. Das ist Munition – den einen Dampfer hat es buchstäblich zerrissen. ... Ein elementarer Knall und die Druckwelle fegen hinter uns her. Am Himmel eine zuckende Farborgie, die sich im Wasser widerspiegelt. Unter immer neuen Eruptionen regnet es Trümmer, die um uns herum ins Meer klatschen und meterhohe Fontänen hochschießen lassen. ... Es zuckt und blitzt, es zischt und kracht, und im Hintergrund der alles überstrahlende Feuervorhang.«[12]

Dem von Suhren geschossenen Viererfächer fallen zwei Schiffe des OS.34 zum Opfer: der Munitionsdampfer EMPIRE HAWKSBILL (5724 BRT) und das Motorschiff LAVINGTON COURT (5372 BRT). U 564 sollte jedoch nicht problemlos entkommen.

Während der von Forster und Suhren gemeinsam
fortgesetzten Verfolgung des OS.34 tauschten die
beiden U-Boote regelmäßig Blinksprüche mit der
»Klappbuchs« aus. Im Allgemeinen, aber nicht
immer, eine Aufgabe, die Stabsobersteuermann
Limburg erledigte.

Doch auch Kptlt. Suhren,
der Kommandant, griff
gelegentlich selbst zum
Signalscheinwerfer.

Schließlich erhielten die beiden Boote Befehl, die Verfolgung des Geleitzuges
abzubrechen und ihre Feindfahrt Richtung Karibik fortzusetzen. Nachdem neben
Forsters *U 654* auch noch *U 108* (KKpt. Scholtz) erfolglos blieb (die von ihm geltend
gemachten Versenkungen bestätigten sich nicht), entging der OS.34 weiteren
Angriffen. Nach einem letzten Nachrichtenaustausch mit dem Megafon trennten sich
die beiden Boote und strebten auf parallelen Kursen, aber selbstständig, dem
»Goldenen Westen« zu.

Um *U 564* ständig in einem hervorragenden Zustand der Kampfbereitschaft zu erhalten, bedurfte das Boot in allen Bereichen einer laufenden Wartung durch sein technisches Personal, das fast die Hälfte der Besatzung ausmachte. Während die übrige Besatzung an Bord Vier-Stunden-Wachen ging, war das technische Personal in zwei Wachen zu je sechs Stunden eingeteilt. Im Bild der Maschinenobergefreite Walter Labahn, einer der beiden »Heizer«, die zusammen mit einem Obermaschinenmaat für den Steuerbord-Dieselmotor zuständig waren. Während das Boot unter Wasser von den E-Motoren angetrieben wurde, erfolgte das Warten der Dieselmotoren. Hier arbeitet Labahn am Auswechseln eines Zylinderkopfes bei seinem Dieselmotor.

Die Beengtheit an Labahns Arbeitsplatz hatte es dem Sonderführer Haring erschwert, dort zu filmen oder zu fotografieren; denn es war nicht möglich, Fotos von einer anderen Stelle aus zu machen als von dem engen Durchgang, der vom Bugraum bis zum Heckraum verlief. Von Diesel-Obermaschinist Hermann Kräh unterstützt (rechts im Bild), griff Labahn in seinen Anstrengungen, die Schraubenmuttern am Zylinderkopf zu lösen, um ihn auszuwechseln, schließlich auf die altehrwürdige Methode zurück, rohe Gewalt anzuwenden.

Unmittelbar nach dem
erfolgreichen Torpedo-
angriff auf den OS.34
mussten im Bugraum die
vier leer geschossenen
Torpedorohre nachgeladen
werden. Die erste Maß-
nahme war das Entfernen
der provisorischen
Holzabdeckung, um das
erste Paar Reservetorpedos
freizulegen.
Hier kauert sich der
Mechanikerobergefreite
Wilhelm Bigge zwischen
die etwa 1,6 t schweren
»Aale« und bereitet die
Ketten der Flaschenzüge
vor, um mit ihrer Hilfe
dann einen Torpedo nach
dem anderen in die
richtige Position vor den
geöffneten Bodenver-
schluss des entsprechenden
Torpedorohres zu heißen.

Obermechanikersmaat (T)
Gerhard Ehlers (links im
Bild) und Bigge bei der
Vorbereitung des
schwebenden Stahlträgers,
der Wiege, ehe dieser am
Torpedo befestigt wird.

Ehlers, Bigge und der Mechanikerobergefreite Horst Becker (von vorn nach hinten) fieren die Wiege an Ketten von der Transportschiene, um sie am Torpedo zu befestigen, ehe mit den Flaschenzügen das Aufheißen in die Position vor dem Rohr beginnt, in der er geschmiert werden kann, um danach in das leere Rohr zu gleiten.

Während Bigge die starken Stahlklammern am ersten Torpedo befestigt, liegt der Maschinenobergefreite Reinhold Abel, ein »Heizer« aus dem Dieselraum, während seiner Freiwache in einer oberen Koje und liest ein Buch. Wie ersichtlich ist, sind die unteren Kojen aus Platzgründen hochgeklappt. Daher ist es verständlich, dass die »Lords« des Bugraums das Nachladen der Torpedorohre begrüßten – denn sobald die ersten beiden Torpedos den Raum über den Flurplatten freigemacht hatten, konnten die unteren Kojen wieder benutzt werden.

Sobald die beiden Torpedos von den drei Torpedomechanikern vorbereitet worden
sind, helfen andere »Lords« bei der Arbeit, die schweren Torpedos in Position zu
bringen. Links im Vordergund ist der Koch des Bootes, Hermann Hausruckinger,
zu sehen, wie er beim Aufheißen des »Aals« mithilft.

Über dem beim Aufheißen der schwerfälligen Waffe mithelfenden Hausruckinger
ist ein weißer Tropenhelm zu erkennen, festgeklemmt über der hochgeklappten
oberen Koje hinter ihm – ein Hinweis, aus dem das allgemeine Fahrtziel des Bootes
abgeleitet werden kann.

Obermechanikersmaat (T) Gerhard Ehlers war der einzige Unteroffizier, der seine Koje außerhalb des Unteroffiziersraumes hatte. Er schlief bei seinen »Aalen«.

Nachdem alle Kojen hochgeklappt und die Torpedos erfolgreich in Position gebracht worden sind, erhielten die Letzteren einen dicken Überzug aus Schmierfett, ehe sie langsam durch Drehen eines Handrades vorwärts in die Rohre glitten. Rechts im Vordergrund sind zwei Paddel für die aufblasbaren Dingis zu erkennen, verstaut unter der Oberdecksverkleidung.

3. Überlebt! – Begegnungen
21. Juli – 1. August 1942

Die Feuertaufe für *U 564* auf der siebenten Feindfahrt war vorüber. Sie hatte Erfolge gebracht, ohne dass die Besatzung oder das Boot ernstlichen Schaden genommen hatten. Obwohl der Dieselantrieb bei Höchstfahrt mitten in der Verfolgung durch den Gegner ausgefallen war und mit einem Bootsinneren voll öligen schwarzen Qualms getaucht werden musste, war es *U 564* gelungen, den Gegner auszutricksen, zu überleben und am nächsten Tag den Kampf fortzusetzen. Um das neu gewonnene Leben gebührend zu würdigen, befahl Teddy Suhren dem überarbeiteten Koch, eine »Geburtstagsfeier« vorzubereiten. Mit einem bis jetzt noch reichlichen Vorrat an Nahrungsmitteln aus sorgfältig gehorteten Beständen begann Hausruckinger zu backen und bald waren auch die wachfreien Unteroffiziere des Bootes damit beschäftigt, die verschiedenen Erzeugnisse seiner Backkunst mit Schlagsahne und mit Früchten aus Konserven zu verzieren. Der Luxus des Augenblicks ging nicht an einer erschöpften Besatzung vorüber; selbst die Offiziere trugen die beste Kleidung, die sie zur Verfügung hatten, als sie sich darauf vorbereiteten, Hausruckingers Schöpfungen zu genießen.

Seit der kurzen Geleitzugschlacht hatten sich im Bugraum die Lebensbedingungen beträchtlich verbessert. Mit vier verschossenen Torpedos war der Platz über den Flurplatten jetzt frei und die dort untergebrachten Seeleute konnten alle zwölf Kojen benutzen. Doch das Bootsinnere hatte bereits die charakteristische ungesunde Atmosphäre des U-Boot-Lebens angenommen. Schimmel begann sich anzusetzen, ein ständiger Hauch von Feuchtigkeit hing in der Luft und haftete an der Kleidung und an den ungewaschenen Körpern. Dies hatte noch ein weiteres der Probleme verursacht, die das Leben unter derartigen Bedingungen mit sich brachte. Durch die

Beschränkungen innerhalb der engen Stahlröhre verursacht, begann insbesondere ein Besatzungsangehöriger von *U 564* unter einem hierdurch hervorgerufenen Zustand der Erschöpfung zu leiden. Am 20. Juli setzte Teddy Suhren einen Funkspruch an den BdU ab und meldete einen Notfall: »1736. CF 7679. Haben einen ernsten Fall von rheumatoider Arthritis an Bord. Ersuche um Übergabe an rückmarschierendes Boot bei nächster Gelegenheit. Suhren.«

Es handelte sich um den Matrosengefreiten Ernst Schlittenhard, der unter den unerträglichen Qualen einer außergewöhnlichen rheumatischen Erkrankung litt. Seine Gelenke brannten vor Schmerzen und seinen jungen Körper konnte er kaum noch bewegen, als er von den ihn schwächenden Qualen heimgesucht in seiner Koje lag. Im Gegensatz zu den größeren Booten der Typen IX und XIV hatte der Typ VII C keinen Platz zur Verfügung, um richtig qualifiziertes medizinisches Personal unterzubringen. Daher übte der Erste Funker üblicherweise auch die Funktion eines Sanitäters aus. Oberfunkmaat Georg Seitz, der die Aufgabe eines Sanitäters an Bord von *U 604* wahrnahm, eines weiteren VII-C-Bootes, begründete dies mit folgender Erklärung: »Wir waren die einzigen Besatzungsangehörigen, bei denen fast vorausgesetzt werden konnte, verhältnismäßig saubere Hände zu haben. Man kann nicht mit Fingern, die voller Öl sind, die Morsetaste bedienen oder Eintragungen in die Funkkladde machen.«[1/1a]

Oberfunkmaat Rudi Elkerhausen hatte an Bord von *U 564* die Funktion eines Hilfssanitäters auszuüben. Er besaß jedoch nicht mehr als das oberflächliche Standardwissen über Erste Hilfe, das ihm zusammen mit anderen für diese Aufgabe vorgesehenen Funkmaaten in einer kurzen Unterrichtung vermittelt worden war. Rheumatismus war eine Erkrankung, die weit außerhalb seiner Behandlungsmöglichkeiten lag, und Teddy Suhren wusste, dass Schlittenhard nach Frankreich zurückgeschickt werden musste, um die richtige Betreuung zu erhalten. Nicht imstande, seine Feindfahrt abzukürzen, erwartete Suhren entsprechende Instruktionen von Dönitz, wie er am besten mit dieser Situation fertig werden konnte. In Anbetracht des ständigen Pendelverkehrs von U-Booten von und nach Frankreich sollte es nicht lange dauern, bis ein entsprechendes Treffen arrangiert werden konnte, um den unglücklichen Schlittenhard einem heimkehrenden Boot zu übergeben. Wie erwartet, ging auf *U 564* kurz nach Mitternacht ein entsprechender Funkspruch des BdU ein: »Mützelburg und Suhren: 23. Juli. 1000. Treffpunkt in DG 4627. FT von Suhren bis 1500, falls Treffen verzögert. Bei Durchführung Kurzsignal an Mützelburg: ›Ja‹.«

Der Flottillenkamerad Suhrens, Kapitänleutnant Rolf Mützelburg, stand mit *U 203* – ebenfalls einem VII-C-Boot – im Begriff, nach einer in den Westatlantik und in die Karibik durchgeführten Feindfahrt, auf der er fünf Handelsschiffe nördlich und ostwärts der Kleinen Antillen versenkt hatte, den Rückmarsch nach Brest anzutreten. Beim Treffen im angegebenen Planquadrat würde Mützelburg imstande sein, Suhrens erkranktes Besatzungsmitglied an Bord zu nehmen und nach Brest ins Marinelazarett zu bringen.

Mützelburg war ein weiterer Kommandant der 1. U-Flottille, der in der »Schlacht im Atlantik« ein eindrucksvolles Ansehen erworben hatte. Es war ihm gelungen, die Erfahrungen, die er als I.WO an Bord von Kptlt. Joachim Schepkes *U 100* gewonnen hatte, auf seinem eigenen *U 203* gut umzusetzen. Mit 21 bestätigten Versenkungen war als offizielle Anerkennung am 15. Juli gerade vom BdU der Funkspruch mit der Mitteilung eingegangen, dass ihm das Eichenlaub zum Ritterkreuz des Eisernen Kreuzes verliehen worden war. Der stets fröhliche Mützelburg und seine erfahrene Besatzung sollten sogar in noch größerer Hochstimmung als sonst sein, als die beiden Boote zusammentrafen, um Schlittenhard zu übernehmen.

Tatsächlich entsprach es allgemeiner Kenntnis, dass Mützelburg zu den vier von Dönitz bevorzugten Offizieren gehörte, denen es gestattet war, ihren Oberbefehlshaber mit dem familiären »Du« anzureden. Dönitz wiederum nannte sie »Die vier Asse«. Diese privilegierte Gruppe bestand aus

Rolf Mützelburg, Erich Topp, Adalbert Schnee (genannt »Adi«) und Teddy Suhren. Sie waren vielleicht die führenden Leuchten aus dem Kreis der Kommandanten, der als die zweite Generation der U-Boot-Kommandanten bezeichnet wurde. Alle waren sie bei Kriegsbeginn Wachoffiziere gewesen und ihre früheren Kommandanten waren inzwischen entweder tot, in Gefangenschaft oder hatten Landkommandos.

Bei Sonnenaufgang stand *U 564* südostwärts der Azoren und hielt mit Südkurs auf *U 203* zu, während die Insel San Miguel gerade unsichtbar unter dem Horizont lag. Als die Dritte Seewache bei hellem Tageslicht trotz der milden Wetterbedingungen mit Regenschutzbekleidung aufgezogen war, kroch der schlanke, graue Bootskörper eines anderen Unterseebootes auf konvergierendem Kurs langsam um 08.30 Uhr in CF 7253 auf sie zu. Hierbei handelte es sich um *U 162* von der 2. U-Flottille, ein großes Boot vom Typ IX C. Fregattenkapitän Jürgen Wattenberg[1b] war am 7. Juli aus Lorient mit Kurs in die Karibik zur dritten Feindfahrt des Bootes ausgelaufen. *U 162*, der größere Vetter des kleineren *U 564* vom Typ VII C, war bereits ein Veteran der karibischen U-Bootkriegsführung; denn Wattenberg hatte während seiner letzten Feindfahrt neun Schiffe versenkt. Sie hatte ihn an die Küste Südamerikas geführt, wo er den starken Handelsschiffsverkehr vor Guyana und vor Trinidad angegriffen hatte. Nach kurzem Austausch mit Winkspruch und über Megafon trennten sich die beiden U-Boote wieder und *U 564* setzte seine Fahrt zum Treffpunkt mit Mützelburg fort.

In der Morgendämmerung des folgenden Tages weckte ihn der Duft frischen Kaffees aus tiefem Schlaf in seiner winzigen »Kammer«, die dem Kommandanten als einzige persönliche Domäne an Bord zustand. Suhren war gerade dabei, seinen weißen Baumwoll-Schlafanzug auszuziehen – »Wissen Sie, man kann nur im Pyjama richtig schlafen!« –, als eine elektrisierende Meldung der Brückenwache durchgegeben wurde: »Mastspitzen an Backbord!« Suhren: »Noch in der Pyjamahose, nur das Jackett überwerfend, steige ich hoch. Tatsächlich, zwei Masten.«[2]

Kritisch prüfend beobachteten Teddy Suhren und die Ausgucks die fernen Mastspitzen, konnten aber ihr Ziel nicht identifizieren. Seltsamerweise schienen sich die Mastspitzen im Verhältnis zu *U 564*, das langsam außen um sie herumfuhr, nicht zu bewegen. Das verwirrende Problem, auf das sie zufällig gestoßen waren, löste sich schließlich in die charakteristischen Silhouetten zweier Azorenfischer auf, deren Segel sich deutlich sichtbar aus dem Grau der Nacht schälten. Die Schultern entspannt und mit sichtlich nachlassendem inneren Druck lief die Nachricht vom blinden Alarm durch das Boot. Jedoch ein unbestimmtes Gefühl hielt Teddy Suhren auf der Brücke zurück. Sein sechster Sinn sagte ihm, dass da noch etwas war, und er forderte von der Zentrale, ihm das starke Doppelglas auf die Brücke zu reichen. Mit den Ellbogen auf den Rand des Brückenschanzkleides aufgestützt, starrte er erneut zu den beiden Fischerbooten hinüber. Plötzlich drehte sich Suhren mit einem vernehmbaren Keuchen um und brüllte: »Alarm!«

Rasch tauchte *U 564* und Suhren ließ das Boot auf Sehrohrtiefe einsteuern. Direkt hinter den beiden Fischerbooten waren die klar abgestuften Umrisse von zwei Großkampfschiffen aufgetaucht: zwei britische Schlachtschiffe hinter einem Sicherungsschirm aus drei Zerstörern. HMS NELSON und ihr Schwesterschiff HMS RODNEY waren erst vor kurzem von ihrer Aufgabe entbunden worden, Geleitsicherungsdienst für den Geleitzugverkehr nach Freetown zu leisten, und befanden sich auf dem Rückmarsch nach Gibraltar. Dort sollten sie sich dem großen Aufgebot an Seestreitkräften zur Deckung und Sicherung der Operation *Pedestal* anschließen – dem Durchbringen eines lebenswichtigen Geleitzuges nach Malta, um der belagerten Insel Entlastung zu bringen.[2a] Die beiden eindrucksvollen Schiffe der NELSON-Klasse (ca. 44.000 ts max.) mit ihrer charakteristischen Silhouette der drei schweren Türme vor den Hauptaufbauten waren leicht zu identifizieren. Ihre Furcht erregende Hauptbewaffnung bestand aus neun 40,6-cm-Geschützen in Drillingstürmen, obwohl Teddy Suhren aus der noch beträchtlichen Entfernung irrtümlicherweise glaubte, dass RODNEY nur zwei statt der drei Türme aufwies. Für die *Royal Navy* wertvoll und beeindruckend, hätten die beiden Schlachtschiffe im Falle einer Torpedierung für *U 564* einen bemerkenswerten Erfolg bedeutet und Suhren bereitete sich unverzüglich auf einen Unterwasserangriff vor, da die britischen Schiffe weiterhin direkt auf das U-Boot zuhielten. Mit den E-Motoren langsame Fahrt voraus laufend, fuhr Teddy Suhren das Sehrohr aus und beobachtete den eindrucksvollen Verband.

Über den Verlauf der nächsten fünf Stunden besorgt, wartete er ab, um zu sehen, ob er entdeckt worden war oder ob die Schiffe ihren konvergierenden Kurs beibehalten und ihm nahezu perfekte Angriffsbedingungen bieten würden. Als Lawaetz und Waldschmidt am Sehrohr an der Reihe waren, um den Gegner zu beobachten, wurde bald offensichtlich, dass *U 564* wahrscheinlich entdeckt worden war; denn die britischen Schiffe schwangen noch weit außerhalb der Torpedoreichweite auf Westkurs herum. Langsam drehten sie und begannen, immer noch in einer Entfernung von über 8000 m, auf einem scharfen Zickzackkurs mit 15 kn nordwärts zu steuern. Mit der bei Tauchfahrt verringerten Geschwindigkeit des U-Bootes gab es keine Möglichkeit einer Verfolgung unter Wasser. Es bestand auch kaum eine Aussicht über Wasser; denn den Gegner mit äußerster Kraft der Dieselmotoren zu verfolgen war angesichts der starken Bewaffnung der beiden Schlachtschiffe und ihrer sogar noch gefährlicheren, flinken Zerstörersicherung ausgeschlossen.

Teddy Suhren konnte nur noch beobachten, wie sein Gegner außer Sichtweite verschwand, und dann angesichts eines leeren Horizontes aufzutauchen. Nach noch nicht einmal einer Stunde musste er jede Hoffnung aufgeben, dass die gegnerischen Schiffe zurückkehrten. Er gab sich damit zufrieden, dass er einen Funkspruch über das Zusammentreffen und den wahrscheinlichen Kurs des Gegners an den BdU in der Erwartung absetzte, andere deutsche Streitkräfte könnten sie finden. Doch das war eine vergebliche Hoffnung; niemand gelang es, sie zu sichten, und die beiden Schlachtschiffe erreichten sicher ihren stark geschützten Ankerplatz im Schatten des Felsens von Gibraltar.

In der Frühe des nächsten Morgens brachte Limburgs präzise Navigation *U 564* in Vorbereitung des Zusammentreffens mit Mützelburg in das Planquadrat DG 2633. Genau zum rechten Zeitpunkt kam *U 203* bald darauf mühelos in Sicht, als Waldschmidt und seine drei Wachgänger auf die Brücke stiegen, um ihren Wachtörn zu beginnen. Als *U 203* von achtern aufkam, befahl Teddy Suhren, die Dieselmotoren zu drosseln und mit der Geschwindigkeit so weit herunterzugehen, dass der stählerne graue Bootskörper gerade noch steuerfähig blieb. Vorsichtig in eine Position Backbord querab von *U 564* manövrierend, machte das seemännische Personal auf *U 203* das Schlauchboot klar. Kurze Zeit später brachte das kleine Dingi Kptlt. Rolf Mützelburg und seinen Leitenden Ingenieur, Oblt.(Ing.) Heinrich Heep, an Bord von *U 564*, um mit Suhren und Gabler auf der Brücke einen Plausch zu halten.

In dem sicheren Wissen, dass sich die beiden Boote außer Reichweite der landgestützten alliierten Flugzeuge befanden, erhielten diejenigen Seeleute, die Freiwache hatten, die Erlaubnis, auf die Brücke und an Oberdeck zu kommen. Sie kletterten den Niedergang herauf, um die Besucher zu begrüßen. Mehrere von ihnen nahmen die Gelegenheit wahr, ein kurzes Bad in der See zu genießen, obwohl sie noch weit vom tropischen Klima ihres endgültigen Einsatzgebietes entfernt waren. Mittlerweile war der sehr behinderte Schlittenhard halb getragen an Oberdeck gebracht und zusammen mit seinen wenigen Habseligkeiten in eines der eigenen Schlauchboote von *U 564* gesetzt worden. Während OBtsm. Webendörfer ihm noch in das kleine Dingi half, kletterte Heep gemächlich auf das Oberdeck herunter und sprang in das Schlauchboot, um zu *U 203* zurückzukehren, die bereits eingesammelte Post von Suhrens Besatzung mitnehmend. Mützelburg entschied sich jedoch dafür, ins Wasser zu gehen, und nach einem kurzen Wettschwimmen mit Hermann Kräh und mehreren Schwimmern von *U 564* um das Boot, kletterte er flink noch einmal zurück auf den Turm, um eines seiner Lieblingskunststücke vorzuführen. Suhren kommentierte dies so:

Ausgelassen wie die Kinder tollten sie in der Badehose umher, Mützelburg immer voreneg. Sie spielten regelrecht Kriegen und Hasch' mich mal, und Mützelburg rannte auf den Turm und sprang mit elegantem Kopfsprung im hohen Bogen von dort ins Wasser. Mir sträubten sich die Haare, und ich sagte ihm unter vier Augen: »Was du da machst, das würde ich niemals tun. Das ist leichtsinnig; denn so schmal ist das Boot mit den bauchigen Treibstofftanks an den Seiten nun auch wieder nicht, dass man es einfach überspringen kann.« Er aber lachte nur, das tue er des Öfteren, und ließ sich nicht davon abbringen. So fuhr denn ein jeder wieder seiner Wege.[3]

Nach dem erfolgreichen Treffen mit Mützelburgs heimkehrendem Boot setzte Teddy Suhren seine Feindfahrt in das ihm zugewiesene Operationsgebiet fort. In diesem Stadium des Krieges betrachteten sich die U-Boote als verhältnismäßig sicher in einem Gebiet, das als das *Atlantic Air Gap* – im Marinejargon auch *Black Gap* genannt – bekannt geworden war, in dem landgestützte alliierte Flugzeuge sie nicht erreichen konnten. *U 564* fuhr mit Marschfahrt ständig aufgetaucht, bis erneut Vorsicht angezeigt war, als das U-Boot in die Reichweite von Flugzeugen zu gelangen begann, die auf den karibischen Inseln stationiert waren. In dieser Zeit kam *U 564* gut voran und die einander ablösenden Brückenwachen hatten nichts zu berichten. Erneut nutzte Teddy Suhren das Fehlen jeglicher Bedrohung aus der Luft, indem er seinen Männern gestattete, viel Zeit an Deck zu verbringen. Innerhalb des *Black Gap* konnte die Freiwache an Deck und auf dem Turm den Sonnenschein genießen. Zudem nahm Suhren auch die Gelegenheit wahr und schaltete die Dieselmotoren ab. Bewegungslos in der See liegend, konnten er und die Besatzung den Luxus genießen, sich im Freien zu waschen und zu schwimmen. Hierzu Suhren:

Ein Gebiet im Atlantik zwischen den Kleinen Antillen und dem europäischen Festland war noch nicht von Flugzeugen überwacht und ich erlaubte daher der Besatzung, fünfzehn Minuten schwimmen zu gehen – natürlich in Gruppen, versteht sich, so dass wir rasch tauchen konnten, falls etwas passieren sollte.[4]

Vom Nutzen abgesehen, den solche Aktivitäten für die Moral hatten, linderten sie auch einige charakteristische Gesundheitsprobleme, denen sich U-Boot-Fahrer gegenübersahen. Die Luftfeuchtigkeit und die Nässe des Druckkörpers hatten sich bereits bei einem Mann aus Suhrens Besatzung unangenehm bemerkbar gemacht. Frische Seeluft, Meerwasser und Sonne brachten bei rheumatischen Schmerzen eine gewisse Linderung und trugen auch dazu bei, viele der allgemeinen Hautprobleme abzumildern. Sobald sich das U-Boot in tropischen Gewässern befand, würde sich die Besatzung ohnehin zahlreichen Problemen gegenübersehen, wobei das kleinste dieser Probleme der Hitzeausschlag wäre, der kleine weiße Bläschen unter der Haut hervorrief. Das ständige Scheuern der Uniform an ihnen würde unvermeidlicherweise dafür sorgen, dass sich diese kleinen Pusteln entzündeten. Dies wiederum würde den Seeleuten, die an dem Ausschlag litten, beträchtliche Qualen verursachen, da das Scheuern des Stoffes die Haut wund rieb und für weitere Entzündungen sorgte.

Am 25. Juli glitt Forsters *U 654* erneut in Sichtweite, den Anmarsch von *U 564* ins Operationsgebiet widerspiegelnd. Da sich diesmal beide Boote im sicheren *Atlantic Gap* befanden, gab es Gelegenheit zu einem weiteren Gedankenaustausch mit einem Kameradenboot. Forster und sein Leitender Ingenieur, Oblt.(Ing.) Bernard Klaasen, kamen daher schon bald nach dem Zusammentreffen zu einem Plausch an Bord von *U 564*, um in der winzigen Offiziersmesse mit Teddy Suhren und den wachfreien Offizieren Kaffee zu trinken. Doch sie nahmen nicht nur Kaffee und Kekse zu sich, sondern tauschten auch Informationen sowie taktische Lehren und Erfahrungen aus, die sie gesammelt hatten, ehe sich die beiden Boote um 23.15 Uhr wieder trennten.

Oblt.z.S. Ludwig Forster war ebenfalls ein Veteran des U-Boot-Krieges; er gehörte zur Crew 36. Bei Kriegsbeginn war Forster II.WO auf *U 29* (Kptlt. Otto Schuhart) vom Typ VII A, als das Boot am 17. September 1939 den Flugzeugträger HMS COURAGEOUS versenkte. Danach zeichnete Adolf Hitler persönlich am 28. September die gesamte Besatzung mit den ersten Eisernen Kreuzen aus, die an die U-Boot-Waffe vergeben wurden.[4a] Anschließend war Forster I.WO auf *U 62* (Kptlt. H.-B. Michalowski) vom Typ II C (Dezember 1940-20. Mai 1941), ehe er nach dem Tode seines Kommandanten das jetzige Schulboot, mit der Wahrnehmung der Geschäfte betraut, bis zum September 1941 führte. Am 25. November 1941 übernahm er nach seiner Ausbildung *U 654* als Kommandant. Auf seinen drei bisherigen Feindfahrten im Atlantik hatte er vier bestätigte Versenkungen erzielt. Sein erstes Opfer war die freifranzösische Korvette ALYSSE, die zur Sicherung des Geleitzuges ONS.60 gehört hatte; er torpedierte sie am 9. Februar 1942 vor Neufundland. Sie sank am nächsten Tag im Schlepp. Natürlich war keinem der in der kleinen, mit Holz getäfelten Offiziersmesse versammelten Offiziere zu diesem Zeitpunkt bekannt, dass in etwas mehr als einem Monat Forster und seine 43 Männer bereits tot sein würden, als eine B-18 der USAAF ihr Boot nördlich von Colón mit Wasserbomben angriff und versenkte.

Am 30. Juli teilte ein Funkspruch Teddy Suhren das Planquadrat mit, in dem sein Boot von *U 463* (KKpt. Leo Wolfbauer), einem als »Milchkuh« bezeichneten U-Tanker,[4b] versorgt werden sollte. Das vom BdU-Stab angegebene Planquadrat war DD 9455; es umfasste 93,240 km² und lag südwestlich seiner gegenwärtigen Position. Stabsobersteuermann Limburg legte den Kurs zum Treffpunkt fest und *U 564* lief mit guter Marschfahrt darauf zu.

Neben dem Treibstoffproblem gab es für Teddy Suhren als weiteren erschwerenden Umstand den Verbrauch von vier seiner kostbaren Torpedos, während sich das U-Boot erst im Anmarsch auf seinen eigentlichen Operationsraum befand. Obwohl er sie erfolgreich eingesetzt hatte, quälte ihn ständig der Gedanke an seine verringerte Bewaffnung in einem Gebiet, das ein ergiebiger Jagdgrund zu werden versprach. Während er über sein Dilemma nachdachte, entschlüsselte der Funker im kleinen Funkraum mit seiner »Enigma«-Schlüsselmaschine den gesamten aufgenommenen Funkverkehr der U-Boote, der den Äther zwischen Paris und dem Atlantik erfüllte. Darunter befanden sich auch mehrere Funksprüche von U-Booten, die auf dem Rückmarsch zum Stützpunkt waren und noch Torpedos besaßen, die sie nicht mehr brauchten. Mit diesem Gedanken im Sinn und um vor dem geplanten Zusammentreffen mit Wolfbauer Zeit zu sparen, ließ Suhren seinen LI zusammen mit Ehlers zu sich kommen und machte ihnen einen ungewöhnlichen Vorschlag.

U 564 besaß kein schweres Hebegerät, das benutzt werden konnte, um Torpedos von einem U-Boot auf ein anderes zu übergeben. Doch mit einem gewissen Maß an Einfallsreichtum konnte das Boot hergerichtet werden, um »Aale« von einem abgebenden Kameradenboot zu übernehmen. Unter den wachsamen Augen der Offiziere des Bootes ließ Teddy Suhren seine Theorie erproben. Neben dem Oberdecksbehälter für einen Reservetorpedo unter der Verkleidung des Vorschiffes gab es ebenfalls außerhalb des Druckkörpers einen zweiten Behälter dieser Art im Achterschiff. Aus diesem Behälter wurde der darin verstaute Torpedo unter Benutzung des Umladegeschirrs des Bootes von acht Angehörigen der Besatzung herausgezogen. Sobald er draußen war, wurde der auf der Mulde ruhende und über 1,6 t schwere Stahlzylinder mit 16 Schwimmwesten umhüllt, während an seinem Schwanzstück als Vorbereitung für die nächste Phase von Suhrens Plan ein zum Turm führendes Tau angebracht wurde. Während Ehlers das Tau ergriff und es am »Wintergarten« festmachte, wurden zwei Schlauchboote aufgeblasen. Die übrigen Männer hielten den Torpedo fest, als Gabler das Deck des Bootes so weit absenkte, bis der

Torpedo, die Männer und die Schlauchboote auf dem Wasser aufschwammen. Hierbei zeigte sich, dass die Fähigkeit der Schwimmwesten, das Gewicht des Torpedos zu tragen, richtig berechnet worden war. Ehlers sicherte den Transport, damit die Kontrolle über die kostbare Waffe nicht verloren ging, als die Männer, die in den Schlauchbooten saßen oder längsseits schwammen, den seltsamen Schwimmkörper Richtung Bug schoben, um auf diese Weise eine Übernahme zu simulieren. Dort wurde der »Aal« über das wieder aufgeriggte Gerüst aus Seilen und Rollen und die bereit stehende Mulde vor das vordere Torpedoluk in Position manövriert und die halb gefluteten Tauchzellen des Bootes wurden langsam mit Druckluft (damals noch Pressluft genannt) ausgeblasen. Während des Auftauchens stupsten ihn die Seeleute langsam an seinen Platz, entfernten nach und nach die Schwimmwesten, und sobald das Boot voll aufgetaucht war, wurde der schwere Torpedo wieder an die Talje gehängt, um die Belastung zu übernehmen. Frei über das jetzt geöffnete vordere Torpedoluk hochgezogen, glitt der »Aal« über die Mulde schließlich an seinen Platz im vorderen Torpedoraum. Mit einem Schlag war das Problem der Übernahme von Torpedos in See von einem anderen Boot in einem Zeitraum von etwas mehr als drei Stunden gelöst worden.

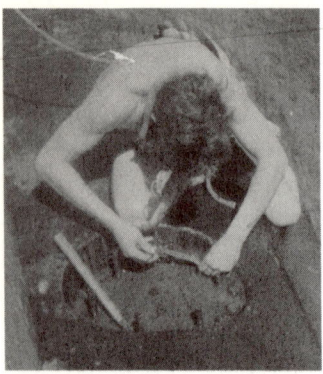 

Vielleicht die zwei außergewöhnlichsten Fotos (oben links und rechts), die vom
Maschinenpersonal an Bord von *U 564* bei seiner Arbeit aufgenommen worden sind.
Sie zeigen einen »Heizer«, der die Schrauben des Verschlusses zu einem der Backbord-
Tauchbunker im Satteltank entfernt (links), sowie einen weiteren »Heizer«, der in den
Tauchbunker eingestiegen ist und eine innere Inspektion vornimmt (rechts). Es war
höchst ungewöhnlich, dass eine solche Untersuchung bei einem Boot auf Feindfahrt
vorgenommen wurde. Diesen Vorgang erwähnt weder das Kriegstagebuch (KTB) noch
kann sich einer der noch lebenden Besatzungsangehörigen an die Umstände erinnern.
Vielleicht war durch die Wasserbomben der Sloops nach dem Angriff auf den OS.34
ein möglicher Schaden eingetreten, der seine sofortige Feststellung erforderte.
In den beiden Außenwülsten (Satteltanks) der VII-C-Boote befanden sich jeweils an
Backbord und Steuerbord (in Fahrtrichtung gesehen): Tauchbunker 2, Regelbunker 1
und Regelzelle 2 (dienen dem Gewichtsausgleich), Untertriebszelle (dient als Tauchhilfe
bei Seegang) und Tauchbunker 4.

Trotz des Krieges und seiner allgegenwärtigen Gefahren ist der Anblick einer Gruppe
Delphine, die ein Boot oder ein Schiff begleiten, seit eh und je für alle Seefahrer eine
ständige und zeitlose Attraktion.

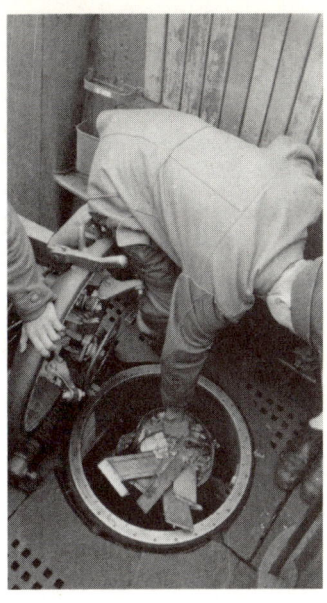

Aus dem geöffneten Turmluk wird Abfall gereicht. Bei über 45 Männern, die beengt in der schmalen Röhre eines Bootes vom Typ VII C lebten, sammelte sich ständig eine beträchtliche Abfallmenge unter Deck an. Dies war ein Problem, das sich während einer längeren Tauchfahrt noch verschlimmerte. Daher gestatteten die Kommandanten eine Entsorgung der Abfälle über Bord, wann immer dies möglich war. Allerdings musste hierbei bedacht werden, dass dem Gegner die Anwesenheit eines U-Bootes durch seine an der Wasseroberfläche treibenden Abfälle nicht verraten werden durfte. Umgekehrt hatten auch U-Boote gelegentlich Handelsschiffe auf diese Weise aufgespürt. Von *U 564* ist ein solches Risiko nicht bekannt geworden.

MatrGefr. Heinz Schmutzler kippt die Abfälle über Bord, während der zur Brückenwache gehörende MatrOGefr. Ernst Schlittenhard seinen Sektor beobachtet.

Nach dem knappen Entkommen trotz des Unheils, das dem Angriff auf den OS.34
folgte, ordnete Suhren eine »Geburtstagsfeier« an. Den wachfreien ObFkMt. Anderheyden (links) hatte der überarbeitete Koch, MatrGefr. Hausruckinger, zur Mithilfe
bei der Herstellung und Verzierung der Torten mit Schlagsahne und Früchten aus
Konserven eingeteilt. Bei seiner Arbeit wurde Anderheyden bald von ObMaschMt.
Heinz Nordmann und Gerhard Ehlers (rechts) abgelöst, obwohl der Fotobeweis von
Ehlers' Beitrag zweifelhaft bleibt – er scheint mehr daran interessiert zu sein, die Güte
der Schlagsahne selbst zu überprüfen. Delikatessen wurden an Bord von U-Booten
regelmäßig mitgeführt, üblicherweise in einer verschlossenen Proviantlast verstaut,
aus der nur mit Erlaubnis des Kommandanten Entnahmen erfolgten. Trotz der oft
erschreckenden Lebensbedingungen erhielten die U-Boot-Besatzungen innerhalb der
Wehrmacht die reichhaltigsten Lebensmittelzuteilungen.

Rechte Seite, Bild 1 und 2:
Die gemeinsamen Anstrengungen des MatrGefr. Hausruckinger und des ObFkMt.
Anderheyden werden mit gebührender Anerkennung begrüßt. Gabler (links) und
Suhren sitzen in der Offiziersmesse und benutzen Gablers Schlafplatz als Sitzge-
legenheit. Hinter ihnen sind Schnappriegel für eine zweckmäßig abklappbare Koje zu
erkennen, die jedoch an Bord von U 564 faktisch nicht benutzt wurde.
Rechte Seite, Bild 3 und 4:
Nachdem alle Spuren des kürzlichen Brandes beseitigt und das Boot von der Ruß-
schicht gesäubert war, begann in der Offiziersmesse die »Geburtstagsfeier«, bei der
Suhren für die Verteilung der Torte zuständig war. Mit offensichtlicher Vorfreude
wartet der I.WO, Oblt.z.S. Ulf Lawaetz (rechts), auf sein Stück Torte.

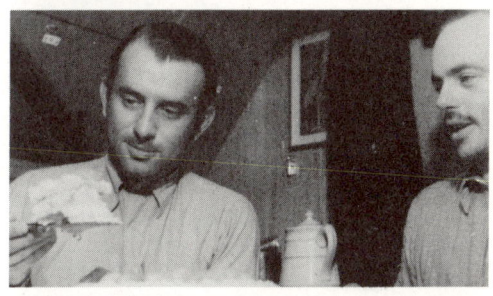

Von Gabler beobachtet, zeichnet Suhren die »Funkkladde« ab, wie die Funkspruchkladde kurz genannt wurde. Sie enthielt jeden gesendeten oder empfangenen Funkspruch und wurde vom Ersten Funker, ObFkMt Rudi Elkerhausen, verantwortlich geführt. Die handschriftlichen Eintragungen wurden später mit der Maschine abgeschrieben und für den BdU dem Kriegstagebuch (KTB) des Bootes beigefügt. Im Hintergrund steht der Oberbootsmann Heinz Webendörfer mit der Hand auf der UZO-Säule und schaut zu. Nach zehn Tagen auf See hatte sich beim MatrOGefr. Ernst Schlittenhard eine ernste und schmerzhafte rheumatische Erkrankung gezeigt, die Suhren veranlasste, über Funk den BdU um Unterstützung zu ersuchen. Stunden später ging ein FT mit dem Befehl ein, mit *U 203* unter Kptlt. Rolf Mützelburg zusammenzutreffen, das sich auf dem Heimmarsch befand und Schlittenhard übernehmen sollte.

»22.07.42 0810 CF 7825 Mastspitzen in Sicht ...« Aus dem Dunkel der Morgendämmerung tauchten zwei Mastspitzen auf. Anfangs als Ankündigung von Handelsschiffszielen gehalten, wurden sie dann als Azorenfischer identifiziert. Auf diesem Foto betrachten (von links) Oblt.z.S Lawaetz, OBtsm. Webendörfer und der MatrGefr. Eduard Kalbach prüfend eines der fernen Fischerboote. Augenblicke später, nachdem sich Haring auf der Brücke gemeldet hatte, um dieses Foto zu schießen, tauchten die Schlachtschiffe HMS NELSON und RODNEY schemenhaft hinter den Fischerbooten am Horizont auf und steuerten direkt auf *U 564* zu.

»23.07.41 0800 DG 2633. U-Boot in Sicht (Mützelburg).« Am Morgen des
23. Juli, als die Erste und die Zweite Seewache gerade den Wachwechsel durchgeführt
hatten, kam *U 203* erwartungsgemäß im angegebenen Planquadrat in Sicht.

Während des Zusammentreffens zur Übernahme des erkrankten Seemanns kamen
Kptlt. Rolf Mützelburg (im weißen Hemd) und Oblt. (Ing.) Heinrich Heep, sein
Leitender Ingenieur (zweiter von links), zu einem Plausch mit den Flottillenkameraden
an Bord von U 564. Hinter ihnen halten die Ausgucks unermüdlich Wache:
OBtsmMt. Heinrich Bartels (links) und der II. WO, Lt.z.S. Herbert Waldschmidt,
durch Gabler weitgehend verdeckt. Das große silberfarbene Megafon ruht auf der
UZO-Säule für den Torpedoangriff über Wasser. Am rechten Bildrand vorn ist der
am Sehrohrbock angebaute Peilkompass und am linken Rand das Drahtgitter des
Backbord-Zuluftschachtes zu erkennen, auf das sich Suhren stützt. Auffallend ist,
dass Suhren stets eine blaue Schirmmütze trägt, nie die sonst bei Kommandanten
übliche Schirmmütze mit dem weißen Bezug.

Für das Zusammentreffen der beiden U-Boote gab es natürlich einen sehr triftigen Grund: Der MatrOGefr. Ernst Schlittenhard war schwer an rheumatoider Arthritis erkrankt, die ihn unter starken Gelenkschmerzen fast zur Bewegungslosigkeit verurteilte. Da im feuchten Inneren des U-Bootes keine Besserung zu erwarten stand, musste er vom heimkehrenden *U 203* übernommen und ins Marinelazarett nach Brest gebracht werden. OBtsm. Webendörfer hilft dem stark Behinderten vom Vorschiff aus in das kleine Dingi. Oblt.(Ing.) Heep geht auf seine Weise ins Schlauchboot, ehe die beiden Männer auf *U 203* gebracht werden. Hier legt das Dingi am Heck an, um Schlittenhard das Anbordgehen zu erleichtern. Im unteren Bild ist das 8,8-cm-Rohr mit dem an einer Leine befestigten wasserdichten Mündungsverschluss gut zu erkennen.

Im Mittelatlantik ostwärts der Colorado-Bank befanden sich die beiden Boote sicher in einem Gebiet außerhalb der Reichweite alliierter Landflugzeuge: dem *Atlantic Air Gap* oder im Marinejargon auch *Black Gap* genannt. Mehrere Angehörige von Suhrens Besatzung nutzten die Gelegenheit zum Schwimmen. Mützelburg kehrte später auf seine Weise auf sein Boot zurück: Mit einem Kopfsprung sprang er auf *U 564* vom Turm ins Wasser und schwamm dann hinüber. Suhren erinnerte sich später: »Mir sträubten sich die Haare, und ich sagte ihm unter vier Augen: ›Was du da machst,

das würde ich niemals tun. Das ist leichtsinnig; denn so schmal ist das Boot mit den bauchigen Treibstofftanks an den Seiten [ca. 3 m nach jeder Seite] nun auch wieder nicht, dass man es einfach überspringen kann.‹ Er aber lachte nur, das tue er des Öfteren, und ließ sich nicht davon abbringen.«

Auf dem Foto oben rechts (im Kreis) ist Mützelburg vor dem Turm im Hintergrund zu erkennen, wie er mit einem letzten Kopfsprung vom Turm seines Bootes springt, ehe sich die beiden Boote trennen.

Viele Besatzungsangehörige drängten sich auf den beiden Türmen und winkten zum Abschied, während auf U 564 noch das Schlauchboot an Bord genommen und verstaut wurde. Das beim Anlassen der Diesel verursachte Ausströmen der mit Dampf vermischten Abgase am Heck von U 203 lässt den Beginn seines Rückmarsches nach Brest erkennen. Tragischerweise sollte sich Suhrens Mahnung sieben Wochen später als richtig erweisen; denn U 203 hatte Brest zu seiner achten Feindfahrt verlassen und am 11. September ordnete Kptlt. Rolf Mützelburg im Mittelatlantik für seine Besatzung wiederum eine Unterbrechung zum Schwimmen an. Erneut vom Turm seines Bootes mit dem Kopf voran springend, prallte er auf dem Satteltank auf, als das Boot in einer leichten Dünung rollte, und verstarb wenige Stunden später an seinen schweren Verletzungen.

In Vorbereitung zur Übernahme zusätzlicher Torpedos vom IX-C-Boot *U 154* wurde
die Gelegenheit ergriffen, die unter der Oberdecksverkleidung verstauten »Aale« unter
Deck zu bringen. Dies war eine zeitraubende und arbeitsintensive Aufgabe und das
Ausbleiben feindlicher Flugzeuge war eine unbedingte Voraussetzung für die Sicherheit
des Bootes. Unter Mithilfe aller wachfreien Männer, die hierzu auf dem Vorschiff
gebraucht wurden, riggte der MechOGefr. Wilhelm Bigge am Turm eine Talje auf, mit
deren Hilfe die schwere Waffe aus ihrem Behälter unter der Holzverkleidung geholt
werden konnte (links). Vom Turm aus beobachten Teddy Suhren und der III.WO,
StOStrm. Limburg, die Arbeiten. Das 8,8-cm-Decksgeschütz ist zur Backbordseite
geschwenkt, um Platz für das langsame Herausziehen des Torpedos zu schaffen.

Viele fleißige Hände helfen bei dieser Arbeit. Der MaschOGefr. Labahn ist beim Drehen
der Kurbel zu erkennen. Der Torpedo wird am Schwanzstück aus seinem Behälter
heraus und auf der aufgebauten Mulde vor das vordere Torpedoluk gezogen. Gabler
(mit weißem Tropenhelm) überwacht den gesamten Vorgang, während Waldschmidt,
der II.WO, weiter vorn auf Höhe des Luks zu sehen ist. Der Torpedo ruht jetzt schräg
auf der Mulde, um ins Innere des vorderen Torpedoraums gefiert zu werden.

Der jetzt leere Oberdecksbehälter wird mit dem Handrad zurück in seine horizontale Lage unter der Verkleidung gebracht (links oben). Auf der senkrecht stehenden Abdeckung über dem jetzt offenen Luk ruht die Hand des II.WO, während er das langsame Fieren des »Aals« durch das Luk in den Bugraum überwacht. Dort wird der »Aal« mit Hilfe der Transport-schienen, der Taljen und der Wiege unter den Flurplatten verstaut (rechts oben). Das Foto unten links zeigt die Mulde im Detail, die ebenfalls wieder unter der Verkleidung verstaut wurde. Deutlich sind die großen Keramik-Isolatoren an den Netzabweiser-Antennen zu erkennen. Sie verringerten das Risiko einer von den Antennen ausgehenden Entladung sta-tischer Elektrizität. Von hier führt ein dünnes elektrisches Kabel zum Antennenanschluss am Turm. Die vordere Netzabweiser-Antenne diente dem Senden und die beiden achteren dem Empfangen von Funksendungen. Unten rechts: Nach dem anstrengenden Umladen des Torpedos befahl Suhren, die Maschinen zu stoppen, und erlaubte seinen Männern, ein Bad zu nehmen. In Anbetracht fehlender Luftbedrohung und des leeren Horizontes bei klarer Sicht bestand nur ein geringes Risiko, vom Gegner überrascht zu werden.

Auch Gabler taucht hüllenlos mit Kopfsprung vom Bug des *U 564* in die See (links oben im Vordergrund). Teddy Suhren und seine Besatzung beim Waschen mit der von der Kriegsmarine entwickelten Salzwasser-Seife, während Webendörfer sie mit dem Schlauch abspritzt. Hinsichtlich der Seife waren die Meinungen geteilt: Suhren hielt sie für gut, während andere von den Wachsrückständen, die zuweilen auf der Haut zurückblieben, weniger begeistert waren (links unten). Selbst mitten im Kriege gab es friedliche Momente: Suhren nimmt auf dem »Wintergarten« neben der 2-cm-Flak ein Sonnenbad (rechts unten).

Bilder oben: Selbst Suhren nimmt ein Bad im warmen Wasser des Atlantik – eine der seltenen Gelegenheiten, bei der er sogar seinen roten Schal abgelegt hat.

Am 25. Juli kam Forsters *U 654* erneut in Sicht. Diesmal trafen sich die beiden Boote inmitten des *Black Gap*. Hier sitzen Forster (links) und sein LI, Oblt.(Ing.) Bernard Klaasen (rechts mit der Kaffeekanne), an Bord von *U 564* zusammen mit Suhren (Mitte) und seinen wachfreien Offizieren bei Kaffee und Keksen in der winzigen Offiziersmesse.

Der große Holzhammer über Suhrens Kopf war benutzt worden, um die Klötze auf der Helling beim Stapellauf von *U 564* wegzuschlagen – seither als Talisman an Bord und oft bei erfolgreicher Heimkehr des Bootes am Brückenschanzkleid nach den »Hammerschlägen gegen den Feind« angebracht.

Um zusätzliche Torpedos von Kölles heimkehrendem *U 154* übernehmen zu können, ließ Suhren den Vorgang der Torpedoübernahme erproben. Bei der Aufnahme dieser Fotos balancierte Haring in gefährlicher Weise auf dem Bock des Angriffssehrohrs: Zwei Dingis und die Schwimmwesten liegen schon einsatzbereit da, während der Reservetorpedo aus dem achteren Oberdecksbehälter gezogen wird, um ihn zum Simulieren der Übernahme nach vorn in den Bugraum zu verbringen (oben links). Beim Herausziehen wird der »Aal« mit 16 Schwimmwesten umhüllt, bis er mit den aufgeblasenen Westen auf der Mulde ruht. Auf dem »Wintergarten« steht der ObMechMt. Ehlers und hat ein am Schwanzstück des Torpedos angebrachtes Tau an der Reling befestigt, um zu verhindern, dass der Torpedo später außer Kontrolle gerät und wegschwimmt (unten links).

Gabler ließ das Deck durch Fluten der Tauchzellen tiefer sacken, bis es überflutet war und die Schlauchboote sowie der Schwimmkörper mit dem Torpedo aufschwammen. Die Berechnungen hinsichtlich der Fähigkeit der Schwimmwesten, das Gewicht des Torpedos zu tragen, hatten sich als richtig erwiesen (oben). Die Männer schoben den Schwimmkörper zum Bug. Dort wurde er über das aufgeriggte Gerüst und die Mulde vor dem vorderen Torpedoluk in Position gebracht. Dann ließ Gabler die Tauchzellen mit Pressluft ausblasen und *U 564* tauchte auf. Während des Auftauchens wurden die Schwimmwesten entfernt, der Torpedo ruhte auf der Mulde und wurde nun durch das geöffnete Luk in den Bugraum verbracht (unten).

Nachdem das Umladegeschirr wieder verstaut war, gelang es Haring, einen Teddy Suhren mit seiner Kamera einzufangen, der nach dem gelungenen Erproben des schwierigen Übernahmeverfahrens zufrieden, aber gleichzeitig auch sehr müde wirkt. Suhren mit rotem Schal steht hier im vorderen Teil der Brücke zwischen der UZO-Säule (links im Bild) und der Öffnung im Brückenschanzkleid für die eingefahrene Funkpeilantenne (vgl. Seite 109). Das ausgefahrene Sehrohr (siehe auch Seite 106) diente der Navigation und der Luftbeobachtung; denn der optische Kippwinkel reichte bis zum Zenit. Im Unterschied zum Angriffs- oder Standsehrohr besaß das Beobachtungssehrohr einen dickeren Schaft (»Flasche« genannt) und einen größeren Kopf. Es wurde von der Zentrale des Bootes aus bedient und hatte eine stärkere Optik. Letztere ermöglichte durch den stärkeren Lichteinfall eine bessere Beobachtung in der Dämmerung und bei Nacht. Im Gegensatz zur landläufigen Meinung diente das Beobachtungssehrohr im Allgemeinen nicht zur Durchführung von Unterwasserangriffen. Diese falsche Vorstellung entstand durch die Tatsache, dass im Gegensatz zur Zentrale der diesen Angriffen dienende Kommandantenstand im Turm keinen Platz für Foto- und Filmaufnahmen bot. Zudem hinterließ das ausgefahrene Beobachtungssehrohr durch seine Größe ein stärkeres Kielwasser, das bei einem Angriff die Anwesenheit des Bootes bei Tageslicht und guter Sicht verraten konnte.

In Erwartung des Zusammentreffens mit
U 463 tragen die Ausgucks die Tropenhelme, als sich näher dem Äquator zu
die Hitze stärker bemerkbar macht.
Unterhalb der Vorderbeine des Katers
ist der Antennenanschluss zu erkennen.
Vom vorderen Netzabweiser vor dem
ersten Isolator führt das dünne Kabel
der Funkantenne zu diesem Anschluss
und von dort aus weiter innen im Turm
hinunter direkt in den Funkraum.

Rechtes Bild: Hermann Kräh führt
neben dem Sehrohrbock eine Reparatur
mit dem Schweißbrenner durch,
während die Ausgucks der Brückenwache ihre Aufgabe erfüllen.

4. U 463: Der U-Tanker
1.–11. August 1942

Im späteren Verlauf des Tages gingen über Funk letzte Instruktionen für das Zusammentreffen mit *U 463* ein und Teddy Suhren steuerte mit direktem Kurs den Treffpunkt an. Der von Dönitz eingegangene Funkspruch enthielt genaue Anweisungen und spiegelte die vom BdU ausgeübte enge Funkführung wider:

»01.08.42 0055 DE 2154
1. Beginn der befohlenen Versorgung durch Wolfbauer ab 14.00 Uhr am 3. August. Keine Funkpeilung. Wartende Boote bleiben in einem Kreis in Winkspruch- Entfernung in der Nähe. Schärfster Ausguck. Vorsicht vor gegnerischen Unterseebooten.
2. Kein unnötiger Funkverkehr. Nur nach dem 6. August eintreffende Boote können erwartete Ankunftsmeldungen abgeben.
3. Boote haben zu übernehmen: Senkel [U 658] und Holtorf [U 598] 68 m³, Zurmühlen [U 600] und Forster [U 654] 60 m³, Suhren 50 m³, Neitzel [U 510] 80 m³, Witt [U 129] Minimum für Rückmarsch [d.h. 40,2 m³ Treiböl].
4. Schließlich: Versorgte Boote müssen 200 sm zwischen sich und Wolfbauer legen, ehe Ergänzen nicht versorgter Boote erlaubt.
5. Wolfbauer bleibt nach Übernahmen innerhalb eines Gebietes von 150 sm Umkreis.«

Zwei Tage später sichteten die Ausgucks von Limburgs Dritter Seewache die niedrige Silhouette des ersten der anderen U-Boote, die sich zur Treibstoffübernahme zu versammeln hatten: Forsters vertrautes *U 654* um 11.10 Uhr, 30 Minuten später von *U 129* (Kptlt. Hans Witt) um 11.40 Uhr gefolgt, einem IX-C-Boot. Zwei Stunden danach kam die massige

Silhouette von *U 463* in Sicht. KKpt.z.V. Leo Wolfbauer war als Kommandant eines der großen, schwerfälligen U-Tanker kein untypischer Offizier. Mit 47 Jahren wurde er als zu alt angesehen, um das Kommando eines Kampfbootes im Fronteinsatz zu übernehmen. Er war ein Veteran des Ersten Weltkrieges und hatte zuletzt bis 1918 als II.WO auf *U 29* der k.u.k Marine gedient. Im März 1940 kehrte er in den aktiven Dienst zurück und gehörte bis Februar 1942 zum Stab der 24. U-Flottille, einer Schulflottille, um danach als Kommandant *U 463* zu übernehmen. Diese großen U-Tanker, die außer Fla-Waffen keine weitere Bewaffnung führten, bedurften zur Führung einer reiferen Hand, als sie jüngere Offiziere hatten, die für das härtere Dasein auf den kleineren Kampfbooten besser geeignet waren. Für *U 463* war dies die erste Feindfahrt und das stattliche Boot war von Kiel aus direkt in den Mittelatlantik ausgelaufen.

Der Typ XIV entstammte einem Vorschlag, den Dönitz bereits am 8. September 1939 dem OKM unterbreitet hatte. Er war zur Erkenntnis gelangt, dass die Entfernungen, die wahrscheinlich im kommenden Krieg zurückgelegt werden müssten, eine Fähigkeit erfordern würden, um in See U-Boote mit Treibstoff versorgen zu können. Kürzer, breiter und mit größerem Tiefgang ausgestattet als alle anderen damaligen U-Boot-Entwürfe lief das erste Boot des neuen Typs XIV, *U 459* (KKpt. Georg v. Wilamowitz-Moellendorf), im April 1942 zum ersten Versorgungseinsatz aus und erwies sofort seinen Wert. Es versorgte 500 sm nordostwärts der Bermudas vom 23. April – 5. Mai 14 U-Boote auf dem An- und Rückmarsch. Das breite, flache Oberdeck bot der Besatzung des U-Tankers reichlich Platz, um mit Versorgungsgütern und Treibstoffschläuchen umzugehen, obwohl der massige Bootskörper die Tauchzeit beträchtlich verlängerte. Der Druckkörper wies zusätzliche Luken auf, um Vorräte aus dem Inneren des Bootes rasch dem wartenden U-Boot zu übergeben. Doch ihre Benutzung geschah selten; denn der geringe Freibord führte zum Überfluten der Öffnungen in ähnlicher Weise wie beim Typ VII C. Im Übrigen konnte der Typ XIV neben 203 t

Treiböl für den Eigenverbrauch zusätzlich mitführen: 432 t Treiböl, 34 t Motorenöl, 10,5 t Frischwasser sowie 3 t destilliertes Wasser für die Batterien.

Außer dem Mitführen von Reservetorpedos, Treiböl und Wasser hatte der U-Tanker noch weitere nützliche Fähigkeiten zu bieten, wie etwa eine kleine Maschinenwerkstatt für Reparaturen, zahlreiche verschiedenartige Ersatzteile für die Frontboote, umfangreiche Kühlräume für Frischproviant und eine bordeigene Bäckerei, die imstande war, alle zehn Stunden 80 1-kg-Roggenbrotlaibe zu backen. Zudem gab es auf *U 463* einen Bordarzt, den Marineoberassistenzarzt Dr. Fritz Walter Hoch – der Dienstgrad entsprach einem Oberleutnant –, der allen zur Verfügung stand, die ärztliche Behandlung brauchten. Im Falle von *U 564* war dies die Gelegenheit, den Zentralemaat des Bootes, den Maschinenobermaat Emil Grade, auf den großen Tanker zur Behandlung durch Dr. Hoch zu bringen. Grade hatte anscheinend mehrere leichte Kopfverletzungen erlitten, die bluteten. Seltsamerweise konnte sich keiner der noch lebenden Besatzungsangehörigen an das Ereignis erinnern, das zu Grades Verletzung führte. Auch das KTB von *U 564* erwähnte den Vorfall nicht. So gibt es eigentlich nur im KTB von *U 463* hierzu einen flüchtigen Eintrag: »Masch.Maat Grade von *U 564* mit einer Kopfverletzung an Bord genommen.« Da es keinen weiteren Vermerk hinsichtlich Grades Rückkehr auf *U 564* gibt und da er auf keinem der späteren Fotos mehr zu sehen ist, lässt sich nur vermuten, dass die ihm möglicherweise in der Eile eines Alarmtauchens zugefügte Verletzung so gut es ging in See behandelt werden konnte und dass der Patient mit dem U-Tanker nach Frankreich zurückkehrte. Das Fehlen dieses Vorgangs im KTB von Suhrens Boot ist jedoch verblüffend, da Schlittenhards Verlassen des Bootes einwandfrei vermerkt wurde. So ist es durchaus möglich, dass Grade auf *U 564* zurückkehrte, obschon die offensichtlich ernsthafte Verletzung dies als wenig wahrscheinlich erscheinen lässt.

Witts *U 129* begann als erstes Boot mit der mühsamen Arbeit der Übernahme des Dieseltreibstoffs von Wolfbauer.

Zu diesem Zweck wurden die beiden Boote ordnungsgemäß mit einer Trosse verbunden und eine Schlauchverbindung hergestellt, an der längs ein Telefonkabel entlanglief, so dass der Pumpvorgang und alle notwendigen Einzelheiten besprochen und gesteuert werden konnten. Als die Schlauchverbindung stand und die Treibstoffübernahme um 14.50 Uhr in Gang kam, traf am Treffpunkt ein viertes Boot ein, das knapp an Treibstoff war: *U 510* (KKpt. Karl Neitzel) vom Typ IX C.

Mit derart vielen U-Booten, die aufgetaucht an einem Ort versammelt waren, ergab sich, dass konsequenter und scharfer Ausguck einmal mehr oberstes Gebot war. Jedes unerwartete Auftauchen eines Schiffes am Horizont würde diese Boote äußerster Gefahr aussetzen, obwohl in dieser Region zumindest im Sommer 1942 noch keine Gefahr eines Luftangriffs bestand. Angesichts des *Blackout* bei den britischen Kryptologen in Bletchley Park hinsichtlich des Schlüsselbereiches »Triton« durch die Einführung der vierten Schlüsselwalze beim »Marinefunkschlüssel M 4« war der ständige Strom an deutschen Funksprüchen über Treffpunkte zur Versorgung zu diesem Zeitpunkt sicher vor neugierigen Augen, obwohl dieser Strom ab Mai 1943 für einen großen Teil der »Milchkühe« das Verhängnis bedeuten sollte.[0a] Während *U 129* und *U 463* mit dem Umpumpen von Treiböl sowie mit dem Herüberschaffen von Proviant und Frischwasser in den Dingis beschäftigt waren, hielten auch die übrigen Boote Kurs und Fahrt der beiden Boote und bildeten einen schützenden Kreis um den in der Mitte fahrenden U-Tanker.

Schließlich begann Teddy Suhren um 19.00 Uhr mit seiner eigenen Versorgung. Anfangs hatte es den Anschein, als ob die Übernahme problematisch werden sollte; denn der von *U 463* nachgeschleppte dicke schwere Schlauch begann unterzugehen, da es ihm an der erforderlichen Schwimmfähigkeit mangelte, um ihn an der Wasseroberfläche zu halten. Der Schlauch wurde beim Nachschleppen hinter *U 463* normalerweise durch einen Kompressor – der auch benutzt wurde, um den Schlauch nach dem Gebrauch durchzuspülen – mit Luft gefüllt. Dies verlieh ihm den erforderlichen Auftrieb, um

ihn an Bord nehmen zu können. In diesem Fall war der
Schlauch jedoch nicht ausreichend mit Luft gefüllt worden,
wenn auch ein rasches Nachdenken und ein kurzes Eintauchen
in die See ihn bald herausfischten. Nachdem der Schlauch an
Bord von *U 564* gesichert war, wurde die schwere Leitung
von den sich am Bug drängenden Männern in ausreichender
Länge herübergezogen, um sein sicheres Anschließen zu er-
möglichen. Der Obermaschinenmaat Franz Stocker schraubte
die Metallverschlüsse an den Stutzen der Zuleitungen los, die
nach unten ins Innere der Bunker führten, und die Übernahme
des Treiböls begann. Anschließend bestand die Schleppverbindung zwischen den beiden U-Booten dreieinhalb Stunden
lang, der Diesel-Treibstoff ergoss sich in die Bunker von
U 564 und Frischproviant sowie Frischwasser wurden mit
den Schlauchbooten mühsam vom Tanker im Pendelverkehr
herübergeschafft. Bei dieser Gelegenheit wurde auch weitere
Post der Besatzung Suhrens dem Tanker mitgegeben, der sie
schließlich nach Frankreich bringen würde.

Als Ergebnis einer Übernahme von Diesel-Treibstoff während der vorausgegangenen Atlantik-Unternehmung hatte
Teddy Suhren eigentlich bereits Vorschläge hinsichtlich eines
geeigneteren Ölschlauches unterbreitet:

*Da die Boote vom Typ VII nur Dieselöl (30–40 cbm) und
kein Schmieröl an Bord nehmen, wird vorgeschlagen, dem
Tanker zu diesem Zweck eine leichte Schlauchverbindung an
Bord zu geben, da die verfügbare Ausrüstung mit ihrer
schweren Schlepptrosse und den doppelten Schläuchen für
die überzunehmenden kleinen Mengen insgesamt zu schwer
sind. Ein französischer Feuerlösch-Schlauch (aus Segeltuch,
mit starkem Gummiüberzug innen, 18,2 cm im Durchmesser; Gummi hatte sich als nicht erodierbar gezeigt), an einem
Manilatau befestigt, hat sich schon einmal als erfolgreich bei
der Übergabe von Dieselöl an U 107 erwiesen. Mit dieser
Ausrüstung und ohne spezielle Schlepptrosse könnten U-
Tanker und Boot dann im Verband fahren: 50 m diagonal
und etwa 50–100 m querab abgesetzt. Durch die Verringe-*

*rung der Zeit, um die Verbindung auf- und abzubauen, wie
auch aufgrund des rascheren Durchflusses und des Ausbla-
sens würde sich die gestiegene Pumpzeit mehr als ausgegli-
chen herausstellen. Der Hauptvorteil würde darin bestehen,
die Ölübernahme könnte bei stärkerem Seegang als bis jetzt
erfolgen.*[1]

Während *U 564* noch mit der Treibstoffübernahme beschäftigt war, traf an Bord des Bootes ein weiterer Funkspruch ein, der sich diesmal mit Suhrens Anforderung von
zusätzlichen Torpedos befasste. Obwohl *U 463* zusätzlichen
Treibstoff und Versorgungsgüter, ausreichend für mehrere
U-Boote, mitführte, hatte der U-Tanker nur vier Reservetorpedos an Bord. Diese waren bereits vergeben, so dass eine
alternative Quelle gefunden werden musste, um die von Teddy
Suhren verbrauchten Torpedos zu ersetzen. Obwohl der BdU
von der sich südwestlich von Neufundland entwickelnden
Geleitzugschlacht in Anspruch genommen war, in deren Verlauf es *U 553* (KKpt. Karl Thurmann) gelang, sich an den
Geleitzug ON.115 zu hängen und ein Schiff zu versenken,
erhielt Suhren von Dönitz den Befehl, sich mit Korvettenkapitän Walther Kölles *U 154* vom Typ IX C im Planquadrat
DP 1455 zu treffen. Er sollte von diesem Boot an Torpedos
übernehmen, was er für erforderlich hielt, ehe er seine Feindfahrt in das Seegebiet der Großquadrate EE und EO vor der
Küste von Britisch-Guyana fortsetzte.

Kölle – Suhrens ehemaliger Gruppenoffizier an der Marineschule Mürwik – war mit seinem Boot am 4. Juni aus
Lorient ausgelaufen, hatte die zunehmend gefährlicher wer-
dende Biskaya ohne ernsten Zwischenfall durchquert, ehe er
mit seinem Boot über den Atlantik marschierte und Anfang
Juli durch die Windward-Passage zwischen Kuba und Haiti
in das Karibische Meer einlief. Als *U 154* am 6. Juli durch
die Straße von Yucatán in den Golf von Mexiko schlüpfte,
versenkte Kölle sein erstes Schiff, den 65 BRT großen Motor-
trawler LALITA aus Panama, mit Artillerie. Dies sollte Kölles
einziger Erfolg bleiben.[1a]

Während der nächsten beiden Wochen suchte *U 154* das Seegebiet vor den Küsten Alabamas und Floridas auf der Suche nach Zielen ab. In dieser Zeit berichtete er von zwei Fehlschüssen auf einen schnellen amerikanischen Motorfrachter in der Nähe der verstreut liegenden Inselgruppe Dry Tortugas westlich der Südspitze Floridas. Von Neutralen abgesehen, sichtete Kölle ansonsten keinerlei Verkehr und ersuchte um die Erlaubnis, auf der Suche nach den Ausweichkursen der Öltanker, die im stark befahrenen Golf von Mexiko verkehrten, Galveston anzusteuern. Um die Chancen Kölles noch zu verschlechtern, wurde *U 154* auch noch von den fast ständig anwesenden Flugzeugen gejagt; denn die örtlichen Verteidigungsanstrengungen der Amerikaner hatten sich seit dem Beginn der Feindseligkeiten in dieser Region deutlich verbessert. Als das Boot in der Bruthitze der Tropen umherstreifte, sank bei der Besatzung die Moral. Der Fluch der tropischen Hautausschläge und Entzündungen wurde bei den Männern an Bord gang und gäbe; denn infolge der ständigen Gefahr durch Flugzeuge gab es für jene, die nicht als Ausgucks eingeteilt waren, kaum eine Gelegenheit, an die frische Luft und in den Sonnenschein an Deck zu gehen.

Die unglücklich verlaufende Feindfahrt wurde gnädigerweise verkürzt, als Kölle am 19. Juli dem BdU von einem Leck in einem seiner Treibstoffbunker berichtete – eine Beschädigung, die einige Tage zuvor ein Luftangriff mit Bombenabwürfen verursacht hatte. Das auslaufende Öl hinterließ im Kielwasser von *U 154* eine schimmernde Spur. Nicht imstande, die Beschädigung zu beseitigen, ersuchte Kölle um die Erlaubnis zur Rückkehr nach Lorient. Sich anfänglich weigernd, in das Abbrechen der Feindfahrt einzuwilligen, gab Dönitz am 1. August mit FT schließlich doch seine Zustimmung, nachdem Kölle einige Tage zuvor auch begonnen hatte, sich über starke Magenschmerzen zu beklagen. Allerdings hatte *U 154* am 5. August noch ein Zusammentreffen mit Teddy Suhrens *U 564* im Planquadrat DP 1455 zur Torpedoabgabe durchzuführen, ehe Kölle die Feindfahrt abbrechen und den Rückmarsch nach Lorient antreten konnte.

Inzwischen hatte *U 564* seine Treibstoffübernahme am
3. August beendet und 50 m³ zusätzliches Dieselöl ruhten
sicher in den Bunkern der bauchigen Satteltanks. Limburg
hatte einen neuen Kurs zum nächsten Übernahme-Treffpunkt
mit dem Richtung Frankreich marschierenden Boot Kölles
abgesteckt und *U 564* drehte ab, während die Treibstoffübernahme mit Forsters Boot ihren Fortgang nahm. Teddy
Suhrens Fortführung seiner Feindfahrt in die Karibik zog
enormen Nutzen aus der Bereitstellung eines eigens für diese
Aufgabe eingesetzten U-Tankers im mittleren Atlantik. Im
Verlaufe seiner Jungfernfahrt konnte Wolfbauer in unter-
schiedlicher Weise insgesamt 13 U-Boote versorgen, ehe das
der 10. U-Flottille zugeteilte *U 463* nach seiner ersten Feindfahrt Lorient anlief.[2]

Als *U 564* und *U 154* sich ihrem eigenen Treffpunkt zur
Torpedoübernahme näherten, suchten die Ausgucks, die jetzt
nur noch kurze Hosen und gelegentlich die hinderlichen weißen Tropenhelme trugen, unaufhörlich den fernen Horizont
ab. Harings Anwesenheit war zu einem vertrauten Anblick
auf der Brücke geworden, endlos Aufnahmen für die in den
Kinos laufende »Wochenschau« drehend und stets Fotos für
seine anderen Propaganda-Aufgaben aufnehmend. Als *U 564*
am 5. August in das Planquadrat DP 1455 einlief, wurde das
Torpedo-Umladegeschirr einschließlich der Mulde aufgestellt,
während Teddy Suhren begann, innerhalb des angegebenen
Seegebietes auf und ab zu stehen, um auf das Eintreffen von
Kölles IX-C-Boot zu warten.

Es war Waldschmidts Zweite Seewache, die zuerst die
entfernten Masten eines Schiffes ausmachte, die dünn wie
Zündhölzer über den Horizont krochen. Kurz darauf befahl
Teddy Suhren die Besatzung des U-Bootes auf Gefechtsstation und tauchte, um sich auf einen Unterwasserangriff vorzubereiten. Als das näher kommende, dieselangetriebene Schiff
in seinem Sehrohr größer wurde, konnten Name und Natio-
nalität bald deutlich unterschieden werden. Es handelte sich
um einen Neutralen: die schwedische MV SCANIA. 1934
auf der Werft *Kockmus Mekaniska Verkstad Co.* in Malmö

erbaut, verkehrte das 1629 BRT große Motorschiff auf den
amerikanischen Handelsrouten der *Rederi-A/B Svenska
Lloyd*, einer im schwedischen Göteborg beheimateten Schiff-
fahrtslinie.

Trotz ihrer Kennzeichnung als Neutraler befand sich die
SCANIA möglicherweise in der bekannt gegebenen Blockade-
zone. Daher gab Teddy Suhren den Befehl, aufzutauchen und
auf Abfangkurs zu gehen. Die Geschützbedienung polterte
über die kleine Außenleiter am Turm hinunter auf das Oberdeck, um ihren Platz an der 8,8-cm-Kanone einzunehmen,
als die Dieselmotoren losdröhnten und das Boot auf sein Ziel
zustrebte. Webendörfer kletterte von der Brücke herunter,
um als Geschützführer über seine Bedienung das Kommando
zu übernehmen. Auch die 2-cm-Flak wurde bemannt und
feuerbereit gemacht. Alle auf der Brücke sich Aufhaltenden
steckten sich Watte in die Ohren, um ihr Gehör vor dem
scharfen Knall der 2-cm-Abschüsse zu schützen – fast mit
Sicherheit die einzige einsatzbereite Waffe, um ihr Opfer zum
Stoppen zu veranlassen; denn ironischerweise richteten sich
die zur Torpedoübernahme getroffenen Vorbereitungen jetzt
gegen sie. Die Bedienung der 8,8-cm-Kanone, gesichert
durch dicke, breite Gurte aus Segeltuch und einige Schuss
Patronenmunition zum Feuern bereit haltend, bot sicherlich
durch die von der Brücke des Handelsschiffes aus auf sie
gerichteten Ferngläser einen imposanten Anblick. Doch das
Geschütz konnte nicht eingesetzt werden; denn die Torpedo-
Umlademulde befand sich direkt unterhalb der Mündung der
Kanone, als *U 564* auf das Schiff zustürmte, um es abzu
fangen. Die Auswirkungen des Luftdrucks bei Artillerieab-
schüssen aus solcher Nähe hätten die empfindliche Mulde
wahrscheinlich zerstört.

An Bord des Schweden gab es auf der Brücke zweifellos
beträchtliche Bestürzung. Zur bemannten und feuerbereiten
Artillerie kam noch die Gefahr eines unerwarteten Torpedo-
angriffs hinzu. Durch die lichtstarken Doppelgläser konnten
auf dem Turm von *U 564* mehrere Besatzungsangehörige mit
umgehängten Maschinenpistolen MP 40 erkannt werden, die

bereit standen, um ihren Frachter zu entern. Unter Führung von Kapitän Carl Isak Jansson hatten die Offiziere und die 25 Mann starke Besatzung der SCANIA bereits aus erster Hand die Folgen der »Schlacht im Atlantik« erfahren. Am 19. Januar 1942 hatte das schwedische Schiff dem amerikanischen Dampfer SS MALAY Unterstützung beim Löschen eines Brandes gewährt, als nach einem Angriff von *U 123* (Kptlt. Reinhard Hardegen) im Zuge des Unternehmens »Paukenschlag« an Bord des Schiffes Feuer ausgebrochen war. Die wütenden Brände, die Hardegens Artilleriebeschuss verursacht hatte, wurden unter Kontrolle gebracht und der amerikanischen Besatzung gelang es, das nach Port Arthur in Texas bestimmte Schiff wieder in Fahrt zu bringen und Hampton Roads anzulaufen – trotz eines Torpedotreffers, den Hardegen bei einem zweiten Angriff erzielte, als er wieder an den Ort des Geschehens zurückgekehrt war. Wochen später schlüpfte die SCANIA am 12. April erneut in die Rolle des Retters, als sie 27 Überlebende des norwegischen Frachters MV BALKIS aufnahm, der vom italienischen Unterseeboot PIETRO CALVI vor der Küste Brasiliens torpediert, mit Artillerie beschossen und versenkt worden war.

Auf der Brücke von *U 564* stützte sich Waldschmidt auf die schmale Kante des Schanzkleides, um mit der »Klappbuchs«, dem Signalscheinwerfer, einen Blinkspruch zum fernen Frachter hinüberzuschicken. Die von Teddy Suhren diktierten Worte blinkten im internationalen Morsealphabet auf, als das deutsche Unterseeboot die Entfernung zu seinem Ziel rasch verkürzte. Ein schneller Feuerstoß aus der 2-cm-Flak diente zur Unterstützung des Befehls, zu stoppen und die Schiffspapiere vorzulegen. Bald darauf war das große Schiff gezwungen beizudrehen. Die von 7-Zylinder-MAN-Dieselmotoren angetriebenen Schrauben verlangsamten ihr stetiges Klopfen und die Geschwindigkeit der SCANIA nahm merklich ab, als in der Entfernung Männer ausgemacht werden konnten, die zu einem Rettungsboot liefen. Mit einem weiteren Blinkspruch befahl Waldschmidt dem schwedischen Kapitän, das Logbuch des Schiffes und das Manifest, d.h. die

Ladepapiere, vorzulegen, und schon bald war eine kleine
Gruppe von Seeleuten unter Führung eines Handelsschiffs-
offiziers in makelloser Uniform auf dem Weg zu *U 564*, als
das U-Boot sein Opfer überholte und das jetzt beigedrehte
Schiff umkreiste.

Der schwedische Erste Offizier des Schiffes, der 32-jähri-
ge Stig Anders August Lundh, der auch als Funker fungier-
te, kam mit dem Boot längsseits und übergab die geforder-
ten Dokumente an bereitwillig zufassende deutsche Hände,
ehe er an Bord kletterte. Er wurde auf die Brücke gebracht
und sah sich dort Teddy Suhren gegenüber, der die Dokumente der SCANIA zu studieren begann. Zum Glück war
der in Kopenhagen geborene Lawaetz, der jetzt seine Offi-
ziersmütze aufhatte, in der Lage, sich mit Lundh zu unterhalten, und Kurs und Bestimmungsort des neutralen Schiffes erfuhren bald eine rasche Bestätigung. Die SCANIA war
mit voller Ladung von Bermuda (ursprünglich New York)
nach Buenos Aires unterwegs, und da sich Teddy Suhren
nicht sicher war, ob eine Versenkung des Schiffes rechtens
wäre, gab er sich mit einer Warnung an Lundh zufrieden,
wonach das Schiff von seiner Funkanlage keinen Gebrauch
machen sollte und seinen direkten Kurs aus der Kampfzone
heraus fortsetzen müsse. Ferner erklärte er mit der ernstes-
ten Miene, die er aufsetzen konnte, sollte das Schiff wieder
so nahe an den Vereinigten Staaten angetroffen werden,
würde er wahrscheinlich das Feuer eröffnen. Später meinte
Waldschmidt:

*Da Neutrale so dicht an den Vereinigten Staaten auch nicht
sicher waren, war der Erste Offizier daher sehr dankbar, dass
wir sie ziehen ließen. Nachdem er später auf sein Schiff zurückgekehrt war, schickte er ein Frühstück mit frischem Brot
und dergleichen zu uns herüber. Darunter waren auch amerikanische Esswaren, ... die so ganz anders als die waren, die
wir in Deutschland bekamen; sie schmeckten nicht wie unsere,
und wir haben uns gefreut! Wir hatten das Gefühl, dass wir
noch nie so gut gegessen hatten.[3]*

Nach der kurzen, aber ereignisreichen Unterbrechung ihrer Reise setzte die SCANIA die Fahrt fort und verschwand allmählich außer Sicht. Obwohl das niemand damals wissen konnte, sollte das Schiff noch eine weitere schicksalhafte Begegnung mit einem deutschen U-Boot haben. Am 13. Dezember 1942 hielt *U 176* (Kptlt. Reiner Dierksen), ein IX-C-Boot der 10. U-Flottille, die SCANIA auf der Fahrt von Montevideo mit einer Stückgutladung nach Philadelphia im Südatlantik an. Erneut setzte der Erste Offizier Lundh mit dem hölzernen Beiboot des Schiffes über und ging an Bord des U-Bootes. Dort wies er die Ladepapiere der SCANIA vor, aber Kptlt. Dierksen entschied diesmal, dass es sich bei der in die USA bestimmten Ladung um Konterbande handelte. Lundhs Besuch dauerte 20 Minuten. Nach seiner Aussage wurde er in dieser Zeit »mit Respekt und Höflichkeit« behandelt, ehe sich Dierksen für die Notwendigkeit seines Handelns entschuldigte und die Versenkung des Schiffes befahl. Lundh kehrte zum Frachter zurück und der gesamten schwedischen Besatzung wurde eine Zeit von 30 Minuten gewährt, um das Schiff mit zwei Rettungsbooten zu verlassen. Die Deutschen sorgten dafür, dass den Seeleuten ausreichend Proviant und eine Navigationsausrüstung zur Verfügung stand, und danach versenkte *U 176* das schwedische Schiff.[4]

An Bord von *U 564* hatte das Anhalten der SCANIA zumindest die Monotonie der vorausgegangenen Tage unterbrochen und der Besatzung Frischproviant eingebracht. Teddy Suhren entfernte sich aus dem unmittelbaren Bereich des Treffpunkts, blieb aber in der Nähe des voraussichtlichen Gebietes für das Treffen. Nach etwas mehr als einer Stunde kam Kölles U-Boot in Sicht. In seiner Autobiografie erinnerte sich Suhren an die Begegnung:

[Einige Fragen zur Torpedoübernahme stellte] ...von vornherein der Kommandant [Kölle] des heimfahrenden Bootes, den wir wie vereinbart um Tag und Stunde trafen und der sich, wie das Schicksal doch manchmal mitspielt, als mein ehemaliger Gruppenoffizier von der Marineschule Mürwik

entpuppte, wo man mich seinerzeit mit Müh und Not zur
Offiziers-Hauptprüfung zugelassen hatte. Das war der Herr,
der mich, obwohl ich einer der Besten war, so im Stich gelassen
hatte. Heute sah er mich hochdekoriert bis unters Kinn und
guckte dumm aus der Wäsche. Na, war das ein Wiedersehen.
Und dann fragte ich ihn, warum er mit all den Torpedos
[Anm.d.Ü.: 16] denn schon nach Hause fahren wollte. Ja,
meinte er, krankheitshalber, er habe es im Leib und müsse
dringend zum Arzt. »So, so«, sagte ich, »Bauchschmerzen!«
Enthielt mich aber jeglichen Kommentars. Na, denn mal her
mit den Dingern.[4a]

Dann entledigten sich Suhren und mehrere seiner Männer
bis auf die Badehose ihrer Kleidung und schwammen zu
U 154 hinüber. Dort legten sie nacheinander den drei Torpedos die Schwimmwesten an und zogen sie von Hand herüber
zu ihrem Boot.

Der Vorgang verlief zunächst glatt, bis sich der vierte Torpedo schließlich für die Schwimmwesten als zu schwer erwies,
sich auf den Kopf stellte und ins Wasser glitt: 5000 m in die
Tiefe. Die Schwimmwesten hatten durch die Transporte Luft
und damit Auftrieb verloren; sie waren nicht nachgeblasen
worden. Den gesamten Vorgang nahm der Kriegsberichterstatter Haring an Bord von *U 564* im Bild auf und ironischerweise auch noch ein anderer PK-Berichter: Sonderführer
Franke, der mit Kölle auf *U 154* zu dieser trostlosen Feindfahrt in See gegangen war.

Nachdem es noch gelungen war, 2 cbm Trinkwasser mit
dem Dingi auf *U 564* zu schaffen,[4b] trennten sich die beiden
Boote wieder und Kölle ging erneut auf Heimatkurs, um zwei
Tage später von Wolfbauer noch 26 m^3 Treiböl zu überneh-
men. In Frankreich erhielt er eine Begrüßung, die sich am
besten als gedämpfter Empfang beschreiben lässt. Nach seiner
Meldung bei Dönitz enthob ihn dieser seines Kommandos
und Kölle kehrte wieder an die Marineschule Mürwik zurück.
Die entmutigte Besatzung wurde insgesamt auf *U 105* (Kptlt.
Jürgen Nissen) versetzt, das damals nach schweren Schäden

im Trockendock lag, während die kampferprobte Besatzung von *U 105* mit KKpt. Heinrich Schuch *U 154* übernahm.

Als *U 564* seinem Operationsgebiet ostwärts der Kleinen Antillen zustrebte – ein Einsatzraum, den es mit *U 66* (Kptlt. Friedrich Markworth), *U 108* (KKpt. Klaus Scholtz), *U 155* (Kptlt. Adolf Cornelius Piening) und *U 160* (Kptlt. Georg Lassen) teilte –, operierten im Norden bereits fünf weitere U-Boote rund um die Ost- und Südküste Floridas sowie in den Großen Antillen. Doch der Einsatz der weit entfernten Florida-Boote hatte in diesen tropischen Gewässern anfangs nur einen geringen Erfolg. Am 10. August griff *U 600* (Kptlt. Bernhard Zurmühlen) ein kleines, einzeln fahrendes britisches Segelschiff an, die 130 BRT große VIVIAN P. SMITH, und versenkte es, aber der übrige Handelsschiffsverkehr wurde zunehmend in gut gesicherten Geleitzügen zusammengefasst. Vor Florida legte *U 98* (Kptlt. Robert Gysae) am 9. August in die Hafeneinfahrt von Jacksonville eine Minensperre – aber auch sie blieb ohne Erfolg; sie wurde entdeckt und geräumt.

Daher ging am 10. August um 09.20 Uhr, als sich *U 564* östlich von St. Lucia befand und Südkurs steuerte, ein Funkspruch des BdU mit neuen Anweisungen ein. Sie dirigierten das Boot mit Westsüdwestkurs in das Großquadrat ED 90, in dessen Zentrum Grenada lag. Dort sollte Teddy Suhren schließlich in die Karibik einlaufen, sich aber vom Operationsgebiet der bisher erfolglosen Boote in den Großen Antillen fernhalten. Unter einem klaren Himmel und in einer sanften, friedlichen See fahrend, hatte er den Auftrag erhalten, den durch die Inselkette der Kleinen Antillen laufenden Ost-West-Handelsschiffsverkehr anzugreifen. In der Morgendämmerung des 11. August fuhr er getaucht in sein neues Operationsgebiet ein.

Um 11.10 Uhr am 3. August 1942 kam *U 654* in Sicht. Forsters Boot war das erste der U-Boote, für die eine Versorgung durch den U-Tanker auf dem Treffpunkt vorgesehen war, das von Suhrens Boot gesichtet wurde. Da Waldschmidt zu diesem Zeitpunkt Wache hatte, tauschte Limburg mit Forsters Boot kurze Winksprüche aus. Um den verletzlichen U-Tanker nicht zu gefährden und den Treffpunkt nicht an den Gegner zu verraten, hatte Dönitz in seinem letzten Funkspruch für das Treffen strenge Sicherheitsmaßnahmen angeordnet, darunter auch Funkstille und die Wartepositionen zum U-Tanker in Winkspruch-Entfernung zu beziehen.

Auf dem Foto oben sitzen die Ausgucks auf den Gittern der Zuluftschächte, durch die Luft für die Dieselmotoren angesaugt wurde. Zwischen ihnen befindet sich der Sehrohrbock für das derzeit eingefahrene Angriffssehrohr. Im vorderen Teil der Brücke ist auf der UZO-Säule das Megafon zu sehen. Unter Limburgs Füßen ist die Öffnung für die eingefahrene Funkpeilantenne zu erkennen.

Eine halbe Stunde nach *U 654* traf auch *U 129* (Kptlt. Hans-Ludwig Witt) vom Typ
IX C ein, zwei Stunden später gefolgt vom U-Tanker *U 463* (KKpt. Leo Wolfbauer).
Witts Boot war als erstes zur Treibstoffübernahme vorgesehen. Es hatte nur einen
Mindestbedarf für den sicheren Rückmarsch nach Lorient, dem Stützpunkt der
2. U-Flottille, an Bord zu nehmen: 40,2 m^3 Treiböl und Proviant für vierzehn Tage.
Die Übernahme dauerte von 14.50–18.38 Uhr. Witt hatte eine erfolgreiche Unternehmung in den Golf von Mexiko hinter sich, auf der er elf Schiffe versenkt hatte.
Der große U-Tanker mit dem flachen Oberdeck und dem geringen Freibord ist deutlich zu erkennen. Er hat *U 129* zur Treibölübernahme im Schlepp. Vor und hinter
dem Turm mit dem verlängerten Anbau, auf dem 2-cm-Fla-Waffen stehen, sind je
eine 3,7-cm-Flak zu sehen. Auf dem Foto rechts oben ist am Backbord-Netzabweiser
das dünne Antennenkabel auszumachen, das zum achteren Antennenanschluss führt.
Außerdem ist an der Achterkante des »Wintergartens« das achtere Positionslicht
zu unterscheiden.

Linke Seite unten: *U 129* achteraus von *U 463* im Schlepp bei der Übernahme von
Treiböl und Frischproviant. Die beiden Boote sind durch eine Trosse verbunden, an
der auch der schwere Ölschlauch und ein Telefonkabel hängen.

Die sich am Bug drängenden Männer holen die Schlauchverbindung mit vereinten Kräften von Hand an Bord. Vor dem Rohr der Kanone sind an beiden Seiten versenkte Poller zu erkennen. Mitte und rechts: Auf diesen Fotos werden der Schlauch bzw. das Telefonkabel und die Leinen für das Anschließen an die Stutzen klariert. An Steuerbord sind inzwischen die beiden Poller herausgezogen worden.

Bilder oben: Um 19.00 Uhr Bordzeit konnte Suhren mit seiner eigenen Treibstoffübernahme beginnen. *U 129* hatte seine Übernahme beendet und befand sich mit östlichem Kurs bereits auf dem Rückmarsch nach Lorient. *U 564* nahm die hinter dem U-Tanker nachschleppende Trosse von Hand an Bord, an der zur Führung der schwere Ölschlauch hing. Anfangs hatte es den Anschein, als ob die Übernahme problematisch werden sollte, denn der Schlauch war nicht ausreichend mit Luft gefüllt und da es ihm an Schwimmfähigkeit mangelte, begann er unterzugehen. Doch ein kurzes Nachdenken und ein Eintauchen in die See fischten den widerspenstigen Schlauch wieder heraus. Der Austausch von Mitteilungen zwischen den beiden Booten erfolgte durch herkömmlichen Winkspruch, mit dem Megafon oder über das Telefonkabel, das am Ölschlauch hing.

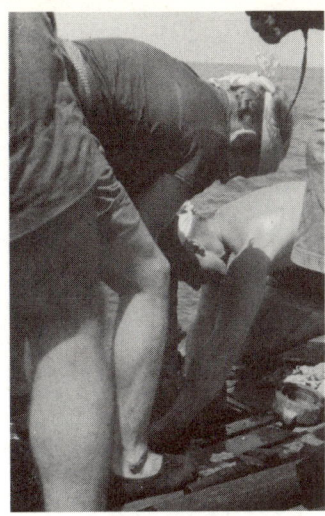

ObMaschMt. Franz Stocker hilft Diesel-Obermaschinist Hermann Kräh, den
Ölschlauch am Anschlussstutzen anzuschließen.

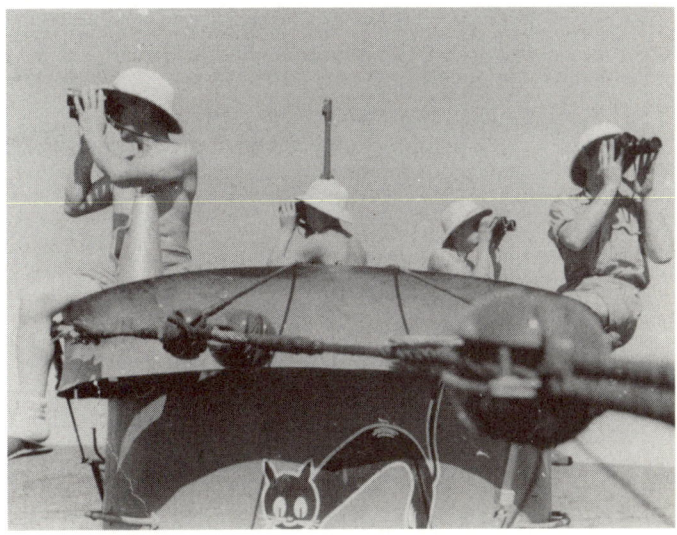

Die Dritte Seewache mit Limburg, dem III.WO (links im Bild), hält scharf Ausguck.
Neben Limburg steht das Megafon, falls die Männer an Deck gewarnt werden müssen.

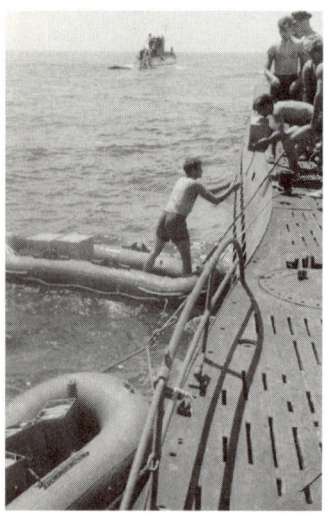

Im Pendelverkehr bringen die Dingis bei langsamster Fahrt der U-Boote die Vorräte an Bord. Neben frischem Brot und Kühlprodukten hatten die Dingis sperrige Behälter geladen, die 20–30 kleinere Konservendosen mit Proviant enthielten. Jedes Dingi konnte zehn der Behälter transportieren. Andere große Blechkannen dienten dem Transport von Frischwasser aus den Vorratsbehältern des U-Tankers. Die herausgezogenen Poller an der Backbordseite des Bootes dienen dem Festmachen der Dingis, um die Behälter an Bord zu geben.

Die »Milchkühe«, wie die U-Tanker genannt wurden, hatten auch Sanitätspersonal
an Bord: Bordarzt auf U 463 war Marineoberassistenzarzt Dr. Fritz Walter Hoch.
Diese bemerkenswerten beiden Fotos zeigen den Zentralemaat von U 564, Obermaschinenmaat Emil Grade, wie er mit dem Dingi zur Behandlung einer Kopfverletzung
an Bord von U 463 gebracht wird. Seltsamerweise erwähnt das KTB von Suhrens Boot
nicht, wie die Kopfverletzung zustande kam oder Grades offensichtliche Übernahme
zur Rückkehr nach Frankreich. OBtsm. Webendörfer überwacht das Überführen von
Grade. Der Verletzte nimmt außer seinen spärlichen Habseligkeiten (eingehüllt in ein
kariertes Laken aus Beständen der Kriegsmarine) auch die Post mit auf den U-Tanker.

Sobald die Dieselöl-Übernahme beendet war, wurde die Schleppverbindung gelöst und
U 463 sackte achteraus. Auf U 564 wurden die letzten Vorräte an Bord genommen,
die mit den Dingis unter Benutzung von Tauen im Pendelverkehr befördert worden
waren. Zuletzt wurden auch die Schlauchboote unter der Oberdecksverkleidung wieder
verstaut. Die Versorgung durch den U-Tanker hatte dreieinhalb Stunden gedauert und
U 564 nahm Kurs auf seinen nächsten Treffpunkt.

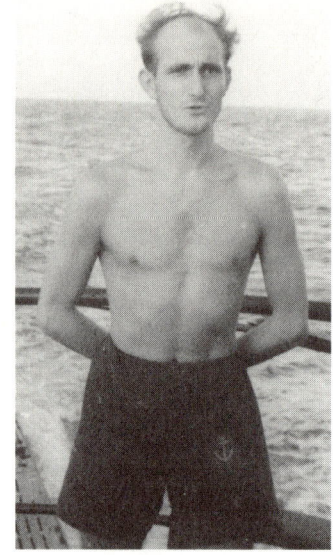

Oben links: Obermaschinenmaat Heinz Nordmann, verantwortlich für den Backbord-E-Motor, erholt sich auf dem »Wintergarten«. Nordmann war seit der Indienststellung von *U 564* an Bord und ein sehr beliebter Angehöriger der Besatzung. Die im Kriege gebrauchten Dienstgradbezeichnungen der Unteroffiziere traten am 1. April 1938 in Kraft und in der Verfügung hieß es, dass der Vorsatz »Ober-« aus »sprachlichen und Überlieferungsgründen« an der Spitze zu stehen hätte. Er darf also nicht »Maschinenobermaat« lauten.

Oben rechts: Dieses Foto von Oberfunkmaat Willi Anderheyden entstand zum selben Zeitpunkt. Als Zweiter Funkmaat führte Anderheyden eine der beiden Wachen, die im Funk- und im Horchraum ihren Dienst verrichteten.

Unten: Sonderführer (Bootsmannsmaat) Meimes Haring war der an Bord kommandierte Marinekriegsberichterstatter einer PK-Kompanie. Dieses Foto nahm Nordmann auf und wie die anderen beiden entstand es, als sich *U 564* auf dem Marsch zum Treffpunkt mit Kölle befand.

Waldschmidt (mit der »Klappbuchs«), Oblt.z.S. Ulf Lawaetz, der I.WO, Teddy Suhren und der MatrGefr. Heinrich Wagner (von links nach rechts), einer der beiden Kanoniere an der 2-cm-Flak, beobachten ihr Ziel. In Erwartung des scharfen Knalls der Warnschüsse aus dem Fla-Geschütz haben sie ihre Ohren mit Watte verstopft.

Trotz fehlender Bedrohung aus der Luft hatte die diensthabende Seewache ständig scharf Ausguck zu halten. In ihren Sektoren mussten die Ausgucks den klaren Horizont in der Ferne regelmäßig absuchen. Am 5. August 1942 schob sich um 14.30 Uhr ein Schiff über die Kimm, das sich schon bald als ein Motorschiff entpuppte, und *U 564* nahm die Verfolgung des Schiffes auf. Der II.WO, Lt.z.S. Herbert Waldschmidt, benutzt die »Klappbuchs«, wie der Signalscheinwerfer im Marinejargon hieß, um mit einem Blinkspruch im internationalen Morsealphabet den Frachter zum Stoppen aufzufordern, ansonsten er beschossen würde. Es ist daran zu erinnern, dass die angegebenen Uhrzeiten stets deutscher Sommerzeit (Bordzeit) und nicht der Ortszeit entsprechen. Mitte: Sowohl die 8,8-cm-Kanone auf dem Vorschiff als auch die 2-cm-Flak auf dem »Wintergarten« hatten ihre Bedienungen bemannt. Sie waren gefechtsbereit, als das ferne Schiff allmählich seine Geschwindigkeit verringerte. Im Bild ist das Rohr des 2-cm-Fla-Geschützes C/30 in der Einzellafette L.C 30/37 der Fa. Rheinmetall zu erkennen. Genau genommen handelte es sich um ein vergrößertes MG mit einer praktischen Feuergeschwindigkeit von ca. 120 Schuss pro Minute. Die Waffe besaß an jeder Gehäuseseite einen Abzug: links für Dauer- und rechts für Einzelfeuer.

Während Waldschmidt, Lawaetz und
Suhren den Frachter weiterhin von der
Brücke aus beobachten, der sich als das
schwedische Motorschiff SCANIA herausstellte, kniet ein vierter Mann rechts
vom Sehrohrbock und benutzt die
Rutsche der kleinen Durchreiche an der
Turmvorderseite, um 8,8-cm-Patronen
von der Brücke der Geschützbedienung
auf dem Oberdeck weiterzugeben.
Wenn auch die Bedienung das 8,8-cm-
Decksgeschütz auf dem Vorschiff
bemannt hatte (rechte Seite oben) und
die Waffe gefechtsbereit war, so wurde
doch die 2-cm-Flak eingesetzt, um mit
einem Feuerstoß die Leuchtspur-
geschosse über den Bug der SCANIA zu
schießen und hiermit den Befehl zum
Stoppen zu unterstreichen.

Der Grund für die Nichteinsetzbarkeit
der 8,8-cm-Kanone wird auf diesem
Foto deutlich: Vor den in Bereitschaft
stehenden Kanonieren sind gerade noch
die beiden Unterstützungsstreben für
das Torpedo-Umladegeschirr zu erkennen. Zusammen mit der Mulde hatten
die U-Boot-Leute das Geschirr in
Erwartung des Zusammentreffens mit
Kölle bereits an Ort und Stelle vor dem
unerwarteten Erscheinen der SCANIA
aufgebaut. Wäre das Geschütz abge-
feuert worden, hätte der Luftdruck der
Abschüsse das Geschirr mit der Mulde
zerstören und unbrauchbar machen
können. Für den Fall, dass die SCANIA
als Gegner betrachtet und versenkt werden musste, stand ein mit Handfeuer-
waffen ausgerüstetes Enterkommando
bereit. Sichtbar gegen das Wasser ist der
Lauf einer Maschinenpistole MP 40.

Obwohl Suhren sicherlich keinen Befehl zum Einsatz der 8,8-cm-Kanone gegeben hätte, war dies dem Frachter nicht bekannt, und die Geschützbedienung richtet ihr Geschütz auf das Ziel (oben und unten) – von der Brücke des Handelsschiffes aus durch die Doppelgläser als nachdrückliche Absichtserklärung deutlich sichtbar. Beachte bei der Geschützbedienung die angelegten breiten Segeltuch-Gurte mit eingehakten Sicherheitsleinen, um nicht über Bord gerissen zu werden.

Seine Bereitschaft zu stoppen mit vorgeheißten Signalflaggen mitteilend, hat der
Frachter beigedreht, während sich *U 564* an ihn heranschiebt. An der Bordwand ist
das Motorschiff deutlich als Neutraler gekennzeichnet: »SCANIA – die schwedische
Flagge – SVERIGE«. Der Frachter ist die schwedische SS SCANIA (1629 BRT) einer
Reederei in Göteborg.
Trotz der Kennzeichnung als Neutraler könnte das Schiff Fracht für einen krieg-
führenden Staat und somit Konterbande an Bord haben, die ein Versenken recht-
fertigt. Daher ist sein Erster Offizier in einem Rettungsboot zum U-Boot unterwegs,
um die Schiffspapiere zur Prüfung vorzulegen. Die SCANIA konnte schließlich mit
einer Verwarnung ihre Fahrt fortsetzen. Sie hatte aber wenige Monate später kein
Glück mehr, als sie mit einer Stückgutladung, die als Konterbande angesehen wurde,
von Montevideo in die USA unterwegs war und von *U 176* versenkt wurde.

U 564 hat der SCANIA das Heck zugewendet und somit eine taktisch günstige
Position eingenommen, d.h. mit der schussbereiten 2-cm-Flak und der Möglichkeit,
rasch abzulaufen. Beachte die beiden achteren Netzabweiser-Antennen, die an den
beiden Bockstützen am Heck enden.

Stig Anders August Lundh, der schwedische Erste Offizier, überreicht einem Seemann das Logbuch und das Manifest, d.h. die Ladepapiere, der SCANIA, ehe ihm die Geschützbedienung an Bord von *U 564* hilft. Direkt vor dem Geschütz ist unterhalb des Rohres deutlich zu sehen, warum es nicht einsetzbar gewesen wäre: Die Mulde, erkennbar an der halbrunden Form, ist bereits zur Übernahme der Torpedos von Kölles Boot aufgebaut worden.

Oben: Lundh war auf die Brücke gebracht worden. Dort studiert Teddy Suhren die Schiffspapiere der SCANIA. Der I.WO, der in Kopenhagen geborene Lawaetz, konnte sich mit Lundh unterhalten. So hatte sich die Neutralität des Schiffes hinsichtlich Fracht und Kurs von Bermuda nach Buenos Aires bald bestätigt.
Unten: Unsicher, ob es rechtens wäre, den Schweden zu versenken, gab sich Suhren mit einer Warnung an Lundh zufrieden, wonach das Schiff keinen Gebrauch von seiner Funkanlage machen und seinen direkten Kurs aus der Kampfzone fortsetzen sollte. Interessanterweise befand sich auch dieses Foto in der persönlichen Sammlung Ulrich Gablers, die sich heute im U-Boot-Archiv in Cuxhaven-Altenbruch befindet. Gablers eigene humorvolle Interpretation der offensichtlich militärischen Haltung Suhrens auf diesem Bild ist in seinem handgeschriebenen Kommentar darunter zusammengefasst: »Und jetzt werde ich Sie versenken!« Zum Glück für Lundh war dies nicht der Fall, wie auch sein Grinsen beweist. Doch, wie gesagt, die SCANIA sollte ein zweites Mal nicht aus dieser Lage entkommen.

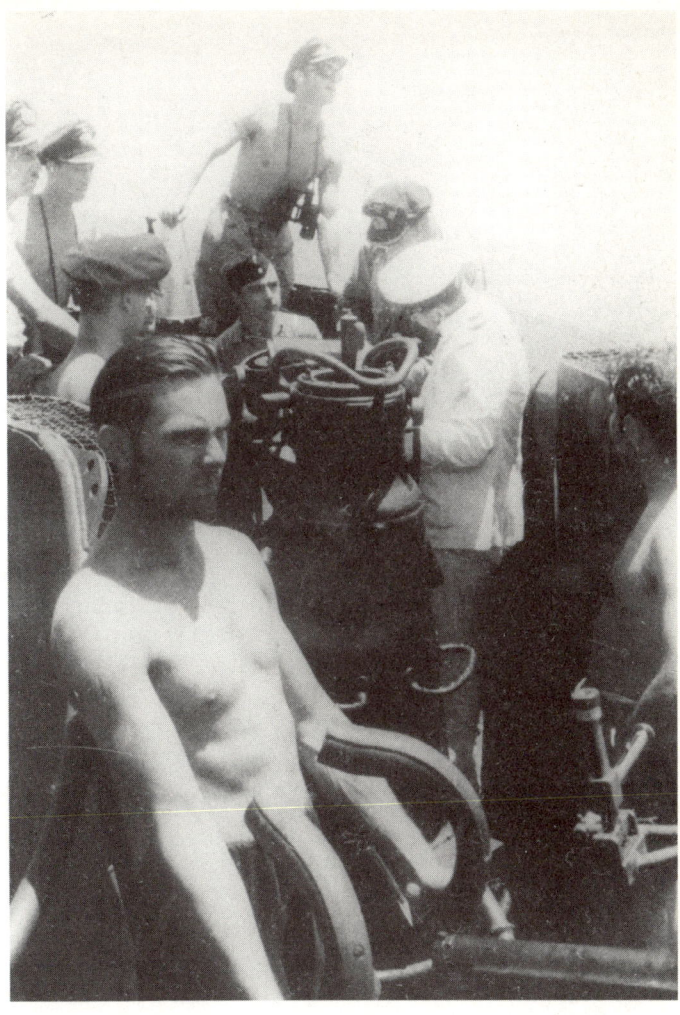

Während Suhren die Schiffspapiere studierte, waren fast alle U-Boot-Offiziere und einige Besatzungsangehörige auf die Brücke gekommen. Sie hatten jetzt alle ihre Mützen auf, um ein militärischeres Aussehen als sonst zu bieten. Von links sind zu erkennen: Gabler, Waldschmidt, Hammermüller, der L.I.-Schüler (mit dem Rücken zur Kamera), der Maschinenobergefreite Werner Schlägel, Lawaetz (hinter ihm), Suhren und Lundh. Im Vordergrund steht der Matrosengefreite Heinz Schmutzler an der schussbereiten 2-cm-Flak – neben dem MatrGefr. Heinrich Wagner der zweite Mann der Bedienung. Er hält seine Waffe auf das schwedische Schiff gerichtet.

Nach der Begegnung mit der SCANIA traf am selben Tag, dem 5. August, um 21.18 Uhr, *U 154* auf dem Treffpunkt im Planquadrat DP 1455 ein. Nach einem frostigen Zusammentreffen der beiden Kommandanten begann, wie vom BdU durch FT befohlen, die Torpedoübernahme durch die Besatzung von *U 564*. Die Aufnahmen auf dieser und der nächsten Seite stammen von einem weiteren PK-Berichterstatter, dem Sonderführer Franke, der sich an Bord von Kölles *U 154* befand und die Torpedoübernahme von der Brücke dieses Bootes aus gefilmt hatte, während Harings Bilder auf *U 564* entstanden sind. Rechts im Bild ist das für ein IX-C-Boot charakteristische breite

Vorschiff zu erkennen. Auf dem kleineren VII-C-Boot Suhrens (obere Bildhälfte) ging die Torpedoübernahme wie zuvor geübt (siehe Seite 148/49) planmäßig vonstatten. Suhren schwamm mit mehreren seiner Leute hinüber. Dort wurde der zu transportierende Torpedo in die Schwimmwesten eingehüllt, über Bord gefiert (siehe Bildmitte unten), von Suhrens Männern über die Mulde auf dem Vorschiff ihres halbgetauchten Bootes gezogen und nach dem vollständigen Wiederauftauchen in den Bugraum von *U 564* verbracht (siehe die umseitigen Fotos). Außerdem wurden mit den Dingis auch noch 2 cbm Trinkwasser auf Suhrens Boot geschafft.

Auf die beschriebene Weise wurden drei Torpedos erfolgreich von *U 564* an Bord genommen. Für Suhren bedauerlich ging der vierte Torpedo unter.

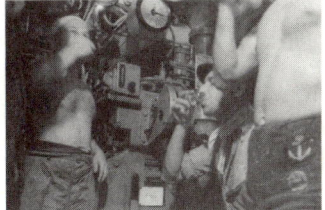

Im Verlaufe dieser Feindfahrt hatten
die Dieselmotoren 10 Millionen Umdrehungen geleistet. Das war eine kleine
Feier wert. Von Ulrich Gabler, dem L.I.,
eingeschenkt, begießen die Männer die
beachtliche Leistung mit einem Glas
Schnaps: Lt.d.R.(Ing.) Eberhard Hammermüller, ObMasch. Kräh (mit Stirn-
band) und der hinzugekommene
MaschGefr. Helmut Brock.

Bei sanftem Seegang und guter Sicht steuert *U 564* einen WSW-Kurs Richtung Kleine
Antillen.

5. U-Boot-Krieg vor den Antillen
12.–19. August 1942

Kurz nach 01.00 Uhr war *U 564* aufgetaucht, um seinen Vorstoß in karibische Gewässer zu beginnen. Oblt.z.S. Lawaetz, der I.WO, und seine drei Mann der Ersten Seewache nahmen ihre üblichen Plätze auf der kleinen Brücke ein und suchten die See nach Schiffen ab – oder nach dem Abfall, den sorglose Handelsschiffe zurückließen und der ihren Kurs verraten konnte. Gedankenlos über Bord geworfene Abfälle konnten einem glückhaften U-Boot einen verfolgbaren Kurs hinterlassen, und alles in dieser sanften Dünung Gesichtete wurde aufmerksam geprüft. Doch die Stunden vergingen ohne das geringste Anzeichen von Freund oder Feind. Als Waldschmidts Wache zu Ende ging und Limburgs Männer ein schnelles Frühstück zu sich nahmen, ehe sie auf der Brücke die Wache übernahmen, kam schließlich um 07.55 Uhr genau voraus ein ferner Schatten in Sicht.

Obwohl die deutsche Sommerzeit an Bord des U-Bootes anzeigte, dass die Sonne bereits hoch über dem Horizont stehen sollte, war es nach der Ortszeit erst 03.55 Uhr und die See war in Dunkelheit gehüllt. Der Schatten verstärkte sich zu einem identifizierbaren Gegner und Teddy Suhren kam rasch auf die Brücke, um zu entscheiden, welche Maßnahmen ergriffen werden sollten. Seine Männer, die ihre Gefechtsstationen bezogen hatten, warteten in schweigender Spannung auf die Befehle ihres Kommandanten. Doch das kleine Schiff, das in beträchtlicher Entfernung ihren Weg kreuzte, war ein amerikanisches Patrouillenfahrzeug – das nach Teddy Suhrens Einschätzung keinen Torpedo wert war. Die Begegnung hatte jedoch schlagartig ihr Eintreffen in der Kampfzone erhellt und die Besatzung gratulierte sich zu ihrer Wachsamkeit. *U 564* änderte geräuschlos seinen Kurs von der Gefahr weg und setzte die Jagd nach einer Beute fort.

Danach tauchte das Boot, um die Ausgucks angesichts der kommenden Morgendämmerung zu entlasten.

Während des ganzen Tages steuerte das U-Boot mit Nordwestkurs in Richtung Grenada. Später kam am frühen Nachmittag in der Ferne ein Flugzeug in Sicht und zwei Stunden danach fingen die Doppelgläser eine weitere Maschine ein. Suhren hatte alle Wachen um einen zusätzlichen Ausguck verstärkt, wobei das fünfte Augenpaar ausschließlich vor einem gegnerischen Flugzeugangriff zu schützen hatte. Die anscheinende Regelmäßigkeit der gegnerischen Luftüberwachung hinderte jedoch die Ausgucks nicht daran, um 19.36 Uhr ein drittes Flugzeug auszumachen – einen großen viermotorigen Bomber, der aus dem strahlenden Glanz der karibischen Sonne des späten Nachmittags auf *U 564* herabschoss. Um zu reagieren, blieben nur ein paar Sekunden Zeit. Waldschmidt schrie »Alarm!«, schlug das Turmluk hinter sich zu und ließ sich hinunter auf die Flurplatten der Zentrale fallen, während sich *U 564* mit dem Bug voran abwärts neigte, als das Alarmsignal seine Warnung durch das Boot schrillte. Die Maschine flog beinahe direkt über das Boot hinweg und warf zwei Wasserbomben ab, die jedoch daneben lagen, während *U 564* schnell in die Tiefe und somit in die Sicherheit strebte. Zum Glück für die Besatzung hatten die Wasserbomben ihr Ziel relativ weit verfehlt, und so war sie wieder einmal unversehrt entkommen.

Am selben Tag, dem 13. August, an anderer Stelle: In der Windwardpassage sichtete *U 658* (Kptlt. Hans Senkel) auf konvergierenden Kursen zwei Geleitzüge, die via Curaçao zwischen Key West/Florida und Trinidad hin und her verkehren, und zwar den südgehenden Geleitzug WAT.13 und den nordgehenden TAW.12 mit insgesamt 47 Schiffen. Drei Detonationen und das Sichten von Flammen belohnte die Besatzung von *U 658* für den Angriff auf den WAT.13. Auch ein Schuss aus dem Heckrohr des VII-C-Bootes schien sein Ziel getroffen zu haben. Doch alliierte Berichte bestätigten schließlich nur die Versenkung eines einzigen Schiffes: der 1311 BRT großen niederländischen SS MEDEA. Kptlt.

Zurmühlen griff mit *U 600* den TAW.12 an, traf die SS
EVERELZA (4520 BRT) und schickte den explodierenden
Dampfer unter einer 200 Meter hohen Flammensäule auf den
Grund des Meeres. Mit einem zweiten Angriff torpedierte er
die SS DELMUNDO (5032 BRT); sie sank innerhalb von fünf
Minuten mit dem amerikanischen Geleitzugkommodore an
Bord. Noch ein weiteres Boot kam heran und fügte dem Ge-
leitzug TAW.12 am 14. August schwere Verluste zu, ehe er in
Key West eintraf. *U 598* (Kptlt. Gottfried Holtorf) versenkte
neben der SS MICHAEL JEBSON (2323 BRT) auch den
Tanker EMPIRE CORPORAL (6972 BRT) und beschädigte
den Tanker STANDELLA (6197 BRT) erheblich.

Als die Funksprüche im Äther knisterten, abgesetzt von
den U-Booten, die den Gegner in der Windwardpassage angriffen, fingen die Funker Teddy Suhrens die von Sieg und
Verlust kündenden FTs auf und entschlüsselten die Nachrichten zwischen den Kampfbooten und dem BdU in Paris.
Obwohl der Kampf einige Hundert Seemeilen von der gegenwärtigen Position seines Bootes entfernt stattfand, verfolgte
Suhren die Entwicklung gespannt, wobei er das Eingehen
präziser Weisungen von BdU op. an ihn erwartete. Doch
während die Kameradenboote den Gegner angriffen, traf er
am 14. August nur ein einziges einzeln fahrendes Schiff an,
das zudem enttäuschend für ihn ein klar identifizierter neutraler Argentinier war, der unbelästigt weiterfahren durfte.

Nach zwei Tagen irritierender Ungewissheit funkte Teddy
Suhren am 16. August seine Lagemeldungen an den BdU und
erbat weitere Weisungen. Um 04.57 Uhr verlor er erneut die
Geduld mit dem hartnäckig schweigenden Dönitz und befahl
das Übermitteln eines Funkspruches, worin er die Tatsache
bedauerte, dass *U 564* – seit dem 12. August zwischen den
Planquadraten ED 9417, ED 9883, ED 9527 und ED 9892
in einem Gebiet mit ausgedehnter Luftüberwachung kreu-
zend – nichts gesichtet hätte, das einen Schuss wert gewesen
wäre. Schließlich erhielten sowohl Suhren als auch Wattenbergs *U 162* den westlichen Abschnitt des Planquadrats ED
9880 – nördlich von Trinidad – als ihren Operationsraum

zugewiesen. Doch noch immer fand *U 564* nichts als leere See. Das leichte Beutemachen auf den stark befahrenen karibischen Schifffahrtswegen, das mit dem Beginn der U-Boot-Angriffe in dieser Region erst im vergangenen Februar eingesetzt hatte, war bereits eine verblasste Erinnerung.

Das Operieren in einem Seegebiet dicht an den alliierten Flugplätzen auf Trinidad barg schon an sich ein Risiko. Am 17. August wurde um 13.40 Uhr in der Ferne ein Flugzeug gesichtet und argwöhnisch verfolgt, bis es außer Sicht war. Unter der brennenden Sonne waren die Ausgucks bis zur Taille nackt und nur von ihren großen Tropenhelmen beschattet. Polarisierte Sonnenbrillen trugen dazu bei, den grellen Schein der vom azurblauen Wasser reflektierten Sonnenstrahlen zu verringern, aber die vierstündigen Wachtörns mit dem Absuchen eines leeren, fernen Horizonts und Himmels beanspruchten die Fähigkeiten der Männer bis an ihre Grenzen.

Um 20.50 Uhr ertönte im Planquadrat ED 8641 der aufrüttelnde Aufschrei, den die gesamte Besatzung fürchtete, von der Brücke herunter: »Flieger!« Eine große Feindmaschine näherte sich schnell aus der Sonne kommend, wurde nur 20 Meter über den Wellen abgefangen und setzte rasch zum Tiefangriff an. Suhren war gerade in der Zentrale, als zwei harte Detonationen das Boot schwer erschütterten. Durch das runde Turmluk sah er von unten wie durch ein großes Fernrohr den Flügel eines Flugzeuges über das Boot gleiten, das es nicht getroffen hatte. Suhren riss selbst die vordere Tauchzelle auf. Das Boot in die geübte Routine des Alarmtauchens versetzt, kippte an und Gabler brachte es in der Rekordzeit von noch nicht einmal einer halben Minute unter Wasser. Mit großer Neigung und von den E-Maschinen getrieben, schoss *U 564* mit voller Fahrt in einem derart steilen Winkel in die Tiefe, dass lose Gegenstände aller Art von ihren Plätzen schlitterten und lärmend Richtung Bug polterten, ein Chaos an Bord verursachend. Später erzählten die Männer im Bugraum, sie hätten vor dem Tauchen durch das Torpedoluk einen Feuerstrahl gesehen, so hätte das Luk geflattert. Doch es gab keinen Wassereinbruch und die Männer konnten nur annehmen, dass es wasserdicht geblieben war, obwohl das Luk durch die Detonationen hätte beschädigt sein können. Bordwaffenbeschuss fuhr in das Wasser über *U 564*, wenn dieser auch eher dazu diente, die Enttäuschung der alliierten Bordschützen abzureagieren, als der realen Hoffnung, etwas zu treffen. *U 564* befand sich auf 50 m Wassertiefe, als das Flugzeug nochmals eine einzelne schwere Wasserbombe warf. Sie detonierte gefährlich nahe mit der Gewalt eines Dampfhammers, ließ das Boot unter der Wucht taumeln und riss manche der Männer von den Beinen. Die Detonation verursachte einige Schäden, Lichter gingen aus und Glasscherben klirrten auf die Flurplatten, unbeachtet inmitten der Kakophonie aufgewühlten Wassers, das gegen den Druckkörper trommelte. Suhren hatte seine Männer fest in der Hand, seine ruhige Autorität und unerschütterliche Ruhe hielten jede Unruhe unter Kontrolle, die in der Besatzung aufkommen könnte. Anfragen nach dem wasserdichten Zustand des Druckkörpers ergingen rasch aus der Zentrale und aus Bug- und Heckraum kamen Klarmeldungen zurück: Es gab keine Wassereinbrüche.

Eine Atmosphäre professioneller Ruhe kam über die Besatzung und die gezwungen zur Schau gestellte Tapferkeit, wieder dem Tod knapp entkommen zu sein, war den Männern anzusehen, die im Bugraum des Bootes noch dort lagen, wo sie hingestürzt waren. In der Zentrale meldete Gabler eine Tiefe von 60 m und begann, die Trimmzellen zu fluten und *U 564* auszubalancieren. Doch binnen Sekunden erkannten er und Suhren, dass irgendetwas vollkommen schiefging. Mit den Worten Suhrens:

Doch, was ist das, höre ich recht, oder täuschen mich meine Sinne? Neben allen Fahrgeräuschen vernehme ich jenes typische Knistern, das eintritt, wenn das Boot die 120-Meter-Tiefengrenze überschritten hat und es unter dem enormen Wasserdruck im Gebälk zu knacken beginnt. Hier stimmt doch was nicht, das Tiefenmanometer zeigt falsch an. Das Boot fällt ins Bodenlose, in den nassen Abgrund. ... Ich brülle:

»Beide Ruder hart nach oben, vorne anblasen!«
Wir müssen mit Pressluft versuchen, den Bug anzuheben.
Der Mann dreht in seiner Aufregung das noch immer offene
Entlüftungsventil in der falsche Richtung, bis ich ihn wegstoße.
Das Knacken der Spanten wird noch stärker, obwohl der
Zentralemaat Pressluft in die Leitung lässt. Uns sträuben
sich die Haare. Wir sind, so zeigt es das abseitige Trimmzel-
lenmanometer, schon auf 160 Meter, und das Boot kippt
noch immer nach vorne. Es ist nicht zu halten. Ich überlege
fieberhaft, soll ich stoppen und mit äußerster Kraft rück-
wärts gehen? Wäre sinnlos, bringt nichts. Endlich! – End-
lich! – Bei 180 Meter nimmt das Boot allmählich den Kopf
hoch. Wir gelangen in die Waagerechte, sacken aber noch bis
auf 200 Meter durch. Und immer das grausige Knistern und
Knacken, als ob eine Riesenfaust das Boot zerquetschen will.
Und das erst nach und nach abschwächt, als das Boot wieder
steigt..... Die Tiefenruder liegen jetzt auf Mitte. Die Situation
normalisiert sich. ... Die Brückenwache entschuldigt sich da-
mit, dass ein Flugzeug direkt aus der Abendsonne gekommen
sei und sie es daher zu spät gesehen haben. Man darf ihr
kaum einen Vorwurf machen.[0a/0b]

Sichtbare Schäden ließen sich zum Glück nicht feststellen. Eine absolute Stille senkte sich über das gesamte Boot, als es Gabler vorsichtig vom Tausende von Metern unter ihnen liegenden Meeresboden weg nach oben manövrierte. U 564 stieg sanft in eine sicherere Tiefe und die Besatzung dankte ihrem Glück, an Bord eines Bootes zu fahren, das in Hamburg auf einer zuverlässigen Werft entstanden war, ehe das Maschinenpersonal an die Arbeit ging, um die vielen Systeme zu reparieren, die Schäden zu verzeichnen hatten. Gabler nahm sich das Tiefenmanometer vor und als er es auseinandernahm, stellte sich heraus, dass durch die harte Erschütterung der letzten Wasserbombendetonation der Zeiger von der kleinen Welle abgesprungen war und nicht mehr mitdrehte. So war die Anzeige bei 60 m stehen geblieben und hätte sich nicht mehr gerührt, auch wenn das U-Boot in die Vergessenheit geglitten wäre.

Die letzte Detonation hatte alles an der Bordwand Ange-schweißte abgerissen, darunter auch mehrere der feinen In-strumente, und auch elektrische Birnen und andere Gläser mussten ersetzt sowie die Schaltbretter repariert werden. Trotz einiger Skepsis des Kommandanten auf die Meldung hin, durch das geschlossene vordere Torpedoluk wäre vor dem Tauchen ein Feuerstrahl zu sehen gewesen, hatte das Rohr 5 tatsächlich eine Beschädigung erlitten und war zeit-weilig geflutet gewesen. Vorsichtshalber getaucht bleibend, überwachte Teddy Suhren im Boot die vielen Reparaturar-beiten und war durch die Erkenntnis erleichtert, dass kein ernster Schaden eingetreten war. Er war der Auffassung, dass die Bedingungen für die Ausgucks alles andere als ideal waren. Sie mussten in brütender Hitze stundenlang ausharren und sollten dann noch eine Gefahr entdecken, die von einem Gegner ausging, der aus der Sonne kam. Daher entschloss sich Suhren, am Tage nur noch getaucht zu fahren. Er setzte sein Vertrauen lieber in das Gruppenhorchgerät des Bootes, das in dem durchsichtigen blauen Wasser hervorragende Leistungen erbrachte. Wenn auch die Tiefe eine zeitweilige Sicherheit und die Möglichkeit bot, dass sich ein Großteil der Besatzung entspannen konnte, so blieb es innerhalb der Stahlröhre doch heiß und feucht, während den erschöpften Männern der Schweiß aus jeder Pore rann. Hierzu äußerte sich Suhren später so:

Nachdem die Dieselmotoren »Große Fahrt« liefen, empfan-den wir es im Karibischen Meer so heiß, dass im Untersee-boot die Temperatur bis zu 60 °C betrug, die für die gesam-te Besatzung ein unangenehmes Dasein bedeutete, selbst wenn wir getaucht fuhren. Doch sogar dann machten wir es möglich, sie alle zum Festland zurückzubringen, ohne zu viel an Gewicht verloren zu haben.[1]

Als *U 564* wieder so weit in Ordnung war und getaucht vom Schauplatz seines letzten Zusammenstoßes mit dem Gegner ablief, griff *U 658* am selben Tag, dem 17. August,

südlich von Kuba den Geleitzug PG.6 an, der aus 23 Schiffen
mit amerikanischer Geleitsicherung bestand, versenkte zwei
dieser Schiffe und beschädigte einen großen Motorfrachter
durch Torpedotreffer erheblich. Der Kampf auf dem karibischen Schlachtfeld hielt an und wurde von beiden Seiten mit
erneuerter Heftigkeit geführt.

Als am 18. August an Bord von *U 564* wieder alle Systeme
funktionierten – einschließlich der vollen Verwendungsfähig-
keit des Hecktorpedorohres – und das Boot somit erneut
einsatzbereit war, um aufgetaucht zu operieren, ging um
10.43 Uhr ein Funkspruch von *U 108* (KKpt. Scholtz) ein.
Er meldete den lang ersehnten starken Geleitzugverkehr in
Angriffsentfernung von *U 564*. Scholtz war zufällig auf den
TAW.(S) gestoßen, der aus 15 Handelsschiffen bestand,
gesichert durch die Korvetten HMS CLARKIA und USS
COURAGE, den US-Küstenwachkuttern MARION und
ANTIETAM sowie den amerikanischen U-Jägern PC-482,
PC-492, SC-504 und SC-514. Von fast ständiger Luftsicherung örtlich stationierter Bomber wie der amerikanischen
B-18 Douglas »Dig« und der britischen Lockheed »Hudson«
begleitet, war der als Zubringer dienende Geleitzug TAW.(S)
an diesem Tage aus Trinidad nach Key West ausgelaufen, um
den ersten Teil einer Reise zurückzulegen, die seine Schiffe
schließlich nach Großbritannien bringen sollte. Noch
beträchtlich an Zahl zunehmend, hatten die versammelten
zusätzlichen Schiffe Halifax im kanadischen Neuschottland
anzulaufen. Dort wurde der Geleitzug endgültig zusammenge-
stellt, der nun eine HX-Nummer bekam, um über den Nordatlantik seine Fahrt nach England anzutreten. An Bord der
Schiffe Frachten von unschätzbarem Wert, die für den alliierten Aufmarsch auf den Britischen Inseln bestimmt waren.
Auch FKpt. Wattenberg hatte mit *U 162* inzwischen Fühlung
genommen, während die BdU die in der Nähe stehenden
Boote anwies, auf den Geleitzug zu operieren, um ihn anzugreifen. *U 564* nahm die Herausforderung an.

Mit neuer Energie drängte das Boot vorwärts. Die »Torpedomixer« hatten die Torpedos gezogen und überprüften sie

auf mögliche Defekte, während anderes technisches Personal
die vielen sonstigen Systeme immer wieder prüfte, um die Zeit
bis zum Sichten des Geleitzuges zu nutzen. Männer, die ihre
Aufgaben erledigt hatten und keinen weiteren Verpflichtungen nachkommen mussten, wurden angewiesen, zur Vorbereitung auf die Strapazen zu ruhen, die bald folgen würden. Den
weiteren Gang der Ereignisse von Scholtz erwartend, wurde
Suhren am 19. August mit neuen Informationen belohnt, als
über Funk von *U 162* eine Meldung mit der letzten Position
des Geleitzuges einging: »0315 KR/KS Geleitzug in ED 9460.
Kurs Nordost, stetige Fahrt. Wattenberg.«

Nur 35 sm von der gemeldeten Position entfernt be-
schleunigte Suhren die Fahrt seines Bootes, um an den
Geleitzug heranzuschließen. Hingegen setzte Wattenberg
mit *U 162* knappe anderthalb Stunden später um 04.37 Uhr
(22.37 Uhr Ortszeit) seinen eigenen Überwasserangriff an
und versenkte den US-Frachter SS WEST CELINA (5722
BRT) nahe Grenada mit einem Fächer aus zwei Torpedos.
Der nach Boston bestimmte Dampfer hatte Stückgut geladen,
darunter 250 Affen. Über den verwirrten Handelsschiffen
explodierte der Himmel im phosphoreszierenden Glanz der
Leuchtgranaten, als die Schiffe die Ruder herumrissen, um
eine Kollision mit der WEST CELINA zu vermeiden. Der gesamte Geleitzug verließ seinen bisherigen Kurs und schwenkte
nach Backbord, weg von der Richtung, aus der der Torpedoangriff kam. Über ihnen stürzte der »Hudson«-Bomber auf
den vagen Umriss von Wattenbergs Boot herab, das die an
Fallschirmen pendelnden Leuchtsätze der detonierten Granaten verrieten, und beunruhigte *U 162*, bis sich Wattenberg
gezwungen sah, den weiteren Angriff abzubrechen und sich
getaucht zurückzuziehen.

Um 06.30 Uhr kamen die grellen Lichter der detonierenden Leuchtbomben an Steuerbord von *U 564* in Sicht, 85 sm
nordwestlich von Boca Grande, Trinidad. Teddy Suhren befahl eine Kursänderung und zehn Minuten später wurden die
geduckten Schatten der beladenen Schiffe sichtbar. Die ver-
schwommenen Flecken am Horizont schälten sich rasch als

das Profil des Geleitzuges heraus und periodisch aufflammende Leuchtgranaten fuhren fort, ein unnatürliches Leuchten über die Szene zu werfen, als die Geleitsicherungsfahrzeuge und Flugzeuge versuchten, weitere aufgetaucht fahrende U-Boote von einer Annäherung abzuhalten. Teddy Suhren überlegte sich sorgfältig den besten Weg, um heranzukommen, als er sich aus der Dunkelheit der Seite anpirschte, die jener entgegengesetzt war, aus der Wattenberg angegriffen hatte.

Nachdem er sich fast eine halbe Stunde lang mit seinen Offizieren auf der Brücke des U-Bootes beraten hatte, befahl Teddy Suhren seine Männer auf Gefechtsstation und begann, über Wasser zum Angriff anzulaufen. Der I.WO, Oblt.z.S. Lawaetz, befand sich auf seinem Platz an der UZO-Säule, als die Diesel hämmerten und das U-Boot mit voller Fahrt durch das Wasser schoss. Doch das plötzliche und unerwartete Auftauchen der schmalen Silhouette eines gegnerischen Geleitsicherungsfahrzeuges veranlasste Teddy Suhren, den Feuerbefehl aus größerer Entfernung als geplant zu geben: Fünf Einzelschüsse wurden nacheinander auf die fernen Handelsschiffe gelöst, wobei der letzte Torpedo aus dem Heckrohr geschossen wurde, als U 564 bereits nach Backbord abdrehte und mit hoher Fahrt vom Gegner ablief. Die Stoppuhren begannen die Sekunden bis zum Aufschlag zu zählen, aber zum Entsetzen der gesamten Besatzung stellte sich bald heraus, dass die Torpedos ihre Ziele verfehlt hatten. Infolge der übereilten Abgabe der Schüsse war die Entfernung falsch geschätzt worden und die Torpedos verschwanden hinter dem Geleitzug in der Dunkelheit.

Als sich U 564 nach Osten zurückzog, begann daher wieder die anstrengende Arbeit des Nachladens von vier Torpedorohren. ObMechMt. Ehlers sowie seine Torpedomechaniker und die Hilfskräfte beeilten sich, die in der Bilge verstauten »Aale« herauszuheben und sie auf den Wiegen mit Ketten und Taljen in ihre Position vor die Rohre zu heißen. In ihrem empfindlichen Schwebezustand schnell eingefettet und auf Defekte überprüft, wurden die todbringenden Stahlzylinder in die Rohre geschoben und zum Abschuss bereit gemacht.

Eine nach der anderen flammten die kleinen Lämpchen auf dem Torpedo-Vorhalterechner auf. Um 09.00 Uhr, eine knappe Stunde nach dem letzten Angriff, war das Boot mit den nachgeladenen Rohren 1 bis 3 sowie dem Heckrohr 5 wieder gefechts- und feuerbereit. Suhren brauchte eine weitere Stunde, um das Boot in eine nach seiner Meinung ideale Schussposition zu bringen, ehe U 564 seinen zweiten Anlauf begann. Während sich die Geleitsicherungsfahrzeuge voraus des Geleitzugs befanden und die ungeschützten Flanken ihm einladend zuwinkten, wartete Suhren ab, bis er auf eine Ent-fernung von 1000 m an seine sich richtiggehend überlappen-den Ziele heran war. Vier Ziele wählte er aus – für jeden Tor-pedo ein Ziel: zwei große Tanker, jeden von schätzungsweise 8000 BRT, einen großen Frachter von etwa 7000 BRT und ein Schiff durchschnittlicher Größe von 5000 BRT. Lawaetz nahm wieder seinen Platz an der UZO-Säule ein und richtete das Fadenkreuz der Zieloptik auf jedes der aufeinander fol-genden Ziele. Dann gab Teddy Suhren den Feuerbefehl und Lawaetz schoss um 10.07 Uhr einen weiteren Fächer. Die ers-ten beiden Torpedoschüsse fielen fast gleichzeitig, dem der dritte eine Minute später folgte. Danach drehte das U-Boot wieder mit voller Fahrt und schwang herum, aber erst weitere zwei Minuten nach dem dritten Schuss verließ der letzte der Torpedos das Heckrohr, die somit auf ihre Ziele zuliefen:

Alle vier Torpedos trafen ihr Ziel wie geplant. Zwei der Schiffe sanken rasch, aber es war unmöglich, zu diesem Zeit-punkt zu sagen, ob das eine ein Tanker oder Frachter war. Der andere Tanker, durch eine innere Explosion hellrot brennend, machte zunächst keine Anstalten unterzugehen, als ob er auf das Sinken der beiden anderen Schiffe warte. [Dann] sank er rasch bis zum Achtersteven und [lag] ... bis zur Brücke im Wasser.[1a]

Plötzlich begann eines der Geleitsicherungsfahrzeuge, die Verfolgung aufzunehmen, unterstützt durch ein Flugzeug über ihnen, das Teddy Suhren für ein britisches Flugboot hielt. Er befahl das schnelle Abgeben einer Meldung an den BdU, dass zwei Tanker und zwei große Frachter mit insgesamt 28.000 BRT versenkt worden waren – zwei als gesunken beobachtet und zwei in sinkendem Zustand verlassen. Er schloss mit dem Hinweis, dass sein Boot von einem »Zerstörer« und einem Flugboot gejagt wurde. Tatsächlich hatte Suhren nur zwei der während des Angriffs ins Visier genommenen Schiffe getroffen und versenkt. Der Tanker SS BRITISH CONSUL (6940 BRT) und der Frachter SS EMPIRE CLOUD (5969 BRT) hatten unter dem Schlag der detonierenden Torpedos geschwankt und waren tief ins Wasser abgesackt. Unmittelbar darauf begann der Tanker zu sinken.

Ironischerweise waren beide Schiffe bereits zu einem früheren Zeitpunkt von deutschen Torpedos getroffen worden. Am 19. Februar 1942 lag die BRITISH CONSUL im Hafen von Port of Spain, der Hauptstadt Trinidads, vor Anker, als Kptlt. Albrecht Achilles mit *U 161* aufgetaucht einen verwegenen Nachtangriff im stark bewachten Hafen durchführte. Achilles torpedierte zwei der Schiffe: den amerikanischen Dampfer SS MOKIHANA (7460 BRT) und die BRITISH CONSUL. Beide sanken, setzten sich jedoch im flachen Wasser des verschlammten Hafens auf Grund. Die an Bord der beiden Schiffe ausgebrochenen Brände konnten bald gelöscht werden. Sie wurden später gehoben, ausgebessert und nahmen den Dienst bei ihren Reedereien wieder auf.[2] Das zweite der Opfer Teddy Suhrens, die SS EMPIRE CLOUD, war am 9. Mai 1941 durch Torpedotreffer von *U 201* (Kptlt. Adelbert Schnee, genannt »Adi«) beim Angriff auf den Geleitzug OB.318 schwer beschädigt worden. Der niederländische Schlepper THAMES hatte den bereits aufgegebenen Dampfer schließlich nach Reykjavik eingeschleppt. Im Anschluss an eine Notreparatur wurde er ins schottische Greenock überführt und ausgebessert.

Suhrens Torpedos trafen beide Schiffe fast gleichzeitig. Der Schiffskörper der 18 Jahre alten BRITISH CONSUL mit seiner schweren Ladung erhielt zwei Torpedotreffer. Die ohrenbetäubende Detonation tötete auf der Stelle zwei Männer.

Kapitän James Kennedy befahl den überlebenden 40 Besatzungsangehörigen, den Artilleristen und dem einzigen Passagier das Verlassen des Schiffes. Zum Glück für sie kam die
Korvette HMS CLARKIA ohne Zaudern heran, nahm die
Männer an Bord und brachte sie in Sicherheit.[3] Hinter ihnen
zerbrach der 6940 BRT große Tanker und versank in der Tiefe, seine wertvolle Ölladung aus Trinidad mit sich nehmend,
die für England bestimmt gewesen war.

Auch die SS EMPIRE CLOUD unter Führung von Kapitän
Charles Cottew Brown erlitt durch die Detonation Verluste.
Drei Mann der Besatzung verloren im Inneren des Frachters
ihr Leben, als das Wasser durch das Loch hereinströmte, das
der Torpedo von *U 564* in seine Bordwand gerissen hatte. Bei
diesem Dampfer handelte es sich um ein nagelneues Schiff,
das erst ein Jahr zuvor als Teil desselben Notprogramms für
die Übernahme oder den Bau der »Empire«-Schiffe fertig gestellt worden war, aus dem auch die EMPIRE HAWKSBILL
stammte, die Suhren aus dem OS.34 versenkt hatte. Brown
befahl seiner Besatzung und den acht Kanonieren an Bord
des 5969 BRT großen Schiffes, sich auf das Verlassen der
EMPIRE CLOUD vorzubereiten, als die Schlagseite gefährlich zunahm und der Frachter abzusacken begann. Die schiffbrüchigen Überlebenden wurden von zwei anderen Schiffen
des Geleitzuges aufgenommen. Sie befanden sich zwar jetzt
auf zwei Schiffen mit verschiedenen Bestimmungsorten, waren
aber dankbar, nicht zurückgelassen worden zu sein.[4] Doch
erneut weigerte sich die EMPIRE CLOUD unterzugehen. Ein
in Trinidad stationierter niederländischer Schlepper, die
ROODE ZEE, versuchte später, das aufgegebene Schiff zurück nach Port of Spain zu schleppen, aber am 21. August
sank sie schließlich doch noch.

Über Wasser mit »Dreimal Äußerste Kraft voraus!« einen
Zwischenspurt einlegend, um Schutz zu finden, gelang es
Suhren, in die verhüllende Dunkelheit zu entkommen, und
das verfolgende Geleitsicherungsfahrzeug gab bald die Jagd
auf. Doch hinsichtlich der Gefahr aus der Luft war dies nicht
der Fall und *U 564* wurde um 10.50 Uhr schließlich zum

Tauchen gezwungen, als aus dem Dunkel ein Bomber vom Typ B-18 Lockheed »Dig« auftauchte, um längsseits nahe heranzufliegen, offensichtlich in der Absicht, einen Angriff vorzubereiten. Das Schrillen des Alarms hallte durch das Boot. Im Dieselmotorenraum aufblitzende Lampen zeigten Kräh und seinem Maschinenpersonal an, dass die Dieselmotoren sofort gestoppt und auf die E-Maschinen umgesteuert werden mussten. Zudem waren die Zuluftventile zu schließen und die Entlüftungen zu öffnen, um das Boot rasch unter Wasser in Sicherheit zu bringen. Mit geübter Mühelosigkeit sank U 564 in die Tiefe. Der schlanke Bootskörper glitt pfeilgerade nach unten, weg von seinem Peiniger aus der Luft. Innerhalb des triefenden Bootskörpers konnte die deutsche Besatzung den unmissverständlichen und schauerlichen Klang der brechenden Schotten an Bord der SS EMPIRE CLOUD hören, als der Tanker auf den Meeresgrund sank. Das Kreischen von zerreißendem Eisen und Stahl hallte durch das dichte Seewasser und aus den Unterwasser-Cañons wider. Trotz ihres Triumphes bereiteten diese Geräusche der U-Boot-Besatzung wenig Freude. Der Klang bedeutete eine beunruhigende Erinnerung an das Schicksal eines jeden Schiffes, das seinen Kampf ums Überleben während dieses bitteren Krieges zur See verloren hatte.

Es gab einen momentanen Ausbruch hektischer Aktivität, als U 564 unter die Wasseroberfläche tauchte, wobei seine Propeller in diesem Augenblick heftig schlugen und anschließend das U-Boot mit voller Fahrt nach unten trieben. Der Rudergänger an den vorderen Tiefenrudern war nicht imstande, das Sinken zum Stillstand zu bringen, als von Gabler der Befehl kam, sie in die waagerechte Stellung zu bringen. Er musste hierzu das Handrad für den Notfall einsetzen, hinter dem sich die Knopfdruckbedienung befand (siehe Seite 206 unten). Das Boot sank alle 30 Sekunden um zehn Meter, aber langsam begannen die Tiefenruder die momentane Blockade zu lösen und frei zu arbeiten. Das Absinken von U 564 verlangsamte sich und das Boot pendelte sich endlich auf 50 m ein.

Nach nur 15 Minuten Tauchfahrt hoffte Teddy Suhren, den Gegner von seiner Spur abgelenkt zu haben, und befahl aufzutauchen. Mit den Tiefenrudern in der entsprechenden Lage brachte der L.I. das Boot wieder an die Oberfläche. Das Flugboot befand sich jetzt in größerer Entfernung und suchte die karibischen Gewässer mehrere Seemeilen vor dem Bug von *U 564* ab. Doch da die Dunkelheit die Szenerie noch verhüllte, kam Teddy Suhren zu dem Schluss, dass er sich noch über Wasser fortstehlen könnte. Er befahl »Äußerste Kraft!«, um das Kielwasser des Geleitzuges zu queren. Mit hämmernden Dieseln blieb *U 564* an der Steuerbordflanke der Frachter gerade hinter dem Horizont außer Sicht und setzte sich mit hoher Fahrt vor, um sich auf dem Weg des herannahenden, bereits dezimierten Geleitzuges noch einmal in die richtige Schussposition zu bringen.

Mit dem Anbruch der kurzen Morgendämmerung in Äquatornähe um 11.30 Uhr Bordzeit (d.h. 06.30 Uhr Ortszeit) tauchte *U 564* und ging auf Sehrohrtiefe. Wie vorausgesehen, schoben sich die Frachter in einer geraden Linie von Nordwesten her heran, fuhren vor Teddy Suhrens getauchtem Boot vorbei und boten sich für einen perfekten Unterwasserangriff an. Schwerfällig stampften die Handelsschiffe langsam in sein Schussfeld. Ihre großen, träge mahlenden Schrauben sorgten für das bekannte langsame, rhythmische Pulsieren, das durch das Wasser klang. Als seine Ziele 20° an Steuerbord voraus waren, begann Teddy Suhren um 13.56 Uhr seinen dritten Angriffsversuch, zu dem er angesichts des hellen Tageslichtes seine letzten beiden G7e-Torpedos einsetzte, die keine Blasenbahn hinter sich herzogen.

In einer Tiefe von 13,5 m und mit zwei ausgewählten Zielen in nur 500 m und 600 m Entfernung vor sich gab Suhren den Befehl: »Rohr 1 und 2! – Los!« Angesichts einer derart idealen Schussposition und der langsam fahrenden Schiffe musste sich Teddy Suhren seines Erfolges fast sicher gefühlt haben. Nach nur 59 Sekunden Laufzeit war jedoch das Auftreffen eines nicht detonierenden Torpedos auf Metall deutlich vernehmbar, und zwar nicht nur im Horchgerät, sondern auch im Inneren des U-Bootes mit dem bloßen Ohr. 20 Sekunden später war ein zweites metallisches Auftreffen zu hören. Das Schwirren der kleinen Propeller des Torpedos brach abrupt ab. Beide Torpedos hatten ihr Ziel getroffen, waren aber Blindgänger gewesen. Teddy Suhren war wütend, als er noch einmal durch sein Sehrohr blickte. Das erste seiner beiden Ziele hatte kurz gestoppt, ehe es wieder zum Geleitzug aufschloss und seine Reise unbelästigt fortsetzte. Der verärgerte Kommandant berichtete später den Misserfolg seiner Torpedos zusammen mit seiner weiteren Absicht in einem Funkspruch an den BdU:

Laufbahn [der Torpedos] war für die geschätzte Entfernung richtig. Einstellung: 73°, 3 m Tiefe. Pistolenzünder Nrn. 27908, 32077, beide aus verbleiten Behältern. ... Kurzer metallischer Aufschlag und danach kein Torpedogeräusch im GHG. Ein Dampfer stoppte kurz.
Noch zwei Atos, abgesetzt, um sie im »Scholtz«-Raum [südöstlich von Grenada] nachzuladen. Fühlung abgebrochen. Letzte Position um 1600: ED 8392, Kurs 315°, Fahrt 7 kn. 98 cbm. Noch 11 Schiffe. Bleiben in ED 9424. Suhren.[4a]

Nachdem *U 564* zwei Stunden lang vom Geleitzug weggekrochen war, ließ Teddy Suhren wieder auftauchen, um seine letzte Fühlungshalter- und Lagemeldung nach Paris zu übermitteln. Zugleich wollte er den Versuch unternehmen, einige Entfernung zwischen sich und den Gegner zu bringen, um den letzten, noch in einem Oberdecksbehälter verstauten Torpedo zum Nachladen ins Boot zu bringen. Der sich entfernende Geleitzug konnte noch immer vom Boot aus beobachtet werden und das stets gegenwärtige Flugzeug fuhr fort, über den Schiffen zu kreisen. Es stattete *U 564* erneut einen nicht willkommenen Besuch ab. Die Maschine flog direkt auf Suhrens Boot zu und zwang es wieder zum Schnelltauchen. Dieses Mal folgten keine Wasserbomben, aber kurze Zeit später kündigte der unverwechselbare Klang sich nähernder Propeller das Eintreffen von zwei kleinen Pa-

trouillenfahrzeugen an, um das unter ihnen vermutete
U-Boot zu jagen, vom Flugzeug an die Stelle herangeführt.
Das Schlimmste befürchtend, war Suhrens Besatzung sichtlich erleichtert, als dennoch keine Wasserbomben folgten. Die
beiden Schiffe waren nicht mit einer *Asdic*-Anlage ausgerüstet und daher nicht imstande, *U 564* zu orten. Dennoch
reichte ihre Anwesenheit aus, um das Boot bei Tageslicht
von weiteren Aktivitäten abzuhalten. Sie hielten sich bis
22.00 Uhr über dem sich langsam bewegenden U-Boot auf,
ehe sie sich allmählich vom Schauplatz entfernten.

Trotz der übersteigerten Versenkungsangaben, die Teddy
Suhren geltend machte, war sein Angriff auf den Geleitzug
dennoch verhältnismäßig erfolgreich gewesen; denn dies sollte
der einzige TAW.(S)-Geleitzug bleiben, der während des Krieges
von U-Booten angegriffen wurde. Hierzu hatte es jedoch elf
Torpedos bedurft – Torpedos, die zuerst mit der Eisenbahn
von Kiel nach Brest transportiert und dann durch das U-Boot
vom besetzten Frankreich über den Atlantischen Ozean gebracht werden mussten, um die Vernichtung von zwei Schiffen
zu erreichen – kaum eine sehr wirtschaftliche Erfolgsrate!

Als sich *U 564* langsam vom Schauplatz des letzten Kampf-
geschehens entfernte, nahm die Mehrheit der Besatzung die
Gelegenheit wahr, sich zu entspannen. Das Rohr 1 konnte
mit dem einzigen vorhandenen Torpedo, einem Torpedo vom
Typ G7a mit Gas-Dampf-Antrieb (Ato), rasch nachgeladen
werden. Ansonsten standen innerhalb des Druckkörpers
keine weiteren Torpedos zur Verfügung. Die Aufgabe, den
letzten und in einem Oberdecksbehälter verstauten »Aal«
zum Nachladen ins Boot zu schaffen, musste warten und die
Entscheidung, hierzu aufzutauchen, war aufgeschoben, bis
zur heimlichen und sicheren Durchführung des Unterfangens
ausreichend Zeit vorhanden war. Suhren nutzte auch diese
Zeitspanne als eine weitere günstige Gelegenheit, in sein
Kriegstagebuch (KTB) allgemeine Bemerkungen über seine
Erfahrungen aus den karibischen Operationen einzufügen.
Diese Kommentare, wie sie von allen Kommandanten in See
abgegeben wurden, sollten sich später für Dönitz als wertvoll

erweisen; denn sie ermöglichten es ihm, den Versuch zu unternehmen, einen Eindruck vom dortigen Kampfgeschehen in See aus »erster Hand« zu erspüren:

U-Boote müssen bei Tage getaucht bleiben, um unter keinen Umständen entdeckt zu werden. Sie müssen den Versuch unternehmen, im Laufe der ersten Nacht so oft wie möglich anzugreifen, da es fast unmöglich ist, infolge der hellen Nächte wie auch der kleinen Patrouillenboote die Fühlung an den späteren Tagen aufrechtzuerhalten. Es besteht beträchtliche Gefahr, von schnellen »Traktoren« [d.h. von Bombern] mit Bomben angegriffen zu werden.

Wenn zu viele angreifende Boote am Geleitzug stehen, dann muss sich ein ausgewähltes Boot mit Höchstgeschwindigkeit vorsetzen, um drei Stunden vor Anbruch der Morgendämmerung in den Weg des Geleitzuges zu gelangen. Danach muss sich das Boot mit drei bis vier Knoten Fahrt getaucht in dieselbe Richtung bewegen, wie sie dem Kurs des Geleitzuges entspricht, so dass dieses Boot drei bis vier Stunden vor Eintritt der Abenddämmerung in der Lage ist, von einem günstigen Punkt aus den Geleitzug zu beobachten. Seine Besatzung kann sich während der übrigen Stunden mit Tageslicht entspannen. ...

Diese Methode des Fühlunghaltens kann nur in Seegebieten durchgeführt werden, die sich hierfür eignen. Sie könnte erfolgreich bei einem der Geleitzüge angewandt werden, die aus der Straße von Gibraltar kommen. Das [hierfür eingeteilte] U-Boot muss dann selbstverständlich einen Angriff aufgeben [um sich vorzusetzen].

Die Sicherheit des Geleitzuges wird durch Luftunterstützung gewährleistet, die Unterstützung durch Seestreitkräfte ist verhältnismäßig schwach. Sobald der Geleitzug geortet ist, setzt man einen Kurs zu dem am weitesten entfernten Punkt ab, von dem es noch möglich ist, den Geleitzug auszumachen. Dann ist dreißig Minuten lang ein Parallelkurs mit einer Geschwindigkeit zu fahren, die es gestattet, den Gegner zu überholen. ...

Über dem Geleitzug haben die Flugzeuge Lichter gesetzt und auf ihren Runden überfliegen sie offensichtlich das Boot. Da jedoch die [d.h. ihre] Nachtsichtigkeit dieselbe ist [wie unsere], ist stets in ausreichender Entfernung zu bleiben. Am Rande der Sicht ist dann zu wenden, so dass sich der Geleitzug in 0° befindet. Mit laufender Peilung wird der Angriff von vorn angesetzt.

Wenn sich das Flugzeug nähert, muss sich das Boot im Wasser mit Kleiner Fahrt vorwärts bewegen und diese beibehalten, bis das Flugzeug das Gebiet verlässt. Stets wird das Flugzeug zuerst eine Leuchtbombe werfen, da es bis dahin nicht weiß, ob es sich um weißen Gischt handelt, der um eines ihrer eigenen Patrouillenboote wirbelt.

Sobald sich die Schiffe so weit wie möglich alle überlappen: Schießen, wenden und ablaufen, abgesehen vom nächsten Frachter in der Schusslinie für das Heckrohr.[4b]

Im Nachhinein lässt sich erkennen, dass sich zu dem Zeitpunkt, als Teddy Suhren das karibische Kampffeld verließ, das launenhafte Kriegsglück in den Tropen bereits gegen die deutschen Unterseeboote gewandt hatte. Die zunehmend wirksame Luftmacht der Alliierten, ihr neu eingeführtes Zentimeter-Radar, die zunehmende Stärke ihrer Geleitsicherungskräfte und ihre hart errungenen Erfahrungen änderten das Gleichgewicht der Kräfte zu ihren Gunsten. Die begrenzten Seeräume der Karibik wurden bald für die hohe Konzentration an U-Booten zu risikoreich und bis Anfang September verlegten jene Boote, die sich noch in diesem Seegebiet aufhielten, in Richtung Trinidad und weiter nach Osten zum Schnittpunkt der Geleitzug-Routen Trinidad und New York. Die engen Durchlässe, die den Atlantik mit der Karibik verbinden und die den U-Booten anfänglich als Zielpunkte gegen die Handelsschifffahrt gedient hatten, richteten sich nunmehr gegen sie selbst; denn die Überlegenheit der Alliierten war imstande, die schmalen Durchfahrten eng zu überwachen und sie für eindringende U-Boote außerordentlich gefährlich zu machen.

 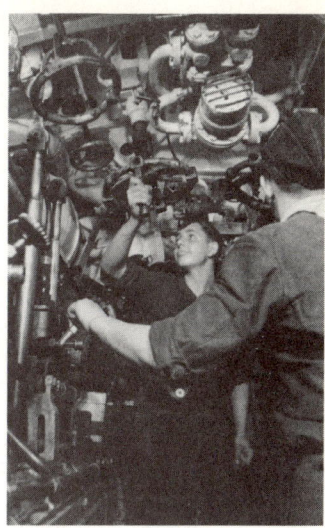

Ein tauchendes deutsches U-Boot des Zweiten Weltkrieges war bei Angriffen alliierter Überwassereinheiten und insbesondere von Flugzeugen außerordentlich verwundbar. Daher war Schnelligkeit des Handelns das wichtigste Gebot. Beide Fotos zeigen den Dieselmotorenraum mit den beiden MaschOGefr. Walter Labahn (Backbord-Diesel) und Reinhold Abel (Steuerbord-Diesel), nachdem der Alarm zum Tauchen ertönte. Sie schließen die Zuluft- und Abgasventile, schalten an den Fahrständen die Dieselmotoren ab und steuern sie zu den E-Motoren um. Im Bild das Schließen des Hauptzuluftventils mit dem unter der Decke befindlichen Handrad. Als U 564 in die Kampfzone eingelaufen war, musste das Boot erneut große Distanzen infolge der durch gegnerische Flugzeuge drohenden Gefahren getaucht zurücklegen.

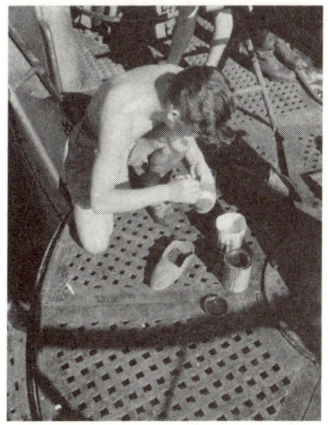

MatrGefr. Heinz Schmutzler kennzeichnet die Pantoffeln Teddy Suhrens, weniger, um die Halbzeit der Feindfahrt zu feiern, als dem Kommandanten behilflich zu sein, den rechten vom linken zu unterscheiden, wenn er unerwartet aus der Koje in die Zentrale gerufen wurde!

Am 10. August 1942 wies der BdU über Funk *U 564* ein neues Operationsgebiet im Großquadrat ED 90 zu, in dessen Zentrum die Insel Grenada in den Inseln über dem Winde lag, dem östlichen Teil der Kleinen Antillen.

Hier entschlüsselt Rudi Elkerhausen, der Erste Funkmaat, im Funkraum den aufgenommenen Funkspruch des BdU. Er benutzt hierzu den »Marinefunkschlüssel M 4« im Schlüsselbereich »Triton«. Seine linke Hand bedient die Schlüsselmaschine »Enigma« mit den deutlich sichtbaren vier Walzen (Bild oben links). Später bestätigte er den Eingang des Funkspruchs und setzte eine kurze Lagemeldung ab.

Krieg und Frieden zugleich – die Ausgucks auf der Brücke von *U 564* in der Ruhe eines karibischen Sommerabends. Rechts das Angriffssehrohr.

Unter dem grellen Schein der tropischen
Sonne wurde alles ihr ausgesetzte Metall
glühend heiß und konnte jenen leichte
Verbrennungen zufügen, die mit bloßer
Haut das Metall berührten. Die Holzverkleidung, auf die sich der Matrosengefreite Richard Steinert hier mit den
Ellbogen stützt, verhinderte solche Verbrennungen. Im Hintergrund (rechts
neben seinem Kopf sichtbar) liegt ein
zusammengeknülltes Handtuch für ihn
bereit, falls er sich auf das Brückenschanzkleid setzen wollte. Rechts die
UZO-Säule.

Unten: Am 19. August konnte sich *U 564* an den Geleitzug TAW.(S) heften und fuhr
zwei Überwasserangriffe, gefolgt von einem dritten unter Wasser. Auf beiden Fotos
stehen ObMechMt. Ehlers und Matr.Gefr. Hausruckinger (links mit Bordmütze) vor
den vier Bugrohren: von rechts Rohr I und II oben, darunter Rohr III und IV. Auf
den Fotos hat Ehlers die rechte Hand am manuellen Abfeuerungshebel für Rohr I
(linkes Bild) und III (rechtes Bild), falls die elektrische Abfeuerung im Turm versagt,
während ihm der Koch assistiert. Der rote Hebel zum Abfeuern befindet sich an
den Rohren oben links bzw. bei Rohr II und IV oben rechts am Bedienungsgang
zwischen den Rohren und daneben ist das Gestänge zum Öffnen des äußeren Rohr-
verschlusses. Hinter dem Koch hantiert im Bedienungsgang ein weiterer Mann.
Über dessen Kopf ist unter der Decke mit dem großen Handrad der Torpedo-Schuss-
empfänger zu erkennen, der die Werte über das Ziel vom Vorhalterechner (siehe
unten) erhielt und in das Leitsystem der Torpedos einspeiste. Wie zu sehen ist, trägt
die Besatzung auf Gefechtsstation die Rettungswesten.

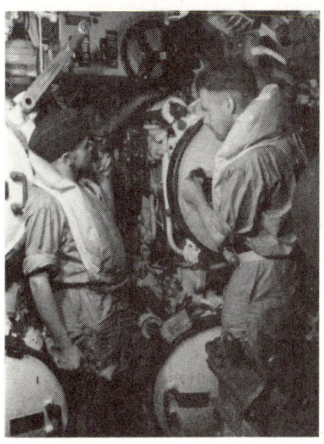 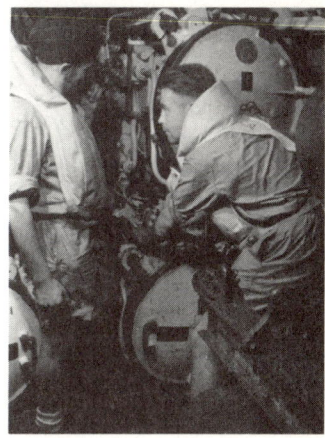

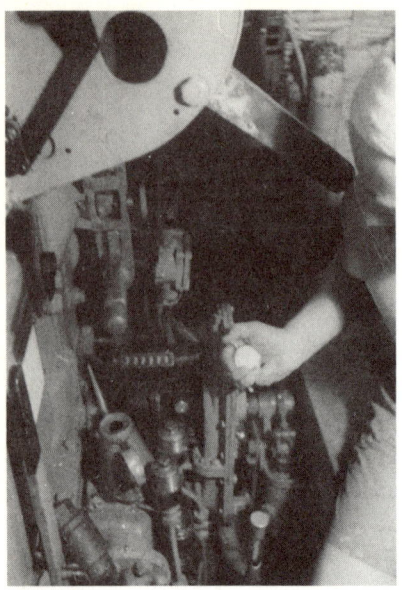

ObMasch. Hermann Kräh
stoppt im Dieselmotorenraum
die Torpedolaufzeit (links).
Suhren am Angriffssehrohr im
Kommandantenstand (rechte
Seite oben).

Bild unten links:
Ulrich Gabler, der L.I., sitzt
auf seiner Gefechtsstation in
der Zentrale hinter den beiden
Tiefenrudergängern und beobachtet die Anzeigen. Von
seinem Kopf verdeckt, hat der
Gefechtsrudergänger seine
Station. Durch Drücken der
Knöpfe unter den Handballen
bedient OBtsmMt. Heinrich
Bartels (links) die vorderen
und MatrGefr. Heinz Schmutzler die achteren Tiefenruder.
Mit den großen Handrädern
vor ihnen können auch bei
Stromausfall die Tiefenruder
bedient werden. Über Bartels'
Kopf zeigt der 25-m-Tiefen-
messer 18 m an, während der
Ruderlagenanzeiger für die
Bugruder direkt vor Bartels
ihre aufwärts gerichtete Stellung
angibt, um das Boot nach
dem Tauchen auf Sehrohrtiefe
einzusteuern. Darüber das
Tiefenmanometer für große
Tiefen. Rechts davon ist der
obere Glasrohr-Teil des
länglichen Papenberg-Tiefen-
messers für das Fahren auf
Sehrohrtiefe noch zu erkennen.

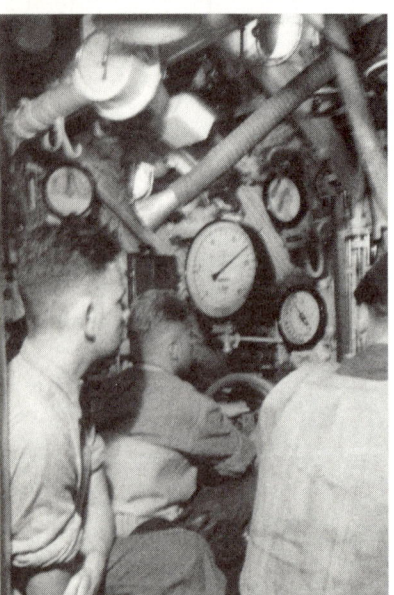

Zwei ganz seltene Fotos: Suhren im winzigen Kommandostand innerhalb des druckfesten Teil des Turms sitzt rittlings auf dem kleinen Sattelsitz, der am stationären Gehäuse des kompliziert aufgebauten Angriffs- oder Standsehrohrs angebracht ist. Im Gegensatz zum Beobachtungssehrohr, das in der Zentrale von Bedienenden ein- und ausgefahren wurde, erfolgte hier der Einblick durch das ortsfeste Okular in Augenhöhe; er war daher unabhängig von der Ausfahrhöhe des Sehrohrs, dessen Gesamthub somit für die Beobachtung nutzbar war. Dies bewirkte die Doppelprismen-Umkehrung am Boden des Schachtrohres. Das Schwenken geschah hydraulisch durch Betätigen von zwei Knöpfen mit den Füßen, während dem Ein- und Ausfahren ein Steuerhebel am Gehäuse diente, betätigt durch die linke Hand (Foto oben). Den oberen Abschluss des Gehäuses bildete ein Stützring mit drehbarer Gradeinteilung. Im Bild nicht sichtbar wurde mit der rechten Hand der Winkel des Kippspiegels mit Hilfe des Zielwinkelrades eingestellt. Er bot dem Kommandanten ein Sichtfeld von 15° unter bis zu 70° über dem Horizont.

U 564 vor den Inseln über dem Winde, einem Teil der Kleinen Antillen. Der
PK-Berichter Haring durfte seine Kamera an der entsprechenden Halterung des
Beobachtungssehrohrs anbringen.

Die Küste Grenadas kommt in Sicht (links im Bild über dem Horizont). Das Fadenkreuz weist auf einen Punkt, der etwas nördlich von St. George's liegt, der Hauptstadt Grenadas, die sich im Inneren ihres eigenen Naturhafens anschmiegt. Links im
Bild ist die ausgeprägte Landspitze der Molinaire-Bucht zu erkennen und identifiziert die
Position des U-Bootes. Um diese Bucht war bereits gekämpft worden, lange bevor im
19. Jahrhundert Briten und Franzosen um den Besitz der Insel Krieg führten.

Rechte Seite: Die von der Sonne ausgedörrten Klippen von Point Salines markieren
die südlichste Landspitze Grenadas, während *U 564* an den vorgelagerten Korallen-
riffen im flachen Wasser langsam seewärts vorbeigleitet. Der Leuchtturm von Point
Salines war eine wichtige Navigationshilfe für den Schiffsverkehr in der südlichen
Durchfahrt zwischen Karibik und Atlantik. Eine weitere Navigationshilfe war das
Funkfeuer von Pearls Airport an der Ostküste der Insel. Es diente dem Luftverkehr
via Karibik nach Westafrika und Südamerika. Heute befindet sich hier der interna-
tionale Flughafen Point Salines, den amerikanische Luftlandetruppen bei der Invasion
der Insel im Oktober 1983 als Schlüsselziel besetzten.

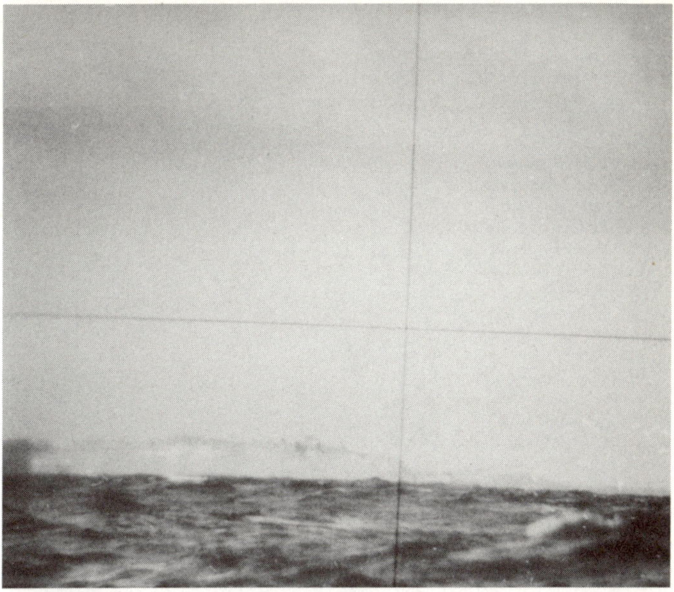

Teddy Suhren bei einer
Mahlzeit, die er auf der
Brücke einnimmt.
Auf Bildern, die deutsche
U-Boote während des
Krieges zeigen, überrascht
immer wieder bei den
Besatzungen die Zwang-
losigkeit in der Kleidung.
Infolge fehlender Unifor-
miertheit sind Besatzungsangehörige bisweilen
sogar kaum als Soldaten
zu identifizieren.
Manchmal wurde auch
nur schnell eine Mütze
aufgesetzt, um einen
militärischen Anschein zu
bieten (siehe Seite 178).
Im Übrigen fanden auch
viele Kleidungsstücke
ziviler Art Verwendung.
Hier sind Hemden und
Schals nur Beispiele.
Auffallend oft waren bei
den Besatzungen karierte
Hemden zu sehen. Die
Ursache hierfür war der
schnelle Vormarsch der
deutschen Truppen im

Sommer 1940 zur französischen Atlantikküste, der die deutsche Kriegsmarine über-
raschte. Die dortigen Häfen mussten anfangs improvisiert als U-Stützpunkte genutzt
werden; denn Material und Ausrüstung konnten nicht so schnell aus Deutschland
herangeschafft werden. Zur Improvisation gehörte auch die dienstliche Ausgabe von
Bekleidung aus erbeuteten Beständen, darunter befand sich ein großer Posten karierter
Hemden. Es entsprach der Besonderheit des Dienstes auf U-Booten, dass auf Feindfahrt die Bekleidungsvorschriften von den Besatzungen nur sehr zwanglos beachtet
wurden.

Rechte Seite unten: Obermaschinenmaat Heinz Nordmann nutzt eine an Bord von
U 564 installierte Einrichtung aus, die sicherlich ungewöhnlich ist – eine Dusche:
»*Im rückwärtigen Teil des Dieselmotorenraums konnten die Flurplatten entfernt
werden und in den hierdurch geschaffenen Raum bauten sie [Gabler, der L.I., und
Kräh, der Diesel-Obermaschinist] ein Bad ein, gerade groß genug, dass ein Mann
darin sitzen konnte, und auch eine Brause stand zur Verfügung. Wir waren sogar in
der Lage, die Brause mit warmem Wasser aus dem Kühlsystem [für die Motoren] zu
benutzen. In jenen Tagen besaßen wir sogar Seewasserseife, ... eine wunderbare Idee!*«

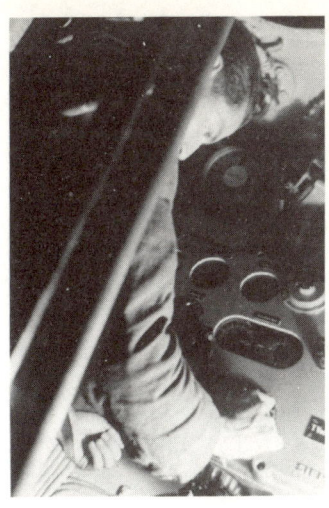 

Wiederum zwei ganz seltene Fotos, die ebenfalls nur unter erheblichen Schwierigkeiten
anzufertigen waren. OBtsm. Heinz Webendörfer steht im beengten druckfesten Teil des
Turms während des Unterwasserangriffs auf seiner Gefechtsstation und gibt die vom
Kommandanten kommenden Daten in den Torpedo-Vorhalterechner ein. Aus diesen
Daten über Entfernung und Peilung zum Ziel sowie über Kurs und Fahrt des U-Bootes
und des Ziels berechnete dieses Analogsystem die erforderlichen Schusswerte und übermittelte sie dann einschließlich eventueller Änderungen elektronisch an den Torpedo-
Schussempfänger im Torpedoraum (siehe oben), der sie in das Leitsystem der Torpedos
zu den Rohren einspeiste. In diesem Fall nutzte dies alles nichts, da die Torpedos zwar
ihr Ziel trafen, aber nicht detonierten.

 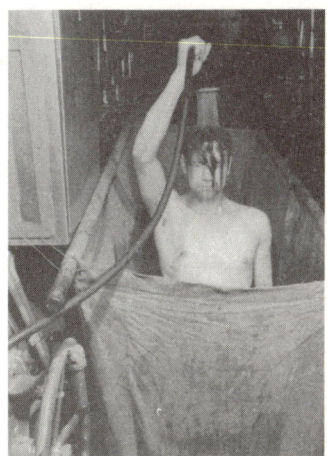

6. Artillerie-Einsatz – Beförderung – Rückmarsch

20. August – 18. September 1942

Infolge der Bedrohung, die von den gegnerischen Flugzeugen ausging, setzte *U 564* den Marsch bei Tageslicht weitgehend getaucht fort. Im Inneren des Unterseebootes stieg die Temperatur an, als sich das Boot in der Tiefe des warmen Karibischen Meeres vorwärts bewegte. Als die Abenddämmerung einfiel, ließ Teddy Suhren das Boot an die Wasseroberfläche bringen und das Innere des Druckkörpers durchlüften, um die übel riechende Luft loszuwerden. Außerdem mussten die erschöpften Batterien aufgeladen werden, d.h. die Dieselmotoren waren in Betrieb, die E-Maschinen liefen leer mit und wirkten als Generatoren. Das Erscheinen von zwei Frachtern und einer einzelnen Korvette in der Ferne löste am 21. August ein Alarmtauchen aus. Teddy Suhren studierte die Lage durch das Sehrohr, musste aber erkennen, dass die Ziele zu weit entfernt waren, um abgefangen zu werden.

Die Nacht war noch nicht sehr weit fortgeschritten; daher hielt er das Gebiet für sicher genug, das Umladegeschirr aufzuriggen, um den letzten Torpedo aus seinem Behälter unter der Oberdecksverkleidung herauszuholen. Unter einem idyllischen tropischen Nachthimmel arbeitete die Besatzung 70 Minuten lang, um den schwerfälligen »Aal« aus seinem Behälter zu holen, das vordere Torpedoluk zu öffnen und ihn sanft ins Innere des Bugraums gleiten zu lassen. Anschließend wurde mit ihm das Rohr 2 nachgeladen und somit waren die letzten beiden »Aale« in den Rohren schussbereit. Suhren trat mit *U 564* den Weitermarsch in das Seegebiet südostwärts von Grenada getaucht an, passierte bei Tageslicht die Südspitze dieser Insel und erlaubte Haring sogar Fotoaufnahmen. Der befestigte seine »Leica« an der vorgesehenen Halterung am Beobachtungssehrohr und fotografierte Kap

Salines sowie den Bogen der Bucht, in den sich St. George's schmiegte, die Hauptstadt der Insel.

Hinter St. George's waren die beiden einzigen größeren Geschützstellungen auf der Insel zu erkennen. Die eine lag auf dem Richmod Hill – heute steht dort das Gefängnis von Grenada – und die andere auf der Ross-Spitze. Doch die Batterien boten kaum mehr als einen psychologischen Trost für die örtliche Bevölkerung der damals noch britischen Insel;[0a] denn aus Furcht vor Vergeltungsmaßnahmen war dem Südkaribischen Verteidigungsverband (*Southern Caribbean Defence Force*) befohlen worden, nicht auf gesichtete U-Boote zu feuern. Auf jeden Fall fehlte es den Batterien an Feuerkraft, einen wirkungsvollen Beschuss durchzuführen, selbst wenn ihnen dies erlaubt gewesen wäre.

Vordringlich wieder nach einem Ziel Ausschau haltend, verbrachte *U 564* mehr Zeit an der Wasseroberfläche mit der Suche. Dies führte am 24. August zu einem weiteren Luftangriff. Als die Ausgucks die sich nähernde Gefahr erkannten, kam es erneut zu einem Alarmtauchen. Fünf Wasserbomben verfolgten sie nach unten, richteten aber kaum Schaden an. Ein zweites Alarmtauchen nur fünf Minuten nach dem Wiederauftauchen zwang zum Umdenken und Teddy Suhren entschied sich dafür, das Seegebiet getaucht zu verlassen. Er wagte es, erst wieder aufzutauchen, nachdem mehrere Stunden vergangen waren.

Die tropische Hitze begann die unvermeidlich nachteiligen Auswirkungen jenen Männern zuzufügen, die größtenteils in den beengten Verhältnissen unter Deck leben mussten. Hautausschläge und Entzündungen traten mit einiger Verspätung auf, obwohl Suhren entschlossen war, die oft an Bord von Kampfbooten vorzufindenden erschreckenden Bedingungen zu vermeiden:

Wir waren von der Notwendigkeit der Hygiene überzeugt, auch wenn dies schwierig war. Den Männern stand nicht viel Wasser zur Verfügung, um sich zu waschen. Sie ließen sich Bärte wachsen, die auch nicht zur Reinlichkeit beitrugen.

*Daher entschieden damals unser Leitender Ingenieur (Gabler)
und sein Diesel-Obermaschinist (Kräh), dass etwas getan
werden müsste. Im rückwärtigen Teil des Dieselmotorenraums konnten die Flurplatten entfernt werden und in den
hierdurch geschaffenen Raum bauten sie ein Bad ein, gerade
groß genug, dass ein Mann darin sitzen konnte, und auch eine
Brause stand zur Verfügung. Wir waren sogar in der Lage,
die Brause mit warmem Wasser aus dem Kühlsystem [für die
Motoren] zu benutzen. In jenen Tagen besaßen wir sogar
Seewasserseife, ... eine wunderbare Idee! Alles, was wir jetzt
noch zu tun hatten, war, uns damit einzuseifen, und danach
bekam jeder einen Liter Frischwasser, um sich die Seife wieder
abzuwaschen. Das zahlte sich aus; denn die Besatzung fühlte
sich selbst in dieser fürchterlichen Hitze sehr wohl. Wir hatten
an Bord auch einen Frischwasser-Erzeuger, aber er brauchte
einen Liter Dieselkraftstoff, um einen Liter Frischwasser zu
erzeugen.*[1]

Als *U 564* am 25. August seine Jagd fortsetzte, schien die
Geduld der Besatzung belohnt zu werden; denn von Watten-
bergs *U 162* ging ein Funkspruch ein: »Starker NO-
SW-Verkehr auf der Schifffahrtsroute nahe den Quadraten
[EE 57] 72–82. Luftüberwachung.« Dies war der Anhalts-
punkt, den Teddy Suhren gebraucht hatte, und *U 564* änderte sofort den Kurs in Richtung Nordost, um auf den von
Wattenberg gemeldeten Verkehr zu stoßen. Von anderen
Seegebieten nahe Haiti und vor den Jungferninseln meldeten
U-Boote vereinzelte Erfolge und es dauerte nicht lange, da
kamen von Wattenberg ähnliche Meldungen. Am 26. August
traf von ihm eine aktuelle Meldung ein: »Starker Verkehr in
EE 5773 und 5781 beobachtet. Gestern zwei schnelle Schiffe EE 57, Kurs SW, vergeblich gejagt.« Doch Wattenbergs
nächster Angriff trug Früchte, und er war in der Lage, am
nächsten Tag die Versenkung des norwegischen Tankers
MV THELMA (8297 BRT) zu melden.

Inzwischen zwang das Unvermögen, potenzielle Ziele zu
finden, Teddy Suhren dazu, wieder Westkurs zu steuern, ehe

er auf der Suche nach dem, was er in seiner Meldung an den BdU eine »neue Goldmine« genannt hatte, in Richtung Tobago herumschwang. Der Erfolg sollte nicht lange auf sich warten lassen.

In den frühen Morgenstunden des vorletzten August, aber nach Ortszeit noch weit vor Mitternacht, kreuzte U 564 unter Bedingungen, die lebhaft an eine Postkartenidylle erinnerten. Eine leichte östliche Brise kräuselte kaum das Wasser und der Seegang hatte sich zu einer ruhig verlaufenden Dünung abgeschwächt, die nur noch zu einem sanften Wiegen führte, als das Boot nordostwärts von Tobago seine Bahn zog. Dünne Wolkenschichten zogen zeitweise über den Himmel und heller Mondschein verschaffte den Ausgucks auf der Brücke eine ausgezeichnete Sicht. Während die Doppelgläser in regelmäßigen Abständen den fernen Horizont absuchten, begann ein kleiner Schattenfleck an Steuerbord, dunkler als die umgebende Nacht, langsam Gestalt anzunehmen. Teddy Suhren auf die Brücke rufend, studierte Lt.z.S. Waldschmidt den fernen Schatten und besprach sich anschließend mit seinem Kommandanten. Dann brachte er das Boot auf einen potenziellen Abfangkurs. Allmählich verwandelte sich der Schatten in die unverkennbare Silhouette eines einzeln fahrenden Tankers. Sein lang gestreckter Schiffskörper ragte hoch aus dem Wasser der Karibischen See heraus und verriet, dass er in Ballast fuhr. U 564 lief hohe Fahrt, als Teddy Suhren das Boot in der üblichen »Hundekurve« nach Steuerbord auf einen Kurs brachte, der im rechten Winkel zum Generalkurs des Tankers verlief.

Kurz nach Erreichen der von ihm gewählten Position war Teddy Suhren zum Tauchen gezwungen, denn der umgebende Mondschein war zu hell, um über Wasser eine erfolgreiche Annäherung zuzulassen. Der Zickzackkurs des ahnungslosen Handelsschiffes vollzog sich zum Glück für Suhren alle zehn Minuten in regelmäßigen Änderungen rechtwinkelig zum Generalkurs und eine dieser stetigen Änderungen sollte den Tanker direkt vor die Torpedorohre von U 564 bringen.

Das Schiff, dessen Kurs Teddy Suhren durch das Okular seines Angriffssehrohrs verfolgte, war der 8176 BRT große und in Kiel gebaute norwegische Motortanker MV VARDAA. Von Kapitän Hans Rustad geführt, stand der Tanker seit 1940, als die Wehrmacht die Briten aus Norwegen vertrieben hatte, im Dienst der britischen Admiralität und gehörte zum *Royal Fleet Auxiliary Service* (RFAS), dem Tross-Schiffverband der *Royal Navy*. Den größten Teil des Frühjahrs 1942 hatte die VARDAAS damit zugebracht, Treiböl vom britischen Marinestützpunkt Trincomalee im Nordosten Ceylons (heute Sri Lanka) nach Colombo, der Hauptstadt der Insel an der Südwestküste, zu bringen, stets ohne Geleitsicherung fahrend. Als die Besatzung das letzte Mal Colombo angelaufen hatte, und zwar am Morgen des Ostersonntags, war der Tanker in einen japanischen Luftangriff geraten. Ihn hatte wiederholter Bordwaffenbeschuss getroffen, obwohl er glücklicherweise nicht mit Bomben angegriffen worden war. Er hatte keine Verluste und nur geringen Sachschaden erlitten.[1a]

Nunmehr sollte seine Reise von Kapstadt nach Trinidad dramatisch enden. Um 06.12 Uhr gab Teddy Suhren den Feuerbefehl für den ersten der beiden letzten Torpedos, die ihm noch zur Verfügung standen. Der Tanker hatte gerade eine seiner vorhersehbaren Kursänderungen beendet und steuerte 230°, als der Ausstoß des G7a aus Rohr 2 des U-Bootes erfolgte und der Torpedo seine letzte Bahn zog. Nach der Schätzung Suhrens sollte er in weniger als einer Minute treffen. 30 Sekunden nach dem Abschuss hallte das dumpfe Dröhnen eines detonierenden Torpedos durch das Wasser. Es war ein Volltreffer.

Sein Sehrohr zu einem kurzen Blick auf seine Beute ausfahrend, konnte Suhren Männer erkennen, die zu den Stationen ihrer Rettungsboote rannten. Das Schiff schwang träge nach Backbord, als seine Schrauben aufhörten, sich zu drehen, obwohl es keinerlei Anzeichen dafür gab, dass es brannte oder sank. Doch angesichts der offensichtlichen Notlage schien kaum eine Gefahr zu bestehen und *U 564* tauchte auf, um dem Tanker den Gnadenstoß zu geben. Vorsichtig schob Teddy Suhren sein Boot langsam näher heran und bereitete sich darauf vor, einen letzten Breitseittreffer anzubringen. Argwöhnisch beobachtete er jedes Anzeichen eines Versuches der Artilleristen, die einzige Kanone am Heck zu bemannen. Seltsamerweise gab der glücklose Tanker über Funk keinen Notruf ab – etwas, wofür sein Kapitän später scharf kritisiert werden sollte. Innerhalb von zehn Minuten hatten alle 39 Mann der Besatzung und die beiden britischen Artilleristen die VARDAAS aufgegeben und sie verlassen, um teilnahmslos in ihren Rettungsbooten in der sanften Dünung zu treiben. Inzwischen hatte sich Teddy Suhren bereits entschlossen, seinen letzten »Aal« einzusetzen, um den Tanker endgültig zu versenken, sobald die Rettungsboote vom Schiff freigekommen waren. Dann tauchte *U 564* zu einem weiteren Unterwasserangriff. Sorgfältig das Boot zu seinem Ziel in Position bringend, befahl er den Abschuss des Torpedos und Obermechanikersmaat (T) Gerhard Ehlers drückte mit Schwung den Abfeuerungshebel nach unten. Zur Besorgnis aller im vorderen Torpedoraum durchbrach das unverkennbare Geräusch der kleinen Propeller des Torpedos die Stille, das selbst aus dem Rohr herausdrang. Der Torpedo war ein »Heißläufer« und hatte sich irgendwie im Inneren des Rohres verhakt, wobei der kleine Pressluftmotor zum Leben erwacht war, während der »Aal« noch im Rohr gefangen lag. Die Gefahr der vorzeitigen Detonation eines »Frühzünder«-Torpedos war sehr real. Verzweifelt kurbelten Ehlers und seine Torpedomechaniker die Mündungsklappe des Rohres noch weiter auf. Schließlich schnellte der Torpedo doch noch aus dem engen Rohr heraus und verschwand, ziellos seine Bahn verlassend, in der Dunkelheit.

Enttäuscht durch sein Unvermögen, dem verdunkelten Schiff den Rest zu geben, wartete Teddy Suhren ab, bis die Rettungsboote aus der Gefahrenzone gerudert worden waren, ehe er mit seinem Boot wieder auftauchte und die Geschützbedienung auf Gefechtsstation befahl. Während Lt.z.S. Waldschmidt als Artillerieoffizier auf die Brücke kam, stieg Oberbootsmann Heinz Webendörfer als Geschützführer an

der Spitze seiner fünf Kanoniere auf das nasse Oberdeck
hinunter – in der Dunkelheit auf der schlüpfrigen Decksverkleidung durch starke Sicherheitsgurte mit dem Boot verbunden. Im Inneren des Bootes wurden die Flurplatten über der
Artillerielast zwischen der Kommandantenkammer und dem
Funkraum geöffnet, nacheinander die Metallbehälter heraus-
gehoben, aus ihnen die 8,8-cm-Patronen herausgezogen und
mühsam von Hand durch die Zentrale und das Turmluk hinaus
auf die Brücke gereicht. Danach glitten die Patronen durch
die kleine Rutsche, die auf der Steuerbordseite an der Turm-
vorderkante heruntergeklappt war. Die beiden Ladekanoniere,
die für diese Aufgabe zur Verfügung standen, nahmen sie in
Empfang und luden mit ihnen abwechselnd das Geschütz.
Um 07.10 Uhr donnerte der erste Schuss aus der Kanone.

Im Verlaufe der nächsten 25 Minuten heulten 50 Granaten über den schmalen Streifen Wassers, der das U-Boot und
den Tanker voneinander trennte. 35 dieser Granaten trafen die
VARDAAS und entfachten ein grandioses Feuerwerk. Einige
der Granaten waren Blindgänger, vermutlich durch schad-
hafte Patronenhülsen oder fehlerhafte Munitionsherstellung
verursacht, aber das Schiff erhielt ausreichend Treffer. Schon
bald brannte der norwegische Tanker und sackte tiefer in die
See. Aus seinen Laderäumen schnellten lodernde Flammen-
zungen explosionsartig empor, als die brennbaren Dämpfe
früherer Ladungen emporstiegen.

Schließlich hörte das Crescendo des Artilleriebeschusses
auf. Webendörfer und seine erfolgreiche Geschützbedienung
setzten den schweren Mündungsverschluss vor das fast 4 m
lange Geschützrohr, entfernten die empfindliche Visiereinrichtung, um sie mit unter Deck zu nehmen, und kehrten in das
Bootsinnere zurück. Der Tanker brannte weiterhin lichterloh,
als Teddy Suhren befahl, Kurs aus dem Operationsgebiet hinaus
auf die offene See abzusetzen. Eintrag ins KTB: »30.08.42
0750 EE 9923. Verschossen. Rückmarsch angetreten.«

Hinter ihnen brannte der norwegische Tanker noch den
ganzen Tag lang. Ein B-18-Bomber der USAAF sichtete das
Wrack in »sinkendem Zustand«, ehe es schließlich am

31. August dem einströmenden Wasser unterlag und unterging. Die 41 schiffbrüchigen Überlebenden – hauptsächlich Norweger, darunter aber auch ein Belgier, ein Australier, ein Däne, zwei Briten und 14 Chinesen – waren nur Stunden nach dem Torpedotreffer inzwischen sicher in Plymouth Bay an Land gegangen.

Während Dönitz den Funkspruch Suhrens mit der Nachricht erhielt, dass dieser den Rückmarsch angetreten hätte, und den Eingang bestätigte, waren bei BdU op. Meldungen von Wattenberg mit den jüngsten Erfolgen von *U 162* eingegangen. Jetzt, am 31. August, ersuchte Wattenberg den BdU in einem weiteren Funkspruch darum, eine Treibölübernahme von einem anderen U-Boot in der Nähe zu arrangieren, da er in seinen Bunkern keine Sicherheitsreserve für die Atlantiküberquerung mehr hätte. *U 564* war jetzt ironischerweise in der Lage, durch die Abgabe einer kleinen Menge Dieselkraftstoff dem größeren Boot Unterstützung zu gewähren, damit diesem für die Anforderungen des Rückmarsches genügend Treiböl zur Verfügung stünde. Auf diese Weise traf *U 564* erneut mit Wattenbergs *U 162* zusammen, und zwar diesmal am 1. September im Planquadrat EE 4666 ostwärts von St. Lucia zur Treibölübernahme aus dem VII-C-Boot. Das kleinere Boot, das aus der »Milchkuh« *U 463* versorgt worden war, hatte genug Dieselöl, um an Wattenberg 2 cbm abgeben zu können, damit dessen Boot eine kleine Treibölreserve besaß. Das Treffen dauerte nur kurze Zeit; denn während der 15-minütigen Treibölübernahme waren beide Boote in gefährlicher Weise einer Gefahr aus der Luft ausgesetzt. Daher waren die Fla-Waffen besetzt und die Männer, die für die Ölübernahme nicht gebraucht wurden, hatten ihre Gefechtsstationen bezogen. Die beiden Boote liefen auf parallelen Kursen nebeneinanderher, getrennt nur durch ein Dutzend Meter Wasser, während sich Schläuche zwischen ihnen schlängelten, als das Treiböl an Bord von *U 162* gepumpt wurde. Nach der erfolgreichen Übernahme setzte Wattenberg an den BdU in Paris einen Funkspruch ab: »EE 4666 2020-2045 von *U 564* 2 cbm Treiböl erhalten. Wattenberg.« Dies war sein letzter Funkspruch.

Als sich *U 162* zwei Tage auf den Schifffahrtsrouten zwischen Barbados und Trinidad aufhielt, versuchte Wattenberg einen, wie er glaubte, einzeln fahrenden Zerstörer anzugreifen. In Wahrheit war es ein kleiner Verband aus drei britischen Zerstörern – HMS PATHFINDER, QUENTIN und VIMY –, der zur Wahrnehmung von Geleitsicherungsaufgaben nach Trinidad unterwegs war. Wattenberg schoss einen einzelnen Torpedo Minuten später, nachdem die PATHFINDER einen »Asdic«-Kontakt aufgenommen und Kurs geändert hatte, um das U-Boot abzufangen. Die Torpedolaufbahn wurde gesichtet und Wattenberg war heftigen und genauen Wasserbombenangriffen ausgesetzt. Als die Nacht hereinbrach, versuchte Wattenberg angesichts einiger Schäden, aufgetaucht zu entkommen, aber die VIMY (Lt.-Cdr. H.G.D. de Chair), ausgerüstet mit dem neuen Zentimeter-Radar vom Typ 271,[1b] stellte einen beständigen Kontakt her und nahm die Verfolgung auf. Kurze Zeit später eröffnete der britische Zerstörer das Feuer, als das schnittige deutsche Boot in Sicht kam. Wattenberg versuchte einen letzten verzweifelten Trick, als er zwei rote Signalraketen in den Himmel schoss, zeitweilig die Ausgucks der VIMY blendend, und dann nach Backbord abdrehte, als die VIMY zum Rammstoß ansetzte. Zwischen U-Boot und Zerstörer begann ein letztes Gefecht enger Wendekreise, ehe sich Wattenberg geschlagen geben musste und den Befehl zur Selbstversenkung des Bootes erteilte. Als die U-Boot-Besatzung hastig auf das offene Oberdeck drängte, prallte die VIMY auf *U 162*. Seine Backbordschraube schlug auf Höhe des E-Maschinenraums durch den Druckkörper des U-Bootes. Doch der gehärtete deutsche Stahl erwies sich als zu stark und die Backbordschraube der VIMY schor ab. Während die deutsche Besatzung von ihrem Boot ins Wasser sprang, schleppte sich die VIMY davon. Der Kommandant des britischen Zerstörers war entschlossen, den Untergang des nunmehr bewegungsunfähigen U-Bootes herbeizuführen, und warf eine einzelne Wasserbombe unter das sinkende Boot. Sie detonierte im Wasser und verletzte viele der bereits ums Überleben kämpfenden Schiffbrüchigen. Der L.I. von

U 162, Oblt.(Ing.) Edgar Stierwald, war als letzter Mann noch an Bord. Er war damit beschäftigt, die Selbstversenkung des Bootes sicherzustellen, als die Wasserbombe detonierte. Er kam nicht mehr heraus; *U 162* richtete sich auf und sank in die Tiefe. Wattenberg und 48 seiner Männer wurden aus der See gerettet, während Stierwald und ein weiteres Besatzungsmitglied vermisst blieben.[2]

Als Wattenberg seinen letzten verzweifelten Kampf gegen die Briten führte, befanden sich die Männer von *U 564* schon weit draußen auf dem »Großen Atlantik«. Sie entspannten sich bereits, als sich das Boot jener unsichtbaren Grenze näherte, welche die äußerste Reichweite der alliierten landgestützten Flugzeuge markierte. Der ständige Strom der Funksprüche, der den Äther erfüllte, wurde von den sich ablösenden Wachen im Funkraum laufend aufgenommen und entschlüsselt. Da erregte ein am 2. September eingegangener Funkspruch bei Oberfunkmaat Rudi Elkerhausen und seinem zweiten Funker beträchtliches Interesse. Der entschlüsselte Funkspruch wurde heimlich Oblt.z.S. Lawaetz, dem I.WO, und den anderen beiden Offizieren gezeigt und dann von den übrigen Funksprüchen getrennt eingetragen, um weitere Nachrichten aus Deutschland via Paris abzuwarten.

Am 4. September wurde im Verlaufe des Nachmittags ein einzeln fahrendes Schiff gesichtet. Die Schornsteine eines Frachters von »australischem Typ« tauchten über dem flachen Horizont auf. Doch angesichts der Tatsache, dass *U 564* keine Torpedos mehr hatte, und in Unkenntnis darüber, welche Bewaffnung das Schiff zu seiner Verteidigung führte, zog es Teddy Suhren klugerweise vor, lieber unsichtbar zu bleiben, anstatt ein möglicherweise riskantes Artilleriegefecht zu beginnen. Er vermied jeden Kontakt mit dem Schiff, das seine Fahrt unbelästigt mit Westkurs fortsetzte.

Erst neun Tage später [sic], nachdem der erste der verheimlichten Funksprüche an Bord von *U 564* eingegangen war, erfuhr Teddy Suhren von ihrer Existenz. In seiner kleinen Kammer hatte er es sich zu einem Nachmittagsschläfchen gemütlich gemacht, als ihn das plötzliche Ausbleiben des Lärms der Dieselmotoren alarmierte. Irgendwelche neuen Probleme mit seinem wertvollen Boot befürchtend, spurtete er in die Zentrale. Dort verwirrte ihn das plötzliche Fehlen jeglicher Aktivität in dem üblicherweise sehr geschäftigen Nerven-zentrum des Bootes. Ein über das ganze Gesicht strahlender Gabler ging zu seinem Kommandanten hin und meldete, dass die wachfreie Besatzung an Oberdeck angetreten wäre, um ihm zu gratulieren. Sich den Kopf über diese etwas rätselhafte Ankündigung zerbrechend, folgte Teddy Suhren seinem L.I. nach draußen. Als er sich aus dem Turmluk geschoben hatte, stand er dem größten Teil seiner Besatzung gegenüber, der auf dem Achterdeck in drei geordneten Gliedern bereits an-getreten war. Während die Ausgucks fortfuhren, den Horizont und den Himmel planmäßig abzusuchen, kletterte Suhren hinunter aufs Oberdeck. Dort hielt Gabler mehrere Funk-formulare mit entschlüsselten Funksprüchen in der Hand und mit aller Feierlichkeit, die er aufbringen konnte, begann er, sie vor der angetretenen Besatzung vorzulesen, die von einem Ohr zum anderen griente. Die verschiedenen Funk-sprüche kamen von ganz oben: von Hitler, von den Spitzen der Kriegsmarine bis hin zum Flottillenchef:

Aus dem Führerhauptquartier: »Im Ansehen Ihres immer be-währten Heldentums verleihe ich Ihnen als 18. Soldaten der deutschen Wehrmacht das Eichenlaub mit Schwertern zum Ritterkreuz des Eisernen Kreuzes! Adolf Hitler.«

Von Großadmiral Dr.h.c. Erich Raeder in Berlin: »OKM an Suhren: Anlässlich der Verleihung des Eichenlaubes mit Schwertern zum Ritterkreuz des Eisernen Kreuzes übermittle ich Ihnen meine herzlichsten Glückwünsche in dankbarer Anerkennung der hervorragenden Erfolge, die Sie und Ihre Besatzung erbracht haben. Mit kameradschaftlichen Grüßen. Ihr Oberbefehlshaber der Kriegsmarine.«

Von Generaladmiral Alfred Saalwächter, Chef des Marine-gruppenkommandos West in Paris:[2a] »Meinen herzlichsten

Glückwunsch zu dieser hohen Auszeichnung. Oberbefehls-haber West.«

Von Admiral Karl Dönitz, dem BdU in Paris: »Meine tief empfundenen besten Wünsche. Heil und Sieg! BdU.«

Von Korvettenkapitän Werner Winter, dem Chef der 1. U-Flot-tille in Brest: »An Suhren: Meine herzlichsten Glückwünsche zur hohen Auszeichnung. Ihr stolzer Flottillenchef.«

Doch dies war nicht die einzige Ehrung, die dem Kom-mandanten zuteil wurde. Im Anschluss an die Verlesung dieser Funksprüche verkündete Gabler noch eine zweite Aus-zeichnung:

Aus dem OKM in Berlin:
»An Suhren: Ich freue mich, Ihnen Ihre Beförderung zum Korvettenkapitän wegen besonderer Auszeichnung vor dem Feinde mit meinem herzlichen Glückwunsch aussprechen zu können! Der Oberbefehlshaber der Kriegsmarine. Raeder.«[26]

Die doppelte Auszeichnung – zum einen um einen Dienst-rang nach oben und zum anderen mit der zweithöchsten militärischen Auszeichnung – war eine erstaunliche Tatsache. Er musste sein Jackett anziehen und die Arme hinhalten, damit Gabler, Nordmann und Anderheyden drei neue »Kolben-ringe« an den Ärmeln befestigen konnten. Außerdem erhielt der Schirm seiner Mütze das breitere Eichenlaub für Stabs-offiziere. Die neuen Insignien waren aus dünnem Dosenblech herausgeschnitten worden, das Hausruckinger in seiner win-zigen Kombüse beiseite gelegt und aufgehoben hatte. Außer-dem hatte die Besatzung ein schmales, in Leder gebundenes Büchlein angefertigt, das vorn das Wappen des Bootes »3 X Schwarzer Kater« trug. Auf seinen empfindlichen Seiten ent-hielt es peinlich genau verzeichnet jeden dieser Funksprüche und am Schluss war der Inhalt von jedem Angehörigen seiner Besatzung unterzeichnet.

Haring fotografierte das gesamte Ereignis, wobei er so viele der auf dem Achterdeck angetretenen Besatzungsangehörigen aufnahm, wie er nur konnte, um den Augenblick für die Nachwelt einzufangen. Sobald Haring mit seiner Arbeit fertig war und ehe Teddy Suhren die Männer entließ, hielt er ihnen selbst noch eine kleine Ansprache, in der es unter anderem hieß:

... Ein Boot ist nur so gut wie seine Besatzung, und seine Besatzung ist so gut wie sein Kommandant. Ihr wisst, dass ich nie etwas irrsinnig Waghalsiges tat oder befahl, jedoch konnte ich mit Euch bis an die Grenze des Möglichen gehen. Dafür danke ich Euch allen. ... In spätestens vierzehn Tagen wollen wir zurück sein und werden mit großer Aufmerksamkeit auch das schaffen. Wegtreten![2c]

Danach hämmerten die Dieselmotoren aufs Neue, *U 564* nahm wieder Fahrt auf und strebte mit Marschfahrt seinem Stützpunkt an der französischen Atlantikküste entgegen.

Suhrens Auszeichnung und Beförderung waren nicht die einzigen guten Nachrichten, die über Funk aus Paris kamen. Um 07.47 Uhr am 15. September erhielt auch der Obermaschinenmaat Fritz Hummel einen Funkspruch vom BdU mit einer Mitteilung seiner Frau, die im Klartext lautete: »Unser Heinz ist angekommen. Anni.« Und Dönitz hatte hinzugefügt: »Alle wohlauf und gesund. Herzlichen Glückwunsch. BdU.« Die Geburt seines ersten Sohnes – »eines kleinen U-Bootes mit Sehrohr«, wie es im Funkspruch verschlüsselt hieß – war für Hummel und auch die Besatzung ein bedeutsamer Augenblick. Die Funker würdigten das Ereignis, indem sie aus einer Zeitschrift ein Bild mit einem Baby ausschnitten und in die Funkkladde des Bootes klebten. Traurigerweise sollte Fritz Hummel den ersten Geburtstag seines Sohnes nicht mehr erleben, denn der Obermaschinenmaat ging mit *U 564* im Sommer des folgenden Jahres unter.

Sobald Suhren mit seinem Boot in die Reichweite der landgestützten alliierten Flugzeuge kam, die von britischen

Flugplätzen aus starteten, wurde *U 564* mehrmals zum Alarmtauchen gezwungen, um ihnen zu entgehen, besonders als es
sich dem Golf von Biskaya näherte. Der letzte Abschnitt
seiner Feindfahrt barg die größte Gefahr von Luftangriffen,
seit das Boot die karibischen Gewässer verlassen hatte. Doch
mit einiger Erleichterung wurde an Bord zur Kenntnis
genommen, dass die Tauchmanöver verschiedentlich von
über sie hinweg fliegenden deutschen Flugzeugen – viermotorige Maschinen vom Typ Focke-Wulf Fw 200 »Condor« –
verursacht worden waren[2d], nicht durch die Überwachungs-
flugzeuge des Küstenkommandos der RAF, die auf den Zu-
gängen zu den französischen Atlantikhäfen umherstreiften.

Bevor sie allerdings in den Golf von Biskaya einliefen,
hatte Suhren seiner Besatzung frische Haarschnitte, rasierte
Gesichter oder gestutzte Bärte verordnet. Im Gegensatz zu
den U-Boot-Fahrern, die von einer derart langen Feindfahrt
üblicherweise mit wild wuchernden Bärten zurückkamen,
hatte Suhren entschieden, dass seine Männer nach ihrer Feindfahrt adrett und gesund aussehend im Hafen eintreffen sollten.

In der Abenddämmerung des 18. September stand *U 564*
wieder am Punkt »Kern«, meldete sein Eintreffen der
1. U-Flottille in Brest und wartete auf das Eintreffen des
Sicherungsgeleites, das am folgenden Tag kurz nach Anbruch
der Morgendämmerung in Sicht kam. Das langsam heran-
kommende Geleit bestand aus zwei kleinen Vorpostenbooten
der 7. Vorpostenflottille, d.h. umgebauten Fischdampfern,
die ein größeres Schiff begleiteten: den »Sperrbrecher 6« MAG-
DEBURG (KKpt.d.R. Freydanck) der 6. Sperrbrecherflottille.[2e]
Die MAGDEBURG war für den Sperrbrechertyp charakte-
ristisch, den die Kriegsmarine im Herbst 1939 in Dienst stellte.
Das 1925 ursprünglich für die Hamburger Reederei Deutsch-
Australische DSG bei der Hamburger Werft Blohm & Voss
gebaute Motorschiff ging 1926 in das Eigentum der Hamburg-Amerika-Linie über. Am 4. Oktober 1939 übernahm die
Kriegsmarine das Schiff als »Sperrbrecher VI« bei der
4. Sperrbrechergruppe. Später gehörte die MAGDEBURG
als »Sperrbrecher 6« ab Juli 1940 zur 2. und ab Juli 1941 zur

6. Sperrbrecherflottille in Concarneau mit Stützpunkt in
Brest. Das 6128 BRT große und 137 m lange Schiff führte
eine beträchtliche Flakbewaffnung: 2 x 10,5-cm-SK mit
See/Luftzielfähigkeit, 4 x 3,7 cm (2 x 2), 10 x 2 cm (2 x 4,
1 x 2) und sechs 8,6-cm-Raketen-Abschussgeräte.

Bereits 1940, als die deutsche Marine die französischen
Atlantikhäfen in Besitz nahm, hatten die Briten begonnen,
den Umfang ihrer Minenlegeoperationen zu steigern, wobei
sie anfänglich Seeminen mit Kontaktzündung benutzten. Der
bereits zu diesem Zeitpunkt erfolgte Einsatz der Sperrbrecher
war ein ziemlich ungewöhnliches Verfahren, um diese
Bedrohung der deutschen Schifffahrt zu bekämpfen. Hierbei
handelte es sich um umgebaute Handelsschiffe, deren Aufgabe es in erster Linie sein sollte, für ein gefahrloses Passieren der minenfreien Wege zwischen den Minensperren durch
nachfolgende Schiffe zu sorgen. Sie stellten keine traditionellen
Minensuchfahrzeuge dar. Das schon im Ersten Weltkrieg er-
probte und auch zu Beginn des Zweiten Weltkrieges wieder
angewendete Verfahren war einfach: In minenverdächtige
Gewässer einzufahren, noch nicht geräumte Minen auf dem
Kurs abzufangen und zur Detonation zu bringen. Das Schiffs-
innere mit einer Schutzstauung aus Auftriebsmaterial (Kork/
Fässer/Holz) versehen, sollte für eine gewisse Sinksicherheit
des Sperrbrechers sorgen und gleichzeitig die Wucht der detonierenden Mine abschwächen. Verständlicherweise erlitten
die Sperrbrecher immer wieder schwere Verluste und oft
konnte auch noch so viel eingesetztes Dämmmaterial nicht
verhindern, dass der Kiel eines Schiffes in zwei Teile zerbrach.

Durch die Einführung von Seeminen mit magnetischer oder
akustischer Zündung mussten neue Verfahren der Minen-
abwehr entwickelt werden, aber die Sperrbrecher blieben nach
wie vor der Kern des Geleitsicherungsdienstes für die U-Boote.
Die Piloten der alliierten Angriffsstaffeln (*Strike Wings*), die
gegen die feindliche Schifffahrt operierten, empfanden die
Sperrbrecher in Verbindung mit ihren Minenabwehraufgaben
als »harte Nüsse, die schwer zu knacken« waren. Nicht umsonst bezeichnete die RAF sie als »schwere Flakschiffe«.

Die Einheiten der Geleitsicherung hatten nicht nur Suhrens
Boot aufzunehmen. Als *U 564* in Kiellinie hinter ihnen ein-
schor, stieß auch der Flottillenkamerad *U 203* zu dem kleinen
Geleitzug, der sich den Granitklippen der bretonischen Küste näherte. Doch im Unterschied zu ihrem letzten Zusammentreffen war es kein Boot mit einer fröhlichen Besatzung,
das seine Feindfahrt abgebrochen hatte und nun hinter *U 564*
in Sicht kam. Kptlt. Rolf Mützelburg hatte eine Woche zuvor
einen letzten, verhängnisvollen Kopfsprung vom Komman-
doturm seines Bootes unternommen und der I. WO, Oblt.z.S.
Hans Seidel, brachte *U 203* nach Hause. Traurigerweise hatte
sich Suhrens Warnung an Mützelburg während ihres letzten
Zusammentreffens im Juli mitten im Atlantik letztlich als
gerechtfertigt erwiesen. Nach dieser Feindfahrt war Mützelburg in Brest ein triumphaler Empfang zuteil geworden und
kurz danach war er zusammen mit Kptlt. »Adi« Schnee nach
Berlin geflogen. Dort hatten sie aus der Hand Adolf Hitlers
das Eichenlaub zum Ritterkreuz des Eisernen Kreuzes in
Empfang genommen. Nach dieser Verleihungszeremonie für
beide ging Dönitz zu seiner üblichen Handlungsweise über
und bot beiden Männern Stabspositionen an. Durch das
Abkommandieren hoch dekorierter Offiziere zu Stabs- oder
Ausbildungsaufgaben konnten andere aus ihren Fronterfah-
rungen Nutzen ziehen. Dahinter stand aber auch als offensichtlicher Grund das Abwenden der Möglichkeit, dass ein
weiterer ernster Rückschlag für die Moral eintrat, falls ein
solcher Held mit seinem Boot versenkt oder gefangen
genommen wurde, wie sich dies nach den schmerzlichen
Verlusten von Prien, Schepke und Kretschmer 1941 ereignet
hatte – selbst ein Jahr später innerhalb der Kriegsmarine und
im gesamten deutschen Volk noch immer tief empfunden. So
oft er jedoch auch den Versuch unternahm, seine Kommandanten zu überzeugen – ihnen hierbei gut zuredend, um sie
umzustimmen –, die endgültige Entscheidung blieb letztlich
dem einzelnen Kommandanten selbst überlassen. Adalbert
Schnee akzeptierte das Angebot, kam zum BdU-Stab (BdU
op.) und wurde im Juni 1944 nach der Umorganisation der

Skl. Admiralstabsoffizier für Geleitzüge (Geleitzug-Asto) in der U-Boot-Führungsabteilung (2/Skl. BdU op.). Rolf Mützelburg hingegen wollte damals *U 203* nicht verlassen und entschloss sich, zumindest für eine weitere Feindfahrt an Bord zu bleiben.

Am 27. August war *U 203* wieder in Richtung Westatlantik ausgelaufen. Während einer Marschfahrtpause südwestlich der Azoren jenseits der Reichweite alliierter Landflugzeuge war Mützelburg 15 Tage später erneut mit Kopfsprung vom Brückenschanzkleid gesprungen. Im Augenblick seines Absprungs rollte das U-Boot in der langen, trägen Atlantikdünung über und er schlug mit Kopf und Schulter auf dem Satteltank auf. Bewusstlos zurück an Bord gezogen, wurde er nach unten gebracht und erlag in der Frühe des nächsten Tages – 11. September 1942 – seinen schweren Verletzungen. Der Arzt an Bord des Versorgungs-U-Bootes *U 462* untersuchte seinen Leichnam, ehe dieser in einer förmlichen Seebestattung der Tiefe übergeben wurde.

Obwohl viele an Bord von *U 564* den Tod des überschäumend fröhlichen Mützelburg betrauerten, war der Tod auf See in der gesamten U-Boot-Waffe zu einer allgemeinen Erscheinung geworden. Wie überall in einer kämpfenden Truppe war es zur entscheidenden Wichtigkeit geworden, das Überleben zu feiern, und auf Suhrens Boot war der Turm mit Männern überfüllt, die begierig waren, einen flüchtigen Blick auf die französische Küste zu werfen. Sorgfältig in der Langeweile des Rückmarsches von Hand gemalte Siegeswimpel waren an einer Leine dicht aneinandergereiht. Diese war oben am Schaft des noch eingefahrenen Angriffssehrohres befestigt und wartete auf das großartige Schauspiel ihres Entrollens und des Auswehens der Wimpel im Fahrtwind. Ganz oben am Sehrohrkopf befanden sich außerdem zwei gekreuzte Schwerter, angefertigt an der Werkbank im vorderen Bereich des Dieselmotorenraums und dazu bestimmt, Suhrens erhaltene Auszeichnung kundzutun.

Unter einem herrlich blauen Himmel hielt der Geleitzug mit Ostkurs auf Brest zu. Die felsigen Klippen passierend, welche die Quessant-Inseln bildeten, wurden schließlich die Ruinen des aufgegebenen Mönchsklosters am Pointe St. Mathieu sichtbar, und unmittelbar seewärts von ihnen stand der überhaupt nicht dazu passende moderne Leuchtturm, jetzt eine deutsche Beobachtungs- und Navigationsstation. Als die Rade de Brest mit ihrer wunderschönen Felsenküste *U 564* umfing, wurde das Sehrohr ausgefahren und neun Siegeswimpel flatterten stolz über den Köpfen der erfolgreichen Besatzung. Jeder, der nicht unbedingt im Inneren des Bootes gebraucht wurde, hatte an Oberdeck zu sein, falls doch noch etwas passieren sollte. Beiderseits säumten die enge Einfahrt nach Brest große Betonbunker der Küstenverteidigung. In ihnen standen die schweren Geschütze der Marineartillerieabteilung 262 der Kriegsmarine. Ihre Bedienungen kamen aus den Bunkern, winkten dem kleinen Schiffsverband zu und hießen die U-Boot-Besatzung zu Hause willkommen. Zu beiden Seiten begleitete *U 564* eine seltsame Mischung aus Bunkern und Festungswerken, die aus mittelalterlicher, aus napoleonischer und nun auch aus deutscher Zeit stammten, als das Boot in den Goulet de Brest einlief, das schmale Fahrwasser, das einen leicht zu verteidigenden Zugang zum Kriegshafen von Brest und somit einen ausgezeichneten Schutz bot. Weitere niedrige Betonunterstände beherbergten Torpedorohrsätze. Sie bewachten die engste Stelle des Goulet; denn hier waren alle Schiffe gezwungen, zwei deutlich markierte Fahrrinnen zu benutzen, getrennt durch die zerklüfteten Kanten des Toulbroch-Riffs, das viele sorglose Seeleute das Leben gekostet hatte, seit es diesen Hafen gibt.

Eine kleine Pinasse näherte sich *U 564* und mehrere befreundete Offiziere der 1. U-Flottille kamen an Bord, unter ihnen der Flottillenarzt, Marineoberstabsarzt Dr. Helmuth Richter. Der Gesundheitszustand der Besatzung Suhrens nach 70 Tagen in See beeindruckte den Arzt. Die stichprobenweise untersuchten Männer hatten kaum Gewicht verloren und machten einen gepflegten und gesunden Eindruck. Doch die Auswirkungen eines derart langen Zeitraums in See klangen bei Suhren nach:

*Ich selber fühlte mich irgendwie verändert. Die mir doch nahe
stehenden Offiziere erschienen mir distanzierter, ihr Lachen
fremder, und es war doch wirklich nicht anders als sonst.
Nach den kürzeren Fahrten hatte ich das nie so empfunden,
dieses Gefühl des Abseitigen. Vielleicht war die Spannung
der durchlebten Wochen der Verantwortung noch nicht ab-
geklungen und das Gefühl der Einsamkeit hatte sich noch
nicht gelöst.*[3]

Vielleicht waren dies die Auswirkungen seiner längsten
Feindfahrt, die in dem jungen Kommandanten noch fort-
dauerten, als sich sein Boot dem Hafen und der Sicherheit
näherte, oder vielleicht war dies auch das Wissen, dass seine
letzte Feindfahrt zu Ende gegangen war, und er hatte überlebt, während das nahe *U 203* eine untrügliche Erinnerung
an die vielen Freunde bedeutete, die nicht mehr waren.
Nichtsdestoweniger verschwanden Suhrens Lähmung und
Distanziertheit allmählich, als er sich dem vor ihm liegenden
Empfangsspektakel im U-Stützpunkt von Brest näherte. Das
alte Château, das an Steuerbord die Seefront der Stadt an der
Mündung des Penfeld krönte, die hoch auf dem Kliff bezau-
bernd gelegene Marineschule, die das Stabsquartier des Seekommandanten Bretagne und das der 1. U-Flottille beherbergte, und der unterhalb des Kliffs in der Südwestecke des
Hafens errichtete Betonbau des beeindruckenden U-Boot-
Bunkers erzeugten einen unauslöschlichen Eindruck von Brest
im Kriege als einer besetzten Stadt.[3a] Auf den breiten mittel-
alterlichen Straßen, die im Bogen über die Hügelkuppe der
Stadt führten, standen zahlreiche Franzosen und Deutsche
gleichermaßen, als sich *U 564* den an der Wasserfront gelegenen Hafenanlagen näherte. Diese zeigten deutlich die Ver-
wüstungen der alliierten Luftangriffe, die 1941 eingetreten
waren, als drei deutsche Großkampfschiffe im Hafen festgemacht hatten oder getarnt im Trockendock lagen.[3b] Der Ad-
jutant des Chefs der 1. U-Flottille verzögerte das Einlaufen
von *U 564* in das große Becken des Kriegshafens; denn das
vorbereitete Zeremoniell für den Empfang war noch nicht

vollständig arrangiert. Suhren konnte in das von lang ge-
streckten Molen umgebene Hafeninnere, in dem sich auch
rechts vom Molenkopf der Handelshafen befand, erst einlaufen, als dies ein Morsespruch anzeigte: »*U 564* einlaufen!«

Kurz vor dem Molenkopf schaltete *U 564* von den lärmenden Dieselmotoren auf die E-Maschinen um und glitt leise und
elegant in das Hafenbecken gegenüber von den klaffenden
Bunkereinfahrten auf die Pier zu. Da Brest ein Gezeitenhafen
ist, befand sich vor der Pier ein Leichter, an dem das Boot
festmachen sollte. Dort wartete auch der Flottillenchef zur
Begrüßung. Doch selbst ein so einfacher Akt wie das Beenden
einer Feindfahrt lief auf eine der denkwürdigsten Entfaltungen
von Suhrens Sinn für Humor hinaus. Auf der Pier drängten
sich »die Musikkapelle des Heeres, eine Ehrenkompanie der
Marine, der Platzmajor mit seinen Damen, viele Heeresoffi-
ziere, Soldaten in Grau und Blau, Arbeiter, die alles stehen
und liegen ließen«, während sich *U 564* der Pier näherte.
Neben dem Flottillenchef erblickten Suhrens scharfe Augen
seinen guten Freund Kptlt. Horst Uphoff (genannt »Hein«),
Crewkamerad aus der Crew 35 und Kommandant von *U 84*.
Wie Suhren war auch Uphoff in der Messe für »seine ziemlich
frechen, aber sehr witzigen Reden bekannt, in denen immer
wieder von den ›Nazis‹ gesprochen wurde«, die sie aufs Korn
nahmen. Uphoff war von seiner Feindfahrt aus dem Golf von
Mexiko zurückgekommen und erst fünf Tage zuvor in Brest
eingelaufen. Die Auswirkungen des zunehmenden Drucks der
amerikanischen Verteidigungsmaßnahmen als auch die der
Feiern hinterher überlebt zu haben, die sich nach seiner
Rückkehr über Tage hinzogen, hatten bei Uphoff ihre Spuren
hinterlassen, und er erschien in Teddy Suhrens Augen müde
und abgespannt.

Dies veranlasste Suhren – mehr impulsiv als sorgfältig
überlegt –, die »Flüstertüte« in die Hand zu nehmen und
über das halbe Hafenbecken hinweg zu fragen: »Hein, Hein!
Sind die Nazis noch immer am Ruder?« Gesichter erbleichten
und viele der Versammelten blickten einander unbehaglich
an, ehe beifälliges Gemurmel zurück zu *U 564* drang. Als

Suhren hörte, dies wäre noch der Fall, rief er prompt: »Beide Maschinen äußerste Kraft zurück!« Und unter peinlich berührten Blicken und zum stillen Vergnügen seiner wartenden Freunde tat er kurz so, als ob er *U 564* wieder zurück auf die offene See bringen wollte.

Als sich die Fahrt aus dem Boot verlor und Suhrens Männer die schweren Leinen den wartenden Händen zum Festmachen zuwarfen, kam *U 564* längsseits des Leichters zur Ruhe, der als schwimmender Ponton diente. Nachdem Suhren dem Flottillenchef das Boot zurückgemeldet hatte und die offizielle Begrüßung vorbei war, gab es kein Halten mehr. Suhren berichtete später:

Die Ladeluke des Leichters war mit Brettern abgedeckt und mit einer Persenning überzogen, um Regen abzuhalten. Die Menge an der Pier drängte näher, und auf dieses vermeintliche Dach eilten plötzlich in ihrer Begeisterung ganze Scharen von Heeresoffizieren, so dass es unter der Last krachend zusammenbrach und alles mit sich riss. Die Musik wurde von Schmerzensschreien übertönt und verstummte schlagartig. Kommandos erschollen, Rufe nach Sanitätswagen, alles ging durcheinander. Niemand hatte mit einem derartigen Zwischenfall gerechnet. Der Flottillenchef hatte noch in letzter Minute versucht, die Heeresangehörigen mit erhobenen Händen zurückzuhalten, weil er das Unglück kommen sah. Vergeblich. Meine Besatzung und die Angehörigen der Flottille halfen, die Trümmer wegzuräumen. Der Arzt und sein Personal versorgten, so gut es in der Eile ging, die am schwersten Verletzten, legten Verbände an, stillten das Blut. Sanitätswagen trafen hupend ein. Die Pier wurde abgesperrt. Das Infanterieregiment war eben aus Russland hierher verlegt worden, um sich zu erholen. Ein schrecklicher Empfang! So sorgte U 564 sogar noch im Hafen für Aufregung.[3c]

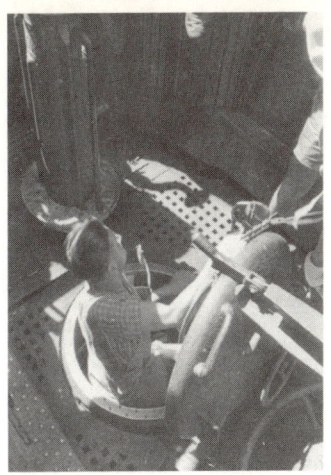

Nach den Angriffen auf den Geleitzug TAW.(S) standen nur noch zwei Torpedos zur Verfügung. In den frühen Morgenstunden des 30. August 1942 griff Suhren sein letztes Ziel mit Torpedos und Artillerie an: den norwegischen Tanker MV VARDAAS (8176 BRT). Der Artillerie-Einsatz fand in der Dunkelheit statt. Die Fotos auf diesen und den folgenden Seiten, aufgenommen während eines Übungsschießens, veranschaulichen diesen Vorgang.

Oben links: Der zur Geschützbedienung gehörende MatrGefr. Richard Steinert taucht aus dem Bootsinneren im Turmluk auf. Rechts im Bild die am Sehrohrbock angebrachte Arretierung des Deckels.

Oben rechts: Auch der MatrGefr. Paul Stephan taucht aus dem Turmluk auf, die linke Hand an der Halterung neben der UZO-Säule und in der rechten Hand einen der breiten, starken Sicherheitsgurte mit seiner Leine haltend, die von der Geschützbedienung an Deck getragen wurden. Links von ihm wird die Patronen-Rutsche nach außen geöffnet.

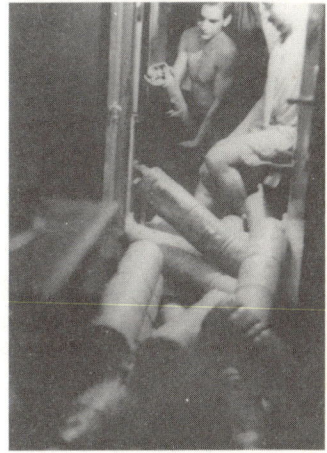

Im Bootsinneren sind E-Obermaschinist Heinz Mattern und MechOGefr. Wilhelm Bigge damit beschäftigt, die 8,8-cm-Munition aus der Artillerielast unter den Flurplatten zu holen und die Patronen aus ihren Metallbehältern zu ziehen. Diese Aufnahme stammt offensichtlich vom Artillerie-Einsatz in der Nacht vom 30./31. August gegen die VARDAAS, bei dem 50 Schuss abgegeben wurden.

Die aus ihren Metallbehältern gezogenen 8.8-cm-Patronen werden von Hand in einer Kette durch die Zentrale und von unten zur Brücke gereicht. Dort nimmt sie Diesel-Obermaschinist Hermann Kräh in Empfang und lässt sie über die kleine Rutsche nach außen zum Oberdeck gleiten. Im Inneren des Turmluk-Deckels ist in der Mitte das Handrad des Zentralverschlusses zu erkennen, der den Deckel beim Schließen des Luks durch drei Knaggen gegen das Luksüll fest andrückt.

An Oberdeck werden die 8,8-cm-Patronen von den beiden Ladekanonieren aufgenommen. Rechts ist MatrGefr. Richard Steinert und links MatrGefr. Hermann Hausruckinger zu sehen. Letzterer ist zugleich der Koch des Bootes, der bei der Geschützbedienung einspringen musste, weil Ernst Schlittenhard nicht mehr an Bord ist. Hausruckinger gehörte vor seiner Zeit als »Smutje« bereits einmal zur Geschützbedienung. Am Turm ist unterhalb des Spritzwasserabweisers die ausgeklappte Rutsche zu erkennen.

Das 8,8-cm-Seezielgeschütz SK C/35 L/45 ist nach Backbord querab geschwenkt. Hermann Hausruckinger ist im Begriff, das Geschütz mit einer Patrone zu laden. Rechts steht Richard Steinert bereit, der zweite Ladekanonier. Am Geschütz sind alle Bedienungselemente doppelt, d.h. auf jeder Seite vorhanden. Links vorn am Geschütz ist deutlich unter dem vorderen Schutzbügel das linke Höhenricht-Handrad zu unterscheiden.

Interessiert vom Turm aus beobachtet, steht mit dem Rücken zur Kamera Oberbootsmann Heinz Webendörfer, der zugleich der Geschützführer ist, am rechten Höhenricht-Handrad des Geschützes. Er hat den Sicherheitsgurt angelegt und trägt seine Rettungsweste. Von ihm sind das rechte Seitenricht-Handrad und der Richtkanonier verdeckt, der gebeugt an der Visiereinrichtung steht, die rechts von Webendörfer auf Schulterhöhe zu sehen ist. Die Mündung des fast 4 m langen Geschützrohres ist frei, d.h., der Mündungsverschluss ist entfernt, seine Sicherungsleine hängt vom Rohr herab, während der Verschluss selbst in seiner Halterung am Sockel der Lafette befestigt ist.

Hermann Hausruckinger (verdeckt) ist gerade dabei, die 8,8-cm-Patrone in den Verschluss zu rammen. Links am Turm die Rutsche mit einem Metallbehälter für die Patronenmunition, der offensichtlich bei dieser Übung benutzt wird. Darunter ist an der Vorderkante am Fuß des Turms eine gewölbte Ausbuchtung zu erkennen (siehe auch Seite 234). In ihr befinden sich die Notanschlüsse zur Sauerstoff- (Steuerbordseite) und zur Druckluftübernahme (Backbordseite) von außen im Falle einer Havarie sowie der druckfeste Magnetkompass. Hierbei handelte es sich um einen Lichtbildkompass, den der Gefechtsrudergänger in der Zentrale darunter ablesen und neben dem Kreiselkompass benutzen konnte. Im Umkreis von 0,90 m um den Magnetkompass durfte nur amagnetisches Material verwendet werden. Unter den Decksklappen zu beiden Seiten der Ausbuchtung befanden sich die Stauräume für insgesamt 30 Schuss 8,8-cm-Bereitschaftsmunition in druckfesten Behältern. Weitere 175 Patronen 8,8 cm lagerten in der Munitionskammer (Artillerielast) unter den Flurplatten vor der Zentrale.

Das Geschütz ist auf diesem Foto nach Steuerbord geschwenkt und feuerbereit.
Die Aufstellung der sechsköpfigen Geschützbedienung entspricht jener, wie sie auf
Seite 235 zu sehen ist. Sehr deutlich ist auf diesem Foto der Richtkanonier zu erkennen,
der über die Visiereinrichtung gebeugt steht und die rechte Hand an der Kurbel des
Seitenricht-Handrades hat. Unter den Füßen von Oberbootsmann Webendörfer
befindet ein Teil der strahlenförmig um das Geschütz verteilten und verzinkten
Eisenschienen, um ein Ausgleiten der Kanoniere auf dem oft schlüpfrigen Decksbelag
zu verhindern. Links im Bild ist wieder ein Metallbehälter für eine 8,8-cm-Patrone
auf der kleinen ausgeklappten Rutsche ersichtlich.

In der Dunkelheit der frühen Morgenstunden des 30. August 1942 beschoss *U 564*
mit 50 Schuss 8,8 cm den norwegischen Tanker MV VARDAAS, der schließlich nach
35 Treffern in Brand geriet und sank. Harings Foto ist von schlechter Qualität, lässt
aber nichtsdestoweniger die lodernden Flammen nach dem Einschlagen der 8,8-cm-
Granaten auf dem Tanker erkennen.

Nachdem *U 564* seinen letzten Torpedo verschossen hatte, trat das Boot am 30. August 1942 den Rückmarsch nach Brest an. Da Wattenberg den BdU ersucht hatte, seinem *U 162* noch eine Dieselölreserve für die spätere Atlantiküberquerung zuzuteilen, erhielt Suhren die Weisung, sich mit dem IX-C-Boot im Quadrat 4666 ostwärts der Insel St. Lucia am 1. September zu treffen.

Oben: Hier liegen beide Boote mit geringem Abstand und mäßiger Fahrt auf parallelen Kursen. Das Foto wurde auf *U 564* vom Achterschiff aus aufgenommen und zeigt *U 162* fast in voller Länge. Vor dem Turm führt das IX-C-Boot ein 10,5-cm-Decksgeschütz SK L/45, auf dem Turm eine 2-cm-Flak in Einzellafette und auf dem Achterschiff eine 3,7-cm-Flak. Die 3,7-cm-Flak in Einzellafette war nur von geringem Wert; denn im Falle eines Luftangriffes bot sie keinen Schutz. Das Bemannen der Flak war umständlich, die Bedienung war voll dem gegnerischen Beschuss ausgesetzt, die Schussfolge war zu langsam und für einen Einsatz gegen feindliche Schiffe war ihr Kaliber zu klein. Sie wurde nicht oft benutzt.

Hier wird gerade die Schlauchverbindung hergestellt und die Übernahme von 2 m³ Treibstoff beginnt. Rechts im Bild ist auf *U 564* der Schlauch mit dem Anschluss unter der Decksverkleidung an den Stutzen der Treibölleitung zu den Bunkern zu sehen.

Vom »Wintergarten« des VII-C-Bootes aus aufgenommen: die Treibölübernahme ist
in vollem Gange. Rechts im Vordergrund reckt sich das Rohr der 2-cm-Flak in den
Himmel.

Jedem Angriff aus der Luft in diesem Seegebiet auf gefährliche Weise rasch auftauchenden Landflugzeugen ausgesetzt und nicht imstande, schnell zu tauchen, solange sich so
viele Männer außerhalb des Bootes an Oberdeck aufhielten, musste die Übernahme in
15 Minuten beendet sein. Danach setzte *U 564* den Rückmarsch nach Frankreich fort.

Teddy Suhren bringt das Kriegstagebuch (KTB) auf den neuesten Stand. Es war von Hand geschrieben und der Kommandant des Bootes führte es während der Feindfahrt ständig weiter. Sobald das Boot seinen Stützpunkt erreicht hatte, wurde das KTB mit der Schreibmaschine abgeschrieben und zur Vorlage an den BdU vorbereitet. Dönitz benutzte es, um in Gedanken die Ereignisse der Feindfahrt zu rekonstruieren und die Führung des Bootes einschließlich der Leistungen von Kommandant und Besatzung zu beurteilen.

L.I. Ulf Lawaetz und I.WO Ulrich Gabler schauen dem Kommandanten interessiert zu.

Wie die Ereignisse an Bord von *U 564* zeigten, wirkte sich das beengte, feuchte Innere eines Unterseebootes auf das körperliche Wohlbefinden Einzelner oder der gesamten Besatzung oft verheerend aus. Während des Marsches durch das *Black Gap* im Atlantik war der morgendliche Spaziergang von Suhren und Gabler ein zu beobachtendes Ritual. Das tägliche, mehrmalige Abschreiten des Achterschiffs trug dazu bei, in Form zu bleiben, vor allem für Suhren, der durch die langen Zeiträume, die er auf der Brücke stehen musste, unter Schmerzen litt. Zudem gab dies den beiden Männern Gelegenheit zum vertraulichen Gespräch, ohne dass jemand mithören konnte. Man beachte die halbrunde Abdeckung in der Decksverkleidung im Vordergrund, unter der sich das Kombüseluk befindet.

Beim Marsch durch das *Black Gap* und an Tagen mit guter Sicht, um nicht aus der Luft oder von See her überrascht werden zu können, erhält ein großer Teil der Besatzung oft gleichzeitig die Gelegenheit, sich außerhalb des Bootsinneren aufzuhalten, um Sonnenschein und frische Luft zu nutzen. Doch die Ausgucks bleiben wachsam und suchen den fernen Horizont ab. Auch U-Boote mussten Positionslichter besitzen, auch wenn sie im Kriege in der Regel nicht geführt wurden: nach vorn und achtern weiß, an Steuerbord grün und an Backbord rot. Beachte links das achtere Positionslicht (weißes Hecklicht bzw. -laterne). Rechts im Vordergrund sind in der Oberdecksverkleidung die Abdeckungen über dem achteren Torpedoluk und dem Oberdecksbehälter für den Reservetorpedo zu erkennen.

Links: Trotz der entspannten Atmosphäre an Bord innerhalb des Black Gap beim Rückmarsch blieb Wachsamkeit für das Überleben von entscheidender Wichtigkeit. Links im Bild das ausgefahrene Stand- oder Angriffssehrohr.

Rechte Seite: Der Grund, einem größeren Teil der Besatzung zu gestatten, sich nur in Seegebieten relativer Sicherheit außerhalb des Bootes aufzuhalten, ist auf diesen drei Fotos offensichtlich: Im Augenblick des Alarmtauchens muss jeder dieser Männer so rasch wie möglich den einzigen Zugang ins Innere – das Turmluk – erreichen und einer nach dem anderen nach unten verschwinden. Die zusätzliche Zeit, die dies vor dem Tauchen erfordern würde, könnte während eines Angriffs die Katastrophe bedeuten. Zwischen den Dienstgraden herrschte an Bord eines U-Bootes wenig Förmlichkeit, besonders in der wachfreien Zeit. Auf dem »Wintergarten« zusammengedrängt, sind ein erheblicher Teil der Unteroffiziere und Mannschaften zu sehen. Neben der 2-cm-Flak sind oben in der Bildmitte sowie unten rechts im Bild das eingefahrene Standsehrohr und links im Bild der Zuluftschacht an Steuerbord zu erkennen.

Stabsobersteuermann Karl Limburg und Bootsmannsmaat Karl-Ernst Thiel beim
»Schießen der Sonne« mit dem Sextanten, d.h., mit diesem nautischen Winkelmessgerät
wird der Winkel zwischen dem Horizont und der Sonne bzw. einem Stern (die Höhe)
gemessen. Mit seiner Hilfe wird dann zu Navigationszwecken der genaue Standort
nach Länge und Breite (Position bzw. Besteck) des Bootes errechnet. Um das Ergebnis
durch Übereinstimmen zu kontrollieren, war eine Messung zu zweit erforderlich. Heute
im Zeitalter der Funk- und Satellitennavigation wird der Sextant kaum noch benutzt.

Während des Rückmarsches ließ Suhren das Boot für ein Übungsschießen mit der
2-cm-Flak stoppen, bei dem ein Teil der Bereitschaftsmunition verschossen wurde.
Hier schießt Teddy Suhren selbst mit dem Geschütz, während die Matrosengefreiten
Heinrich Wagner und Eduard Kalbach als Ladekanoniere fungieren. Rechts im Bild
ist Oberbootsmannsmaat Heinrich Bartels zu sehen.

Hier (Bild oben und unten links) hat Oberbootsmannsmaat Heinrich Bartels, die Seemännische Nr. 2, die 2-cm-Flak als Schütze übernommen. Suhren hatte sich anlässlich einer Gelegenheit bei Hitler persönlich beklagt, dass die Flakbewaffnung während der Feindfahrten trotz ständiger Wartung durch das U-Boot-Personal sehr rostanfällig wäre. Obwohl Hitler in Folge entsprechende Forderungen an Albert Speer, den Reichsminister für Bewaffnung und Munition, gestellt hatte, war dieses Problem nie voll gelöst worden.

Nun ist Wagner mit der Schießübung an der Reihe. Im Hintergrund scheint als Schießziel eine »Nebelboje« verwendet worden zu sein, auf die der Schütze zu feuern hatte.

Während Suhrens letzter Feindfahrt standen Gesundheit und Aussehen von ihm selbst und seiner Besatzung ständig im Vordergrund seines Denkens. Trotz 70 Tagen in See sollte die Besatzung bei ihrer Ankunft in Brest frisch und sauber aussehen. Als *U 564* den Mittelatlantik durchquerte, verpasste der MatrGefr. Richard Steinert Suhrens Haarpracht den letzten Schliff.

Persönliche Hygiene konnte an Bord eines Kampfbootes bestenfalls als schwierig bezeichnet werden, selbst wenn das Boot aufgetaucht fuhr und sich die Besatzung an Oberdeck aufhalten konnte. Läuse waren oft ein Problem; sie konnten sich unter der beengt lebenden Besatzung rasch ungehindert ausbreiten. Jeder Bereich mit Körperhaar konnte diese ärgerlichen »Viecher« beherbergen und das Problem des Juckreizes verschlimmerte sich durch die tropischen Temperaturen. Das Abrasieren der Haare bzw. ihr Abschneiden mit der Schere an geeigneten Körperstellen war eine Lösung des Problems.

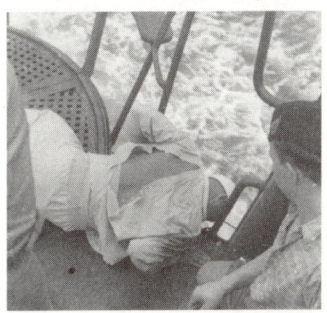

Links oben: Nach Wochen in See waren Wartungsarbeiten auch weiterhin von höchster Wichtigkeit. Auf dem »Wintergarten« von U 564 verursachte eine lose Bodenplatte Probleme: zum einen wegen des Lärms, den sie bei Tauchfahrt erzeugte, und zum anderen, weil sich unmittelbar darunter der Lufteinlass für den Dieselmotorenraum befand.

Dies ist nicht die Fastnachtszeit, sondern die Fortsetzung der Wartungsarbeiten zur Befestigung der stählernen Bodenplatte auf dem »Wintergarten« von U 564. – Wie diese drei Fotos und das Foto auf der vorhergehenden Seite zeigen, hatte Teddy Suhren an den Wartungsarbeiten auf seinem Boot stets ein persönliches Interesse, und wie auch andere Fotos beweisen, griff er immer persönlich mit zu. Hier überzeugt sich der eben aus seiner Koje aufgestandene Suhren, der noch seinen Pyjama trägt, vom Fortgang der Arbeiten und unterstützt seine Männer bei der Beseitigung des Schadens. – Wenn alle anderen Möglichkeiten versagen, wird der Hammer benutzt! Auf diesem Foto (oben) ist ein weiteres charakteristisches Erkennungsmerkmal Teddy Suhrens sichtbar: An seiner linken Hand trägt er einen kleinen Rubinring, ein Familienerbstück, das seit 300 Jahren im Besitz von Suhrens Familie ist und das zu diesem Zeitpunkt Teddy Suhren gehörte.

Mit Wirkung vom 1. September 1942 hatte Teddy Suhren als 18. Soldat der Wehrmacht sowie als dritter Angehöriger der Marine und gleichzeitig auch der U-Boot-Waffe die zweithöchste Tapferkeitsauszeichnung erhalten, die damals zu vergeben war: das Eichenlaub mit Schwertern zum Ritterkreuz des Eisernen Kreuzes. Gleichzeitig war er zum Korvettenkapitän befördert worden. Die hierzu eingegangenen Funksprüche mit der Verleihung der Auszeichnung, der Mitteilung der Beförderung und den Glückwünschen waren von L.I. und I.WO heimlich gesammelt worden. Hier ist die wachfreie Besatzung von *U 564* auf dem Achterschiff angetreten, um zu gratulieren. Oblt.(Ing.) Ulrich Gabler, der L.I. (mit schwarzen Handschuhen), meldet dem ahnungslosen Kommandanten die Überraschung: »Wachfreie Besatzung zur Gratulation angetreten!« Dann begibt er sich nach vorn, um die Funkformulare mit den eingegangenen Funksprüchen zu verlesen. Links von ihm grüßen Oblt.z.S. Ulf Lawaetz, der I.WO, Lt.(Ing.) Eberhard Hammermüller und die Portepee-Unteroffiziere. Hinter ihnen sind in drei Gliedern die Maate und anschließend die Mannschaften angetreten. Das sonst übliche »Hacken zusammen!« galt auf dem schwankenden und oft rutschigen Deck nicht.

Gabler verliest u.a.:
»Im Ansehen Ihres immer bewährten Heldentums verleihe ich Ihnen als 18. Soldaten der deutschen Wehrmacht das Eichenlaub mit Schwertern zum Ritterkreuz des Eisernen Kreuzes! Adolf Hiler.« – »An Suhren: Ich freue mich, Ihnen Ihre Beförderung zum Korvettenkapitän wegen besonderer Auszeichnung vor dem Feinde mit meinem herzlichen Glückwunsch aussprechen zu können! Der Oberbefehlshaber der Kriegsmarine. Raeder.«

Suhrens Beförderung zum KKpt. erforderte neue Rangabzeichen, gefertigt aus
Dosenblech, das Hausruckinger in seiner Kombüse gesammelt hatte, und die ihm
Gabler, Nordmann und Anderheyden anhefteten, nämlich drei Ärmelstreifen ans
Jackett und das breite Eichenlaub an den Mützenschirm.

Die doppelte Anerkennung – Beförderung und die Verleihung der zweithöchsten deutschen Tapferkeitsauszeichnung – hatte Teddy Suhren in das Pantheon der Elite erhoben; denn bis zu diesem Zeitpunkt hatten vor ihm diese hohe Auszeichnung in der Kriegsmarine und gleichzeitig auch in der U-Boot-Waffe nur KKpt. Otto Kretschmer und Kptlt. Erich Topp erhalten. Doch Teddy Suhren war sich der Tatsache durchaus bewusst, dass seine Besatzung hierbei eine große Rolle gespielt hatte. Um den Männern seine Anerkennung auszusprechen, sagte er in einer kleinen Ansprache unter anderem – wie üblich trägt er seinen roten Schal um den Hals geschlungen –: »*Ein Boot ist nur so gut wie seine Besatzung, und seine Besatzung ist so gut wie sein Kommandant. Ihr wisst, dass ich nie etwas irrsinnig Waghalsiges tat oder befahl, jedoch konnte ich mit Euch bis an die Grenze des Möglichen gehen. Dafür danke ich Euch allen. ... In spätestens 14 Tagen wollen wir zurück sein und werden mit großer Aufmerksamkeit auch das schaffen!*«

Sobald Suhren seine Ansprache beendet hatte, war für Haring die Zeit gekommen, das Ereignis für die Nachwelt festzuhalten. Auf dem Foto rechts oben kann beobachtet werden, wie er mit einer kleinen Filmkamera Angehörige der Besatzung filmt, während Teddy Suhren zusieht.

Die erste von mehreren Gruppenaufnahmen, die der PK-Berichter Haring im achteren Bereich des »Wintergartens« bei dieser Gelegenheit aufgenommen hat, ist oben rechts zu sehen. Doch Teddy Suhren war der Auffassung, dass von seinen Männern bei den ersten aufgenommenen Fotos nicht alle versammelt waren, die abkömmlich gewesen sind. Daher musste Haring noch eine Serie Fotos anfertigen; sie zeigt alle Besatzungsangehörigen bis auf jene, die absolut unabkömmlich waren (unten rechts).

 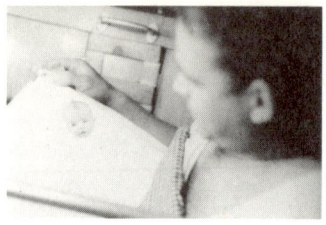

Oben: Am 15. September um 07.47 Uhr ging ein Funkspruch des BdU auf *U 564* ein, bestimmt für Obermaschinenmaat Fritz Hummel, der ihm die Ankunft »eines kleinen U-Bootes mit Sehrohr« mitteilte. Die Geburt von Hummels erstem Sohn wurde von der gesamten Besatzung begrüßt. Die Funker schnitten aus den Seiten einer Zeitschrift den Kopf eines Kleinkindes aus und klebten ihn in die Funkkladde des Bootes neben dem eingetragenen Text des Funkspruches von Dönitz. Hier lesen Hummel (in seiner Koje liegend), Willi Anderheyden und Heinz Webendörfer den kurzen Funkspruch mit der Gratulation. In den nächsten elf Monaten sollte Hummel seinen Sohn nur dreimal sehen: Er gehörte zu den 28 Männern, die im Juni 1943 mit *U 564* untergingen.

Noch sicher vor den Gefahren aus der Luft genießen es Lawaetz (links im Bild) und Suhren, im Freien zu schlummern.

Schließlich traf am 19. September 1942 – einen Tag nach dem Eintreffen von *U 564* auf dem Punkt »Kern« – die Geleitsicherung für das U-Boot am Treffpunkt ein. Angesichts der Luft- und Minensicherung durch die Geleitsicherungsfahrzeuge gestattete Suhren seinen Männern den Aufenthalt auf der Brücke und dem »Wintergarten« nach der Beengtheit im Inneren des Bootes. In der vorgesehenen Halterung ist die Kriegsflagge gesetzt.

Die Geleitsicherung bestand aus zwei Vorpostenbooten der 7. Vorpostenflottille und dem Sperrbrecher MAGDEBURG der 6. Sperrbrecherflottille aus Brest; denn für Brest und Lorient war die 3. Sicherungsdivision mit ihren Sperrbrechern, Vorposten-, Minensuch- und Räumbooten zuständig. Sie trugen die Hauptlast des Geleitsicherungs-dienstes für ein- und auslaufende Unterseeboote und waren ständigen Luftangriffen ausgesetzt; denn für die RAF war das Ausschalten dieser Einheiten eine Aufgabe, die als ein Mittel zur Bekämpfung der U-Boote im Küstenvorfeld Priorität hatte. Die Vp.-Boote waren in der Regel kleine, umgebaute Fischdampfer, die ihre Aufgaben infolge ihrer Seetüchtigkeit und Robustheit bei jedem Wetter erfüllen konnten. Im Vordergrund sind die oben am noch eingefahrenen Standsehrohr angebrachten ge-kreuzten Schwerter zu sehen, angefertigt in der kleinen Werkstatt im Dieselraum von *U 564*. Sie waren ein Hinweis auf die Suhren verliehene hohe Auszeichnung. Am kleinen Flaggenstock für Kommandozeichen weht bereits der Kommandantenwimpel aus – eine Tradition bei zurückkehrenden Booten.

Die Vp.-Boote begleitete der »Sperr-brecher 6« MAGDEBURG, ein größeres, umgebautes Handelsschiff, erkennbar an seinem charakteristischen hohen Schorn-stein. Die MAGDEBURG gehörte der Hamburg-Amerika-Linie, ehe sie die Kriegsmarine im Herbst 1939 beschlag-nahmte und in der Folge mit MES und einer Schutzstauung versah, um ihr bei einem Minentreffer eine gewisse Sink-sicherheit zu verleihen. Zudem führte sie eine sehr starke Flakbewaffnung. Die ein- oder auslaufenden U-Boote folgten zu ihrem Schutz stets im Kiel-wasser des Sperrbrechers. Hier mustern die U-Boot-Männer die vorauslaufende MAGDEBURG.

Auf dem Foto sind die vorbereiteten und oben am noch eingefahrenen Standsehrohr befestigten, aber noch eingerollten Siegeswimpel zu erkennen, bereit, um beim Einlaufen in die Küstengewässer gesetzt zu werden.

Der Funkobergefreite Ewald Gaiser signalisiert mit Winkspruch dem als Sicherung vorausfahrenden Sperrbrecher MAGDEBURG (links) und anschließend mit dem Signalscheinwerfer, der »Klappbuchs«, dem hinter Suhrens Boot folgenden *U 203* (rechts). In der Besatzung dieses Bootes, das auch zur 1. U-Flottille gehörte, herrschte eine Woche nach dem Unfalltod von Rolf Mützelburg, des beliebten Kommandanten, noch immer eine gedrückte Stimmung. Im Hintergrund ist die MAGDEBURG deutlich zu erkennen.

Linke Seite unten: Im Gegensatz zu vielen anderen von langer Feindfahrt zurückkehrenden Besatzungen zeigen alle Fotos auf diesen Seiten die zum Einlaufen bereite
Besatzung von *U 564* in guter körperlicher Verfassung und in einem gepflegten
äußeren Erscheinungsbild, d.h. gewaschen, rasiert und mit einem frischen Haarschnitt
versehen. Die Männer tragen alle einheitlich das sog. U-Boot-Päckchen, d.h. eine
kurze Bluse und lange Hosen aus einem grauen oder graugrünen Drillich.

Auf dem linken Foto sind drei der vier Portepee-Unteroffiziere (Oberfeldwebel)
des Bootes zu sehen (von links): Obermaschinist Heinz Mattern, zuständig für die
E-Maschinen, Obermaschinist Hermann Kräh, zuständig für die Dieselmotoren, und
Oberbootsmann Heinz Webendörfer, die Seemännische Nr.1, Stabsobersteuermann
Karl Limburg, der Vierte in dieser Runde, fehlt. Zur Rückkehr herausgeputzt, genießen
sie bei schönem Wetter die letzten paar Seemeilen vor dem Einlaufen in den Hafen.
Rechts steht Obermaschinist Heinz Mattern vor dem 8,8-cm-Decksgeschütz von *U 564*.
Wie viele der erfahreneren Besatzungsangehörigen musste auch Mattern nach dieser
Feindfahrt das Boot verlassen. Er wurde abkommandiert, um eine Ausbildung zum
Leitenden Ingenieur zu beginnen.

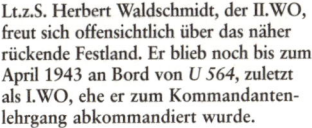

Lt.z.S. Herbert Waldschmidt, der II.WO,
freut sich offensichtlich über das näher
rückende Festland. Er blieb noch bis zum
April 1943 an Bord von *U 564*, zuletzt
als I.WO, ehe er zum Kommandantenlehrgang abkommandiert wurde.

Als die bretonische Küste in Sicht kam,
setzte sich der andere »Passagier« an
Bord von *U 564* für ein Foto von
Haring in Pose: Lt.(Ing.) Eberhard
Hammermüller. Gabler als L.I.-Schüler
zugeteilt, gewann er bei diesem wertvolle
Erfahrungen. Auf den Schulterstücken
das »Zahnrad«, Abzeichen der Ingenieuroffiziers-Laufbahn. Er wurde im
Mai 1943 als L.I. auf *U 921* abkommandiert. Er fiel an Bord dieses Bootes während der dritten Feindfahrt, als es am
30. September 1944 im Nordmeer mit
der gesamten Besatzung verloren ging.

Auch die Maate an Bord von *U 564* freuen sich über das In-Sicht-Kommen der Küste (von links): Joseph Harsch, Willi Anderheyden, Gerhard Ehlers, Heinz Nordmann und Heinrich Bartels (mit EK I). Bis auf zwei von ihnen sollten alle den Krieg überleben.

Auch die Mannschaften drängten sich auf dem Turmaufbau, als sich *U 564* der Zufahrt nach Brest näherte (von links): Richard Steinert, Heinrich Wagner, Heinz Schmutzler, Walter Labahn, Helmut Brock und Wilhelm Bigge.

Als sich *U 564* im Kielwasser des Sperrbrechers dem Goulet de Brest näherte, wurde das Angriffssehrohr ausgefahren und die Siegeswimpel entrollten sich. Neun Wimpel wehten aus und kündeten von der erfolgreichen Feindfahrt, als das U-Boot unter den Geschützen der Marineartillerieabteilung 262 passierte, deren Batterien beiderseits der Einfahrt das Fahrwasser nach Brest beherrschten. Nach späteren Feststellungen hätten es allerdings nur fünf Siegeswimpel sein dürfen.

Endlich im Hafen! Sobald die Musterung der Besatzung vorüber war, entspannte sich die Besatzung. Die Krankenschwestern des Marinelazaretts Brest hatten frische Erdbeeren mitgebracht. Hier freuen sich Ewald Gaiser und Eduard Kalbach über die süßen Früchte. Zwischen ihnen kann im Hintergrund eine der Einfahrten in eine Box des gewaltigen U-Boot-Bunkers in Brest schwach ausgemacht werden.

Epilog

Teddy Suhrens Rückkehr von seiner letzten Feindfahrt löste im Stabsquartier der 1. U-Flottille in der ehemaligen französischen Marineschule größere Feierlichkeiten aus. Der frisch beförderte und mit der bis dahin höchsten Tapferkeitsauszeichnung in der Marine dekorierte Suhren[0a] marschierte an der Spitze seiner Besatzung vom U-Boot-Bunker hinauf zur oberhalb von ihm auf dem Kliff gelegenen Marineschule. Dort hatte die Besatzung auch ihre Wohnquartiere, und die Anspannungen der Feindfahrt sowie auch bei Suhren der Druck der Verantwortung fingen an, allmählich nachzulassen. In einem Saal der Marineschule war ein Bankett ausgerichtet worden und die gesamte Besatzung freute sich ausgelassen über ihren Erfolg und ihr Überleben. Danach folgten ruhige Tage, während die Männer ihre dienstlichen Verpflichtungen abwickelten. Anschließend konnte die erste Hälfte der Besatzung auf Heimaturlaub gehen, später von der zweiten Häfte abgelöst, die bis dahin in Brest geblieben war.

Unter den Auszeichnungen, die an die Angehörigen der Besatzung Teddy Suhrens nach der Feindfahrt verliehen wurden, befand sich auch das Deutsche Kreuz in Gold, das Oblt.(Ing.) Ulrich Gabler erhielt. Es war jenen Angehörigen der Wehrmacht zu verleihen, die bereits im Besitze des EK I eine Reihe von Tapferkeitstaten aufzuweisen hatten, von denen aber keine einzelne die Voraussetzung zur Verleihung des Ritterkreuzes erfüllte.[0b] An sich hatte Teddy Suhren seinen L.I. für das Ritterkreuz vorgeschlagen, aber von vorgesetzter Seite war der Vorschlag zur Auszeichnung aus unerfindlichen Gründen abgeändert worden. Die beendete Feindfahrt markierte das Ende der Bordkommandos für Gabler und für Suhren. Gabler wurde zum OKM nach Berlin und Anfang 1943 auf Empfehlung des ehemaligen L.I. von *U 203*, Dipl.-Ing. Heinrich Heep

Reinhard »Teddy« Suhren
Fregattenkapitän

Kommandant von
U 564 und FdU Nordmeer
Träger des Ritterkreuzes
des Eisernen Kreuzes mit
Eichenlaub und Schwertern

1916–1984

(siehe Seite 138), zur Fa. Hellmuth Walter abkommandiert, bei der sich Heep bereits seit Oktober 1942 befand. Er begann dort seine Arbeit in verschiedenen Konstruktionsgruppen für U-Boote. Zunächst gehörte er zu einem Team, das mit der Entwicklung des »Schnorchels« beschäftigt war, der in Bälde für die U-Boot-Waffe von lebenswichtiger Bedeutung werden sollte. Später arbeitete er am Entwurf neuer U-Boot-Typen mit, insbesondere der großen Walter-Boote vom Typ XVIII und XXVI. Im April 1944 kam der Dipl.-Ing. Gabler zum zentralen U-Boot-Entwurfsbüro, dem Ingenieurbüro »Glückauf«, in Blankenburg/Harz und stieg dort rasch zum Hauptabteilungsleiter auf.[0c] Er beendete den Krieg mit der Arbeit am Typ XXVI W.[1] Inzwischen war Suhren von *U 564* und der 1. U-Flottille in Brest für eine Tätigkeit als Lehrer und Kompaniechef für die Wachoffiziersanwärter bei der 22. U-Flottile in Gotenhafen (heute Gdingen) abkommandiert worden, die zur 2. U-Boot-Lehrdivision (ULD) gehörte. Auch sein Freund, KKpt. Erich Topp, befand sich seit Oktober 1942 als Chef der 27. U-Flottille in Gotenhafen. Topp, der bei der praktischen Ausbildung zur Geleitzugbekämpfung dringend Unterstützung brauchte, holte Suhren schließlich in seine Flottille, nachdem BdU org. zugestimmt hatte und Suhrens Lehrgang bei der 2. ULD ausgelaufen war.

Am 13. März 1943 kam er als Gruppenführer und Chef des Stabes ebenfalls zur 27. U-Flottille.

Teddy Suhrens letzte Abschlussbesprechung nach einer Feindfahrt bei Dönitz endete mit einem höflichen, aber scharfen Tadel. Er erfreute gerade seinen Oberbefehlshaber mit der Erzählung vom Brand im Dieselmotorenraum und von der Bemerkung Limburgs, dass es im Inneren des U-Bootes so »finster wie im Arsch des Propheten« gewesen wäre, als ihm Dönitz scharf das Wort abschnitt. Bereits vor Jahren wäre Suhren zum Missvergnügen seines Kommandeurs als junger Leutnant z.S. während eines Artillerieschulschießens an Bord von *U 48* fluchend aufgefallen. Im strengsten Tonfall erinnerte ihn der »Löwe« daran, dass er eine herausragende Persönlichkeit wäre, hoch dekoriert und innerhalb der deutschen Wehrmacht respektiert, und auch daran, dass er zuerst denken sollte, bevor er den Mund aufmachte – und dass er vor allem seine Worte mit größerer Sorgfalt zu wählen hätte.

Die Bewertung der letzten Feindfahrt Teddy Suhrens durch Dönitz war in zwei Sätzen zusammengefasst, angefügt an die offizielle, mit Schreibmaschine geschriebene Version des Kriegstagebuches von *U 564*, die in den BdU-Akten verblieb: »Ausgezeichnete Unternehmung dieses bewährten Kommandanten. Die Angriffe auf die Geleitzüge wurden sowohl in der Planung wie auch in der Ausführung auf beispielhafte Weise ausgeführt.«[2]

Teddy Suhrens Besatzung, die zu ihrem Kommandanten ein vollständiges und unerschütterliches Vertrauen gefasst hatte, beklagte seine Abkommandierung aus Brest. Jedem Einzelnen seiner Männer sagte er Lebewohl; viele aus seiner Besatzung waren seit der Indienststellung von *U 564* bei ihm gewesen. Auch mehrere Angehörige aus der »alten Garde« seines Bootes erhielten die Abkommandierung entweder zu einem neuen Frontkommando, zu weiterer Ausbildung oder zu einer Ausbildungseinheit innerhalb der U-Boot-Waffe. Zu jenen, die das Boot verließen, gehörten die Obermaschinisten Kräh und Mattern ebenso wie auch Karl Limburg, der befördert wurde und zunächst zur 26. U-Flottille nach Pillau und später zur 23. U-Flottille nach Danzig, beides Schulflottillen, versetzt wurde. Ulf Lawaetz fuhr zunächst noch als I.WO auf *U 564* unter seinem neuen Kommandanten, ObltzS. Hans Fiedler, weiter, ehe er im Dezember 1942 das Boot verließ und zum Kommandantenlehrgang abkommandiert wurde. Am 6. April 1943 stellte er das auf der Werft der Howaldtswerke in Hamburg erbaute *U 672* vom Typ VII C in Dienst. Zur 6. U-Flottille in St. Nazaire gehörend, absolvierte Lawaetz vier Feindfahrten, ohne ein Schiff zu versenken. Seine letzte Feindfahrt endete am 18. Juli 1944 nördlich von Guernsey im Kanal, nachdem der Geleitzerstörer HMS BALFOUR das Boot mit Wasserbomben angegriffen und zum Auftauchen gezwungen hatte. Inmitten dichter Nebelbänke verließen ObltzS. Lawaetz und seine Besatzung das Boot, nachdem sie seine Selbstversenkung gewährleistet hatten. Sich aneinander festhaltend, wurden schließlich alle 52 Mann von einem alliierten Flugrettungsschiff geborgen, als sich der Nebel lichtete. Sie verbrachten den Rest des Krieges in Gefangenschaft.

Bis zu dem Tag, an dem Lawaetz im Jahre 2001 starb, plagten ihn ständig die Alpträume seiner Versenkung, obwohl er versucht hatte, die Erinnerungen an den Krieg hinter sich zu lassen. Nach seiner Entlassung im Dezember 1945 begab er sich nach Bünde, einem Zentrum der deutschen Zigarrenherstellung. Anfänglich als Dolmetscher arbeitend, stieg er schließlich zum Geschäftsführer einer Zigarrenfabrik auf.

Auch Herbert Waldschmidt fuhr noch bis zum April 1943 unter ObltzS. Fiedler auf *U 564*, zuletzt als I.WO, ehe er anschließend den Kommandantenlehrgang besuchte. Nach einem kurzen Zwischenspiel als Hilfslehrer bei der 2. ULD übernahm er am 12. Juli 1943 *U 146*, ein Schulboot vom Typ II D der 22. U-Flottille in Gotenhafen, und war ab 31. Dezember 1944 »Kommandant in Wartestellung« für die Boote *U 2374* und danach *U 4719* vom Typ XXI. Beide Boote wurden bei Luftangriffen durch Bombentreffer beschädigt und bis Kriegsende nicht mehr in Dienst gestellt. Schließlich übernahm Herbert Waldschmidt als Korvettenkapitän der Bundesmarine vom Oktober 1963 bis zum September 1967 doch noch ein einsatzfähiges Boot vom Typ XXI als Kommandant, ehe er als Fregattenkapitän in den Ruhestand trat: die WILHELM BAUER. Das Boot war noch Ende Februar 1945 als *U 2540* in Dienst gestellt und am 4. Mai 1945 durch britische »Typhoon«-Jagdbomber nahe Flensburg versenkt worden. Danach war das gehobene und wieder hergestellte U-Boot vom September 1960–15. März 1982 als Schulboot bei der Bundesmarine in Dienst. 1984 kam das Unterseeboot, das wieder seinem Kriegszustand glich, als Museumsboot in das Deutsche Schiffahrtsmuseum in Bremerhaven. Dort kann es heute besichtigt werden.

Leutnant (Ing.) Eberhard Hammermüller, der letzte der Offiziere, die im Sommer 1942 mit *U 564* auf Feindfahrt waren, zog aus den Erfahrungen, die er als Assistent und L.I.-Schüler von Gabler gemacht hatte, großen Nutzen. Er wurde als Leitender Ingenieur auf das am 30. Mai 1943 neu in Dienst gestellte *U 921* vom Typ VII C kommandiert. Ein veralteter britischer »Swordfish«-Bomber, der zur Sicherung des Geleitzuges RA.60 gehörte, erwischte das U-Boot jedoch am 30. September 1944 südwestlich der Bäreninsel im Nordmeer und versenkte es durch Bombentreffer mit seiner gesamten Besatzung (51 Tote, darunter auch Hammermüller).

Nach der abschließenden Besprechung bei Dönitz fuhr der nach Berlin befohlene Teddy Suhren mit der Eisenbahn in die Reichshauptstadt. Dort fand er sich erneut von der Führung der Kriegsmarine umgeben, beginnend mit einem Frühstück, zu dem er mit anderen um 14.00 Uhr von Großadmiral Erich Raeder, der wie üblich streng wirkte, in den »Kaiserhof« eingeladen war. Darüber berichtete Suhren später:

Diesmal kam ich mit dem Nachtzug frisch und ausgeruht in Berlin an. In angemessener Weise, wie es sich für einen Soldaten geziemt, erschien ich um 13.50 Uhr im »Kaiserhof«. Dort fand ich zu meinem Schrecken den Oberbefehlshaber der Marine schon vor, und so sagte ich entschuldigend zu ihm: »Oh, Herr Großadmiral, schon da?« In meiner Verwirrung fiel mir nichts Besseres ein. »Ja, ja, wie Sie sehen, ich

bin ja schließlich der Gastgeber. Aber Sie« – dabei sah er
mich merkwürdig an und schnupperte –, »heute so ganz ohne
Fahne?« – »Als Stabsoffizier muss ich doch seriöser werden,
Herr Großadmiral.«[3]

Anderntags, am 30. September 1942, meldete sich Teddy
Suhren bei KptzS. Jesko v. Puttkamer, dem Marineadjutanten
Hitlers, in der Reichskanzlei und dann lief das Protokoll wie
gewohnt ab, und er erhielt aus der Hand Hitlers das Eichenlaub mit Schwertern zum Ritterkreuz.[3a] Sein Freund Erich
Topp war von Martin Bormann, Sekretär Hitlers und Chef
der Parteikanzlei, auf den Platterhof eingeladen worden und
holte Suhren nach; denn Bormanns Frau war die Schwester
von Topps Crewkameraden Walter Buch. Der Platterhof, das
Hotel der obersten Parteiführung, lag auf dem Obersalzberg
bei Berchtesgaden, dem privaten Zufluchtsort Hitlers und
seiner engsten Parteigenossen. Hier mischte sich Suhren unter
jene, die in den schwindelnden Höhen der Macht des NS-
Staates wandelten, und tanzte trotz des Verbotes während
des Krieges mit Eva Braun und ihrer Schwester. Er war hier
Gast eines auf untypische Weise zugänglichen und anscheinend entspannten Bormann und seiner Familie. Hier traf er
auch Willy Fritsch, Herta Feiler und Magda Schneider, die
vom Film her bekannt waren.

Selbst nach Teddy Suhrens Weggang aus Brest schwebte
sein Schatten noch lange über der Hafenstadt. Claus-Peter
Carlsen erinnert sich, 60 Jahre nach dem Ende des Krieges,
noch immer lachend an die vielen Male, als ihm nach seinem
eigenen Eintreffen im Oktober 1942 als Oberleutnant zur
See und Kommandant von *U 732* im Stützpunkt der 1. U-
Flottille die Geschichten von Suhrens Taten erzählt wurden:
»Ja, Teddy Suhren, das war ein Biest! ... Werner Winter, der
Kommandeur von Teddy Suhren und Hein Uphoff, verrück-
te Hunde alle beide, erzählte mir über diese beiden alle
möglichen Geschichten.«[4]

Die Legenden von Teddy Suhrens Respektlosigkeit gegenüber jeglicher Autorität und von seiner Tapferkeit vor dem

Feind machten die Runde tatsächlich bis in die US-Marine,
wo sein Name im Sommer 1943 während einer Vernehmung
des gefangen genommenen Kommandanten von *U 521*,
Kapitänleutnant Klaus Bargsten, plötzlich in auffallender
Weise Erwähnung fand:

*[Bargstens] intimster Freund und Klassenkamerad war
KKpt. Reinhard »Teddy« Suhren. Es wurde behauptet, dass
der gut aussehende und beliebte Suhren die Alkoholvorräte
in jedem Hafen, in dem er sich aufhielt, beträchtlich senken
konnte. ... Bei einer anderen Gelegenheit pirschte sich Suhren
an einen Geleitzug heran, den er zuvor gemeldet hatte. ...
Zur gegebenen Zeit erhielt er von Dönitz einen »anfeuern-
den« Funkspruch, in dem er ihn anwies, [den Geleitzug] »un-
ablässig zu verfolgen und heftig anzugreifen«. Nach der
Rückkehr von dieser Feindfahrt, die außerordentlich erfolgreich verlaufen war, wurde Suhren [wie jeder Kommandant
nach einer Feindfahrt] aufgefordert, im Stabsquartier von
Dönitz zu erscheinen, um Bericht zu erstatten.*
*Im Verlaufe dieser Besprechung verstieß Suhren gegen die
Disziplin, indem er den Funkspruch als unnötig, wenn nicht
sogar beleidigend bezeichnete. Diese Unverschämtheit ließ
Dönitz vorübergehend sprachlos werden, dann fasste er sich
rechtzeitig wieder, um Suhren am Hals zu packen, drückte
ihn gegen einen Tisch und verabreichte dem ungezogenen
Jungen eine kräftige Ohrfeige.*[5]

Trotzdem vollzog sich der Aufstieg Teddy Suhrens kome-
tenhaft. Am 27. Mai 1944 ernannte ihn Großadmiral Dönitz,
der seit dem 30. Januar 1943 auch ObdM als Nachfolger
Raeders war, zum Kommandeur aller in Norwegen stationierten U-Boote: zum Führer der Unterseeboote Norwegen –
FdU Norwegen –, einer Dienststellung, die ab September
1944 die Bezeichnung »FdU Nordmeer« (kurz: FdU Nord)
trug und die er bis Kriegsende beibehielt. Am 1. Juni 1944
zum Fregattenkapitän befördert, oblag ihm als FdU die operative Führung aller U-Boote in arktischen Gewässern.[5a]

Inzwischen war das Boot, auf dem er sein einziges Bordkommando ausgeübt hatte, in der Tiefe des Atlantik verschwunden. Am 14. Juni 1943 wurde *U 564* bei BdU op. als
»Vermisst**« eingestuft – mit zwei Sternen versehen, bedeutete diese Feststellung in der Sprache des BdU-Stabes: »Bestä-
tigter Verlust«. Im KTB der 1. U-Flottille hieß es lapidar:
»Das Boot lief am 9. Juni aus Bordeaux aus. Am 14. Juni
wurde es in Bruno Fritz 7549 von einem feindlichen Flugzeug angegriffen und versenkt. 28 Mann gefallen, 18 gerettet,
darunter der Kommandant.«[6] Das Ereignis spielte sich im
Planquadrat BF 7549 ab, einem Seegebiet nordwestlich von
Kap Ortegal, der Nordwestspitze Spaniens.

Das nunmehr von ObltzS. Hans Fiedler geführte *U 564*
gehörte zu einer Gruppe von fünf in den Atlantik auslaufenden
U-Booten, die den Golf von Biskaya aufgetaucht zu durchqueren hatten, um gemäß der neuen BdU-Weisung angreifenden Flugzeugen des Gegners standzuhalten und sie zu bekämpfen. Am 13. Juni griff die Short »Sunderland« U, ein
viermotoriges Flugboot der 228. Squadron der RAF, *U 564*
mit Bomben an und beschädigte es so schwer, dass es tauchun-
fähig war. Auch das Flugzeug wurde hierbei abgeschossen.
Fiedler musste den Rückmarsch nach Bordeaux antreten,
und *U 185* (Kptlt. August Maus), ein Boot vom Typ IX C/40
der 10. U-Flottille, erhielt den Befehl, *U 564* nach Süden zur
spanischen Küste zu geleiten, wo Fiedler versuchen konnte,
provisorische Reparaturen durchzuführen. Die deutschen
Zerstörer *Z 24* und *Z 32* von der 8. Zerstörerflottille in
Bordeaux bereiteten sich zum Auslaufen vor, um die beiden
U-Boote aufzunehmen.

Durch ein zufälliges Zusammentreffen markierte jedoch
der folgende Tag, der 14. Juni, den Beginn einer Offensive
der *19. Group* des Küstenkommandos der RAF in der Biskaya,
um mit Hilfe der Operation *Musketry* der neuen deutschen
Taktik zu begegnen. Diese Operation sah vor, dass sieben
Flugzeuge auf parallelen Kursen im Suchgebiet nordwestlich
von Kap Ortegal dreimal täglich eingesetzt wurden, um sich
im Falle des Sichtens deutscher U-Boote gegenseitig zu unter-

stützen. Während im Laufe dieses Tages die langsam fahrenden
beiden U-Boote nur mühsam in Richtung des neutralen
Spanien vorankamen, wurden sie von der »Whitley« G der
10. OTU etwa 145 km nordwestlich von El Ferrol gesichtet.
Der von Sergeant A.J. Benson geflogene zweimotorige
Bomber setzte Fühlungshalter-Meldungen ab und folgte den
U-Booten. Als zwei Stunden später eine Handley Page
»Hampden« der 415. Squadron eintraf, erhielt die »Whitley« den Angriffsbefehl. Während *U 564* und *U 185* mit
sämtlichen Fla-Waffen das Feuer eröffneten, setzte Sergeant
Benson mit seiner Maschine zum Angriff an. Die U-Boote
mit Bordwaffenbeschuss überschüttend, donnerte Benson
über *U 564* hinweg und gabelte es mit sechs Wasserbomben
ein. Eine detonierte direkt unter dem Boot, hob den Bug aus
dem Wasser und brach den Kiel des Bootes. Auch Bensons
Maschine war getroffen worden. Die Treffer beschädigten
die Hydraulik, der rechte Motor fiel aus und das Flugzeug
wurde etwa 130 km südwestlich der Scilly-Inseln zur Not-
wasserung gezwungen.[7]

Kptlt. Maus versuchte mit *U 185* nur sehr kurz und erfolglos, *U 564* in Schlepp zu nehmen; denn das schwer ange-
schlagene Boot lief allmählich voll und sank über das Heck
weg. Nur Fiedler und 17 seiner Männer konnten von *U 185*
gerettet werden, die restlichen 28 Mann der Besatzung begleiteten *U 564* auf seiner letzten Tauchfahrt in die Tiefe,
darunter vor allem das gesamte Maschinen- und Funkpersonal,
das entweder gleich zu Anfang bei der Detonation der Wasserbombe oder später beim Versuch starb, den Wassereinbruch
in das beschädigte Boot zu stoppen. In der Tat können die
erschreckend hohen Verluste der deutschen U-Boot-Waffe
des Zweiten Weltkrieges[7a] durch die Tatsache umfassend demonstriert werden, dass keines der anderen U-Boote, die auf
den Fotos von Suhrens letzter Feindfahrt abgebildet sind, den
Krieg überdauerte: Es sanken *U 154* am 3. Juli 1944, *U 162*
am 3. September 1942, *U 203* am 25. April 1943, *U 463* am
16. Mai 1943 und *U 654* am 22. August 1942 durch direkte
Feindeinwirkung, während *U 129*, fahrunfähig infolge

beschädigter Batterien, im August 1944 im U-Boot-Bunker
Kéroman in Lorient gesprengt und selbst versenkt wurde.
Selbst der von Haring fotografierte stark bewaffnete »Sperrbrecher 6« MAGDEBURG, der *U 564* nach Brest geleitet hatte, wurde am 13. August 1944 vor Royan durch Jagdbomber
der RAF versenkt. Die überwältigend starken Luft- und Seestreitkräfte der Alliierten, die nach der Invasion die französischen Atlantikstützpunkte angriffen, vernichteten faktisch
auch alle kleinen Vorpostenboote der 7. Vp.-Flottille.

Nicht einmal zwei Jahre später nach der Vernichtung von
U 564 war der Krieg schließlich vorüber. Teddy Suhren beendete seine Marinekarriere als FdU Nordmeer und war
1945 britischer Kriegsgefangener in Oslo. Er verbrachte ein
Jahr in Oslo in der Festung Akershus. Dort traf er seinen früheren Kommandanten wieder, KptzS. Hans-Rudolf Rösing,
der sich nach der Invasion zuletzt als FdU West in Bergen
aufgehalten hatte.[8] In dieser Zeit als Kriegsgefangener erfuhr
Teddy Suhren auch vom Tod seiner Eltern und seiner Schwester. Diese lebten in den letzten Tagen des Krieges im Sudeten-
land. Nach dem Rückzug der deutschen Truppen waren sie
von sog. »Partisanen« umgeben, als der tschechische Auf-
stand begann. Um sie nicht in die Hände des lynchenden Mobs
fallen zu lassen, tötete Geert Suhren seine Frau und Tochter,
und dann erschoss er sich selbst.

Am 12. April 1946 wurde Teddy Suhren aus der Gefangenschaft entlassen. Er reiste nach Neustadt in Holstein in das
besiegte Deutschland und verbrachte anschließend einige
Zeit bei seinem alten Freund, dem Inspektor Hufnagel, auf
dem Gut Kleverhof bei Bad Schwartau in der Lübecker Ge-
gend, wo der große Grundbesitz aufgeteilt worden war und
auch Suhren erhielt 6,5 ha Land. Von den mageren Erspar-
nissen aus seinem Sold kaufte er sich einen kleinen Wohnwagen
und eine Kuh. Dann nahm er Verbindung zu seiner Frau
Jutta-Beatrix auf, der Tochter eines Stabsoffiziers der Luftwaffe (der später in sowjetischer Kriegsgefangenschaft ums
Leben kam), die er 1943 während seiner Zeit in Danzig ge-
heiratet hatte. Buchstäblich in letzter Minute war es ihm dann

Anfang 1945 gelungen, seine Frau und ihre widerstrebende Mutter nach Oberstdorf im Allgäu zu evakuieren. Dort fand er sie jetzt auch – zusammen mit ihrer beider Tochter Beatrix. Sie war als Bedienung in einem amerikanischen Offizierskasino beschäftigt. Erschüttert und bestürzt stellte Teddy Suhren fest, dass sie inzwischen einen amerikanischen Freund hatte, und ihre bereits wackelige Ehe zerbrach endgültig.

In gedrückter Stimmung kehrte Teddy Suhren nach Kleverhof zurück. Dort erwartete ihn ein weiterer Rückschlag; denn die örtliche Bevölkerung hatte nicht mehr mit seiner Rückkehr gerechnet und seine kleine Landparzelle unter sich aufgeteilt. Mutlos, aber nicht bereit aufzugeben, ging Suhren nach Kiel. Dort verkaufte er einen Pelzmantel aus Silberfuchs, der seiner Frau gehört hatte, und erwarb auf diese Weise am Rande der zerstörten Stadt ein Gartengrundstück mit einem Schuppen, der bald seine berüchtigte »Schnapsfabrik« werden sollte. Hier destillierte Teddy Suhren mit Kartoffeln und viel Zucker einen »Rum« – einen schwarz gebrannten Schnaps, den er als »Torpedogeist« bezeichnete. 1946 war Schnaps wertvoller als Banknoten der damals noch gültigen »Reichsmark«, und Suhrens neues Geschäft florierte, als er auch noch begann, für den örtlichen »Schwarzmarkt« zu schlachten und Fleisch zu verkaufen. Jedoch schon bald bekam die örtliche Polizei von Teddy Suhrens Unternehmungen Wind, und kurz vor ihrem Eintreffen, um seinen Betrieb aufzulösen, zerstörte er seine Destillationsanlage und zog sich auf den Gutshof bei Bad Schwartau zurück, wo er noch immer seinen Wohnwagen stehen hatte. Dort verdiente er sich einen kleinen Lohn, indem er den Bauern bei der Schafschur half.

Sein Bruder Gerd, der bei Kriegsende als KKpt.(Ing.) L.I. auf *U 2511* (KKpt. Adalbert Schnee) vom Typ XXI gewesen war und nun für die »Deutsche Minenräumdienstleitung« (GM-SA) der Nachkriegszeit[8a] arbeitete und zur Marinegemeinschaft innerhalb Deutschlands noch enge Kontakte unterhielt, fand schließlich im Sommer 1947 für Teddy Suhren eine Aufgabe, die für seine beträchtlichen Talente besser geeignet war. Seine Arbeit sollte darin bestehen, für einen internationalen Mineralölkonzern die daniederliegende Handelsschifffahrt für die Ölindustrie wieder zu beleben. Nachdem sich Teddy Suhren für 850 Reichsmark eine 350-er BMW gekauft hatte, brauste er nach Hamburg und wurde schließlich für diesen Konzern der Leiter der Niederlassung in dieser Stadt.

Obwohl sich die Beziehungen zu seiner ehemaligen Frau wieder freundschaftlich gestaltet hatten, heiratete er bald darauf erneut. Mit seiner zweiten Frau, Hannelore, lebte er zunächst im hessischen Bad Dietzenbach und später in Hamburg. Sie hatten zusammen drei Töchter – Katrin, Gesa und Mara –, zu denen noch ihre Halbschwester Beatrix aus seiner ersten Ehe kam. Teddy Suhrens Leben hatte sich schließlich wieder stabilisiert und verlief harmonisch. Trotz vieler Angebote weigerte er sich, zur Bundesmarine zu gehen, und erklärte, er könnte nicht in einer Marine dienen, in der auf die Soldaten der Kriegszeit wie auf Kriminelle herabgesehen wurde. Er gehörte jedoch zu jenen, die den Deutschen Marinebund e.V. neu gründeten, und führte bei der Versammlung am 31. Mai 1953 in Wilhelmshaven den Vorsitz. Dort sprach er vor 20.000 ehemaligen Marineangehörigen auf dem Rathausplatz. Auch beim ersten nationalen Treffen der U-Boot-Fahrer in Hamburg hielt er eine Begrüßungsansprache an die versammelten U-Boot-Veteranen. Als er an die vielen Kameraden erinnerte, die in den fünf Jahren des Krieges ihr Leben verloren hatten, sprach er auch leidenschaftlich über die Aussöhnung der ehemaligen Kriegsgegner und die Ungerechtigkeit gegenüber Karl Dönitz und Erich Raeder, die im Gefängnis von Spandau als Kriegsverbrecher einsaßen.

Reinhard »Teddy« Suhren starb im Frühherbst 1984 in Hamburg. Erst kurz vor seinem Tod informierte er seine Freunde, dass er seit einiger Zeit qualvoll an einem Magenkrebs litte, der unheilbar wäre. Er hatte schon einige Jahre zuvor das Rauchen aufgegeben, nachdem sein Arzt, besorgt um seine Gesundheit, geraten hatte, entweder das Rauchen oder das Trinken aufzugeben. Er wählte das Erstere, aber schließlich erlag er doch dem Krebsleiden.

Viele Menschen nahmen an Teddy Suhrens Trauerfeier am
5. September 1984 teil, um den Verlust eines solch bemerkenswerten Mannes zu beklagen. Unter ihnen war auch Erich
Topp, der später auf den Seiten seiner Autobiografie seine
Empfindungen bei dieser kurzen Gedenkstunde niederschrieb:

*Wir waren als Wachoffiziere in der 7. U-Flottille gefahren, wa-
ren zur gleichen Zeit Kommandanten gewesen in der Schlacht
im Atlantik und hatten später die frontgehenden U-Boot-Besatzungen in der 27., der taktischen U-Flottille ausgebildet.*
*Diese Zeit hatte zwei von Charakter, Veranlagung, Erschei-
nung verschiedene, in der Durchführung ihrer Aufgabe je-
doch ähnliche Menschen zu zwei sich ergänzenden, engen
Freunden gemacht.*
*Das Schicksal ging hart mit ihm um. ... Auf seinem letzten
Gang wollte ich ihn begleiten. Friedhof Ohlsdorf bei
Hamburg – Krematorium. ... Durch herbstliche Sonne und
Friedhofsgrün ging ich zur Terrasse von der Halle B, wo sich
die wartenden Trauergäste drängten. ...*
*Viele bekannte Gesichter, Godt, Kretschmer, Korth, Bargsten,
Meckel, Cremer usw. – nach all den Jahren im Aussehen
irgendwie verfremdet. Die schlecht sitzenden Ritterkreuze zu
grauen Anzügen – in der Warteschlange des Todes – makaber.
Belanglose Worte über Teddy's gerade herausgekommenes
Buch »Nasses Eichenlaub«.*
*Die Bundesmarine ist auch da, ihr ranghöchster Vertreter
war ein Flottillenadmiral. Die Tür zur Halle B öffnet sich.
Kaum vernehmbar sind Orgeltöne zu hören, von einer Platte
gespielt. Ich nehme in der dritten Reihe Platz. Zwischen vielen
Kränzen und Blumen der Sarg, flankiert von acht Offizieren
der Bundesmarine.*
*Die Musik verstummt. Als erster Redner spricht der Vertreter
der Crew 35. Nach kurzer und undefinierbarer Zwischen-
musik spricht der Ehrenpräsident des Marinebundes, markig,
laut. Dann der Kommandant des Bootes [Herbert Schultze],
auf dem Teddy Wachoffizier war. Er spricht stockend, nach
Worten suchend, bewegt. Schließlich der Vertreter des*

*U-Boots-Verbandes, der in Anlehnung an die bekannten Verse
der Flandernflottille des Ersten Weltkrieges Teddy in die Schar
der U-Boots-Kommandanten einreiht, die wegen ihres ver-
gammelten Aussehens und ihrer schlimmen Taten von Petrus
in einen Sonderhimmel eingewiesen wurden, wo sie lustig,
froh und trunken ihr U-Boots-Leben weiterführen konnten.
Für alle, die sprachen, war Teddy der Landsknechtstyp, der
Zechkumpan, der Jongleur des Humors, der nicht immer vor
der Grenze zum Unmöglichen Halt machte. Niemand anders
als Teddy Suhren hätte beim Einlaufen ... dem zu feierlichen
Empfang angetretenen Stützpunktpersonal zugerufen: »Sind
die Nazis noch am Ruder?«
Vor mir aber stand das Bild des Freundes, mit dem ich durch
diesen verdammten Krieg gegangen war, der durch das ent-
setzliche Schicksal seiner Familie gezeichnet war. Ich sah ihn
in seiner übertriebenen Ehrlichkeit, die seine Gefühle verbergen
sollte. Ich hörte seinen schnoddrigen Humor, der doch nur
den Zynismus der Ausweglosigkeit, unpopuläre Positionen,
verdecken sollte.
Die Worte, die diesen Raum füllten, erreichten mich nicht. –
Ein Trompeter blies das Lied vom guten Kameraden. Damit
fiel der alles und alles versöhnende Vorhang nach dem letzten
Akt des dramatischen Lebens meines Freundes Reinhard Suhren.
Die Trauergemeinde verließ die Halle B durch ein Spalier
von bereits draußen wartenden Trauergästen der nächsten
Bestattung. Die Angehörigen von Teddy stiegen in die mit
laufendem Motor stehenden Wagen. Ich konnte ihnen nicht
einmal kondolieren. Es fand noch ein Treffen der alten
Kameraden statt, wie man mir sagte. Ich war zu enttäuscht,
zu bedrückt, um daran teilzunehmen. – Ali Cremer fuhr mich
zum Bahnhof.[9/9a]*

Auf diese Weise fand 31 Jahre später, nachdem U 564 auf
den Grund des Meeres gesunken war und 28 Angehörigen
seiner Besatzung zum Grab wurde, ein weiterer Seemann in genau dem Teil der Biskaya – BF 57 – seine letzte Ruhe, in dem
U 564 untergegangen war, das Boot mit dem Wappen »3 X

Schwarzer Kater«. Am 25. Oktober 1984 befahl Kapitän
Temeier, der Skipper der MV PAPUA, eines 5084 BRT großen Frachters, alle abkömmlichen Angehörigen seiner Besatzung um 16.00 Uhr zu einer kurzen Zeremonie an Deck, als
das Motorschiff auf der Position 46°30' N, 07°18' W stoppte. In Übereinstimmung mit seinem letzten Willen wurde
dort die Asche von Reinhard »Teddy« Suhren in einer sanften atlantischen Dünung ausgestreut – wieder vereint mit
dem Boot, das ihn berühmt gemacht hatte.

In einem Saal der Marineschule, in der sich auch das Stabsquartier der 1. U-Flottille und die Wohnquartiere befinden, gab es für die zurückgekehrte Besatzung ein feierliches Bankett. KKpt. Winter nimmt seine Stabsoffiziersmütze mit dem breiten Eichenlaub auf dem Mützenschirm zur Hand, damit Teddy Suhren probieren kann, ob sie ihm passt. Im Bild unten sitzt Kptlt. Walter Schug, der Kommandant von *U 86*, das ebenfalls an diesem Tag aus dem Atlantik zurückgekehrt war. Das Boot hatte auf seiner 79 Tage dauernden Feindfahrt infolge des Ausfalls beider Sehrohre lediglich einen kleinen Schoner versenken können. Auf dem Wandgemälde im Hintergrund sind der dunkelrote Ziegelturm des Marine-Ehrenmals in Laboe bei Kiel und ein U-Boot zu erkennen.

Linke Seite: Der Empfang für Teddy Suhren und seine Besatzung in Brest war überschwänglich – obwohl zunächst einmal turbulent! *U 564* hatte längsseits eines Leichters festgemacht, der infolge der Gezeitenunterschiede an der Kaimauer lag, die den Kriegshafen einfasste. Nach der Meldung des Kommandanten schreitet KKpt. Werner Winter, der Chef der 1. U-Flottille, die Front der Besatzung ab, die im U-Boot-Päckchen zur Musterung auf dem Oberdeck angetreten ist. Links die Offiziere: Gabler, Lawaetz, Waldschmidt, Hammermüller.

Oblt.(Ing.) Ulrich Gablers beeindruckende Leistungen als Leitender
Ingenieur wurden mit dem »Deutschen
Kreuz in Gold« gewürdigt, mit dem er,
wie hier zu sehen ist, am 15. Oktober
1942 in Brest ausgezeichnet wurde.
Dies war gleichzeitig das Ende seines
Fronteinsatzes. Zusammen mit dem L.I.
von *U 203*, Oblt. (Ing.) Heinrich Heep
(siehe Seite 138), kam er zur Fa.
Hellmuth Walter in Kiel. Dort arbeiteten
die beiden Diplom-Ingenieure zunächst
an der Frontreife des »Schnorchels«.
Anschließend war Gabler als engster
Mitarbeiter von Marinebaudirektor
Dr.-Ing. Fischer beim Ingenieurbüro
»Glückauf« in Blankenburg/Harz als
Leiter des Projektbüros bei den
Konstruktionsarbeiten für das große
Walter-Boot vom Typ XXVI tätig.

Oblt.z.S. Ulf Lawaetz fuhr noch bis
Ende Dezember 1942 als I.WO auf
U 564, um dann nach dem Besuch des
Kommandantenlehrgangs am 6. April
1943 das neu in Dienst gestellte *U 672*
zu übernehmen. Mit diesem Boot, das
zur 6. U-Flottille in St. Nazaire gehörte,
unternahm er vier Feindfahrten. Das
Bild zeigt ihn nach der Rückkehr von
einer dieser Fahrten. Seine Frontkarriere
endete am 18. Juli 1944, als der
Geleitzerstörer HMS BALFOUR im
Kanal nördlich von Guernsey *U 672*
durch Wasserbomben zum Auftauchen
zwang. Im Schutze dicker Nebelbänke
gelang es Lawaetz, seine gesamte
Besatzung zu retten und das Boot selbst
zu versenken. Ein alliiertes Flugrettungsschiff nahm die Besatzung an Bord und
brachte sie für den Rest des Krieges in
Gefangenschaft.

Großadmiral Dönitz ernannte Fregattenkapitän Teddy Suhren (Mitte) ab dem
27. Mai 1944 zum FdU Norwegen bzw. ab September 1944 zum FdU Nordmeer.
Ihm unterstanden alle in arktischen Gewässern eingesetzten U-Boote auch operativ
(nicht BdU op.). Seine Befehlsstelle befand sich an Bord des Avisos GRILLE, der
ehemaligen Staatsjacht, die in einem Fjord bei Ankenås in der Nähe von Narvik lag.
Bei Kriegsende kam er – zusammen mit KptzS. Rösing, dem FdU West in Bergen –
in britische Gefangenschaft auf die Festung Akershus in Oslo. Einer seiner besten
Mitarbeiter im Stab war sein Technischer Leiter: KKpt.(Ing.) Hellmut Ebell (rechts im
Bild). Der dritte Seeoffizier ist KKpt. Adalbert Schnee, der bisherige Geleitzugasto in
der Skl., den Dönitz ihm zur Unterstützung beigegeben hatte. Schnees Aufenthalt in
Nordnorwegen währte nur kurz, denn die Invasion am 6. Juni 1944 erzwang seine
anderweitige Verwendung. Kurz vor seiner Abreise entstand dieses Foto. Am
29. September 1944 stellte KKpt. Schnee mit KKpt. (Ing.) Gerd Suhren als Leitender
Ingenieur das neue *U 2511* vom Typ XXI in Dienst.

Anhänge
Anhang 1: Die Besatzung von U 564

Liste der Besatzungsangehörigen

Die Aufstellung enthält die Namen der Besatzungsangehörigen, die sich während der längsten Feindfahrt von U 564 – 11. Juli bis 18. September 1942 – an Bord befanden. In Klammern: Ein »Sternchen« (*) kennzeichnet Besatzungsmitglieder, die während des Zweiten Weltkrieges im Kampf fielen, zusammen mit dem U-Boot, auf dem sie ihr Leben verloren.

Seemännisches Personal:

Name	Dienstgrad	Dienststellung/ Verwendungsbereich
Reinhard Suhren (»Teddy«)	Kapitänleutnant/ Korvettenkapitän	Kommandant
Ulf Lawaetz	Oberleutnant zur See	I. Wachoffizier
Herbert Waldschmidt	Leutnant zur See	II. Wachoffizier
Karl Limburg (»Stürkorl«)	Stabsobersteuermann	III. Wachoffizier/ Navigation
Heinz Webendörfer	Oberbootsmann	Seemännische Nr.1/Geschützführer
Heinrich Bartels	Oberbootsmannsmaat	Seemännische Nr.2/Munition/ Tiefensteuerer vorn (*U 867)
Karl-Ernst Thiel	Bootsmannsmaat	Seemännische Nr.3/Artillerie/ Personalverwaltung
Werner Grünert	Matrosenobergefreiter	Seemann/ Gefechtsrudergänger
Roland Schiedhelm	Matrosenobergefreiter	Seemann/Artillerie (*U 333)

Seemännisches Personal (Fortsetzung):

Name	Dienstgrad	Dienststellung/ Verwendungsbereich
Ernst Schlittenhard	Matrosenobergefreiter	Seemann/Artillerie
Hermann Hausruckinger	Matrosengefreiter	Seemann/Koch
Eduard Kalbach	Matrosengefreiter	Seemann/Artillerie
Hans Schmutzler	Matrosengefreiter	Seemann/Tiefen- steuerer achtern/ 2-cm-Flak
Richard Steinert	Matrosengefreiter	Seemann/Artillerie (*U 564)
Paul Stephan	Matrosengefreiter	Seemann/Artillerie (*U 564)
Heinrich Wagner	Matrosengefreiter	Seemann/Rudergänger/ 2-cm-Flak

Gast:

Meimes Haring	Bootsmannsmaat	PK-Berichter

Technisches Personal:

T-Personal:

Gerhard Ehlers	Obermechanikersmaat (T)	Torpedomaat
Horst Becker	Mechanikerobergefreiter	Torpedomechaniker
Wilhelm Bigge	Mechanikerobergefreiter	Torpedomechaniker (*U 333)

Funkpersonal:

Rudi Elkerhausen	Oberfunkmaat	Erster Funkmaat (*U 564)
Willi Anderheyden	Oberfunkmaat	Zweiter Funkmaat
Werner Apitz	Funkobergefreiter	Funk-/Horchgast (*U 564)
Ewald Gaiser	Funkobergefreiter	Funk-/Horchgast (*U 1222)

Maschinenpersonal:

Ulrich Gabler	Oberleutnant d.R. (Ing.)	Leitender Ingenieur
Eberhard Hammermüller	Leutnant d.R. (Ing.)	L.I.-Schüler (*U 921)

Technisches Personal (Fortsetzung):

Name	Dienstgrad	Dienststellung/ Verwendungsbereich

Maschinenpersonal:

Name	Dienstgrad	Dienststellung/Verwendungsbereich
Hermann Kräh	Obermaschinist	Dieselmaschinist
Heinz Mattern	Obermaschinist	E-Maschinist
Fritz Domenowski	Obermaschinenmaat	E-Maat
Emil Grade	Obermaschinenmaat	Zentralemaat
Joseph Harsch	Obermaschinenmaat	E-Maat (*U 564)
Fritz Hummel	Obermaschinenmaat	Bb.-Dieselmaat (*U 564)
Johannes Neumann	Obermaschinenmaat	Stb.-E-Maat (*U 722)
Heinz Nordmann	Obermaschinenmaat	Bb.-E-Maat
Franz Stocker	Obermaschinenmaat	Stb.-Dieselmaat (*U 1024)
Reinhold Abel	Maschinenobergefreiter	Stb.-Dieselheizer
Walter Heinrich	Maschinenobergefreiter	E-Heizer
Walter Labahn	Maschinenobergefreiter	Bb.-Dieselheizer
Hans Merk	Maschinenobergefreiter	Zentralegast
Johann Rebahn	Maschinenobergefreiter	Zentralegast (*U 674)
Werner Rieckhoff	Maschinenobergefreiter	Zentralegast (*U 2521)
Ludwig Sass	Maschinenobergefreiter	E-Heizer
Werner Schlägel	Maschinenobergefreiter	Stb.-Dieselheizer (*U 540)
Phillip Wärner	Maschinenobergefreiter	E-Heizer (*U 678)
Helmut Brock	Maschinengefreiter	Bb.-Dieselheizer

Liste der an Bord von U 564 Gefallenen

Aufgeführt sind die 28 Besatzungsangehörigen, die mit U 564 (Kommandant: ObltzS. Hans Fiedler) am 14. Juni 1943 im Golf von Biskaya untergingen (ein * markiert die Angehörigen der Besatzung, die im Sommer 1942 unter Suhren an Bord von U 564 waren):

Name	Dienstgrad
Möller, Ernst	Oberleutnant (Ing.)
Christ, Walter	Obermaschinist
Zapf, Erich	Obermaschinist
Elkerhausen, Rudi	Oberfunkmaat*
Harsch, Joseph	Obermaschinenmaat*
Hummel, Fritz	Obermaschinenmaat*
Steinhauer, Wilhelm	Obermaschinenmaat
Hild, Fritz	Mechanikersmaat (T)
Lehmann, Otfried	Maschinenmaat
Meidorn, Alfred	Maschinenmaat
Rothbarth, Kurt	Maschinenmaat
Weise, Werner	Funkmaat
Apitz, Werner	Funkobergefreiter*
Pledl, Joseph	Machinenobergefreiter
Steiner, Richard	Matrosenobergefreiter*
Stephan, Paul	Matrosenobergefreiter*
Stuttner, Erich	Mechanikerobergefreiter
Fischer, Karl	Maschinengefreiter
Geise, Peter	Funkgefreiter
Grassl, Walter	Maschinengefreiter
Hartleb, Max	Maschinengefreiter
Heinze, Werner	Maschinengefreiter
Mähler, Hermann	Maschinengefreiter
Meyer, Karl	Maschinengefreiter
Mistereck, Heinz	Maschinengefreiter
Pfanz, Fritz	Maschinengefreiter
Schwaiger, Günther	Maschinengefreiter
Tolksdorf, Paul	Maschinengefreiter

Anhang 2: Torpedoeinsatz von U 564

zwischen dem 19. Juli und dem 30. August 1942

Datum	Planquadrat	T-Typ	Ziel	BRT (geschätzt)
19.7.	CE 3341	G7e	SS	5000
19.7.	CE 3341	G7e	MV	5000
19.7.	CE 3341	G7e	Liner	8000
19.7.	CE 3341	G7e	SS	5000
19.8.	ED 9460	G7e	SS	–
19.8.	ED 9460	G7e	SS	–
19.8.	ED 9460	G7e	SS	–
19.8.	ED 9460	G7e	SS	–
19.8.	ED 9460	G7e	SS	–
19.8.	ED 9453	G7e	Tanker	8000
19.8.	ED 9453	G7a	SS	7000
19.8.	ED 9453	G7e	SS	8000
19.8.	ED 9453	G7e	SS	5000
19.8.	ED 9416	G7e	SS	–
19.8.	ED 9416	G7e	SS	–
30.8.	EE 9933	G7a	Tanker	9000
30.8.	EE 9933	G7a	Tanker	9000

Versenkt durch Artillerie-Einsatz

30.8.	EE 9933	-	Tanker	9000

Schiffsname	BRT (tats.)	Ergebnis
EMPIRE HAWKSBILL	5724	2 Treffer, gesunken
LAVINGTON COURT	5372	2 Treffer, gesunken
– –	angebl. gesunken	
– –	angebl. gesunken	
– –	Fehlschuss	
– –	Fehlschuss	
– –	Fehlschuss	
– –	Fehlschuss	
– –	Fehlschuss	
BRITISH CONSUL	6940	3 Treffer (?), gesunken
EMPIRE CLOUD	5969	Treffer, gesunken
– –	angebl. beschädigt	
– –	angebl. beschädigt	
– –	Treffer, Blindgänger	
– –	Treffer, Blindgänger	
VARDAAS	8176	Treffer, beschädigt
VARDAAS	8176	Fehlschuss
VARDAAS	8176	35 Treffer, gesunken.

Anhang 3: Dienstgrade der Kriegsmarine[0a]

In Klammern die Entsprechung beim Heer.

Großadmiral	GAdm.	(GenFeldmarschall)
Generaladmiral	GenAdm.	(GenOberst)
Admiral	Adm.	(General)
Vizeadmiral	VAdm.	(GenLeutnant)
Konteradmiral	KAdm.	(GenMajor)

Seeoffiziers- und Ingenieuroffiziers-Laufbahn:

Kapitän zur See	KptzS.	Kpt.(Ing.)	(Oberst)
Fregattenkapitän	FKpt.	FKpt.(Ing.)	(Oberstlt.)
Korvettenkapitän	KKpt.	KKpt.(Ing.)	(Major)
Kapitänleutnant	Kptlt.	Kptlt.(Ing.)	(Hauptmann)
Oberleutnant zur See	ObltzS.	Oblt.(Ing.)	(Oberleutnant)
Leutnant zur See	LtzS.	Lt.(Ing.)	(Leutnant)

Unteroffiziere (im Auszug):
Steuermannslaufbahn:

Stabsobersteuermann	StOStrm.	(Stabsoberfeldwebel)

Bootsmannslaufbahn:

Oberbootsmann	OBtsm.	(Oberfeldwebel)
Bootsmann	Btsm.	(Feldwebel)
Oberbootsmannsmaat	OBtsMt.	(Stabsunteroffizier)
Bootsmannsmaat	BtsmMt.	(Unteroffizier)

Maschinenlaufbahn:

Obermaschinist	OMasch.	(Oberfeldwebel)
Maschinist	Masch.	(Feldwebel)
Obermaschinenmaat	OMaschMt.	(Stabsunteroffizier)
Maschinenmaat	MaschMt.	(Unteroffizier)

Ähnlich Funklaufbahn: Oberfunkmaat – OFkMt. – und Funkmaat – FkMt.;
Torpedomechanikerlaufbahn: Obermechanikersmaat (T) – OMechMt.(T) –
und Mechanikersmaat (T) – MechMt.(T)

Mannschaften (im Auszug):

Alle Laufbahnen einheitlich:

Obergefreiter, Gefreiter – mit Laufbahnvorsatz:

Bootsmannslaufbahn:

Matrosenobergefreiter (MatrOGefr.), Matrosengefreiter (MatrGefr.)

Maschinenlaufbahn:

Maschinenobergefreiter (MaschOGefr.), Maschinengefreiter (MaschGefr.)

Ähnlich Funklaufbahn:

Funkobergefreiter – FkOGefr. – und Funkgefreiter – FkGefr; Torpedomechanikerlaufbahn: Mechanikerobergefreiter (T) – MechOGefr.(T) – und
Mechanikergefreiter (T) – MechGefr.(T).

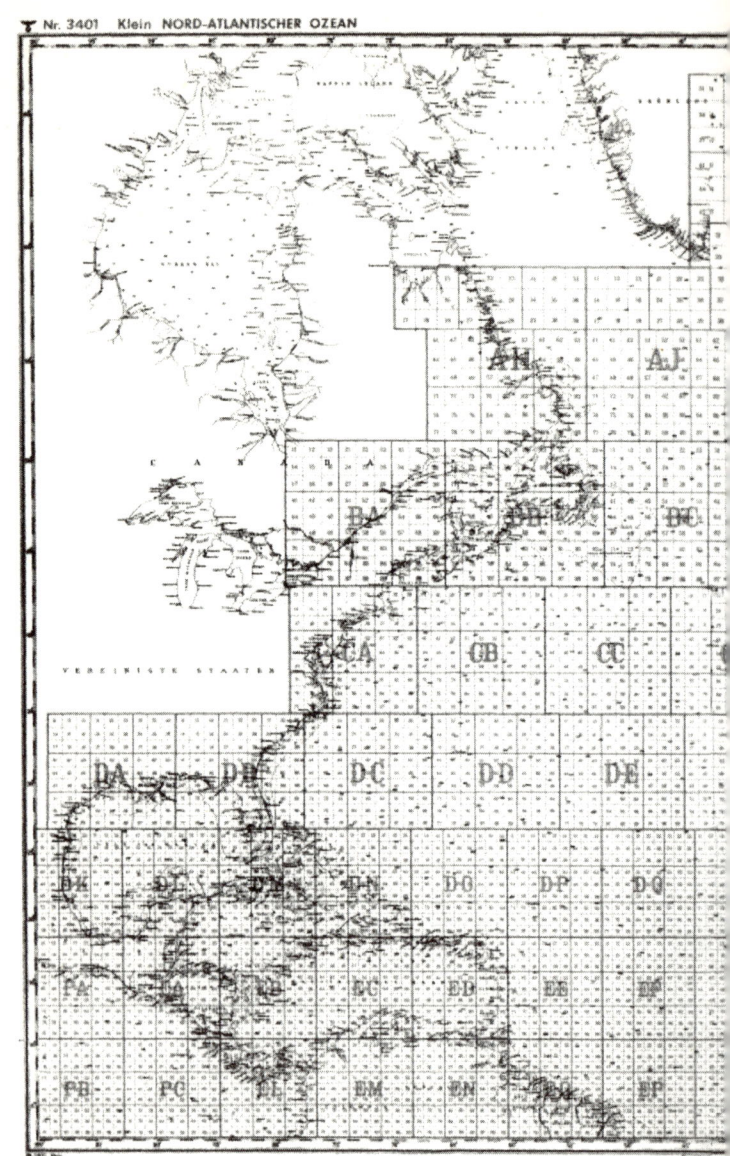

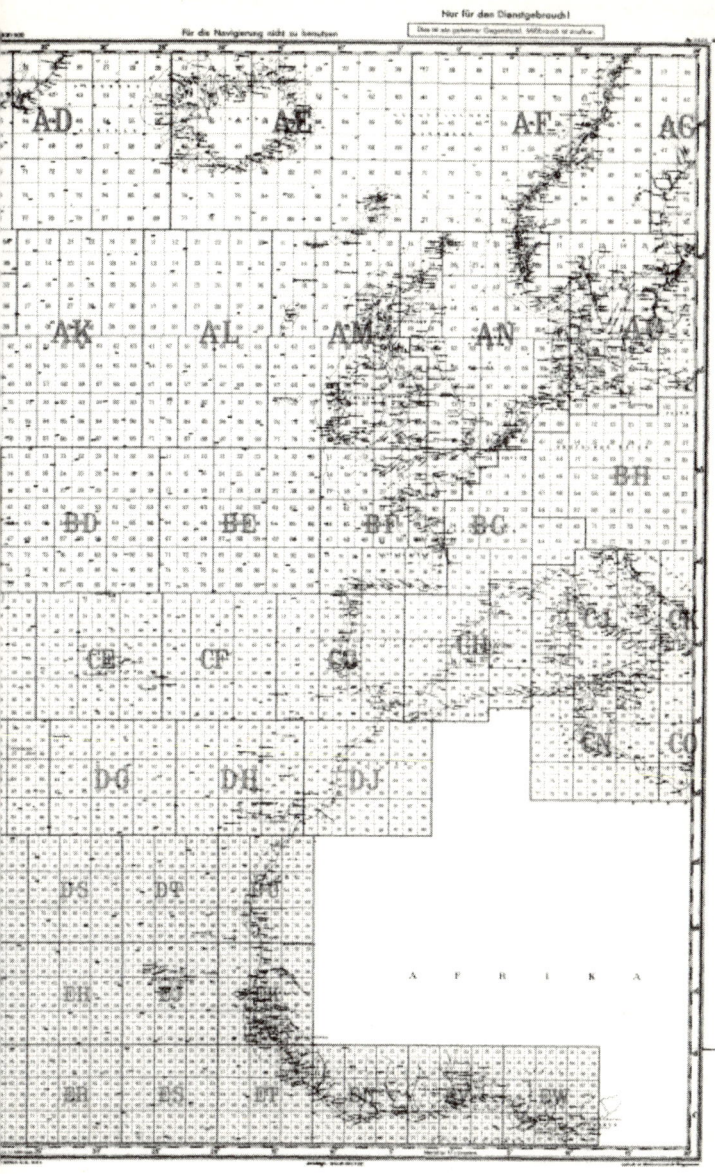

Anhang 4:
Deutsche Marine-Quadratkarte: Nord- und Mittelatlantik einschließlich Karibik mit Erläuterung

Die deutsche Kriegsmarine hatte die für deutsche Kriegsschiffe in Frage kommenden Meere – Nordmeere einschl. Sibirischer Seeweg, Nord- und Ostsee, Mittelmeer, Schwarzes Meer, Kaspisches Meer, Nord- und Mittelatlantik einschl. Karibik, Südatlantik, Indischer Ozean einschl. Rotes Meer und Pazifik – mit einem Quadratnetz überzogen, um die Positionsangaben zu tarnen, damit diese nicht wie üblich nach der geografischen Breite und Länge angegeben werden mussten. Allerdings war die Tarnung nur so lange wirksam, wie die Blätter der **Marine-Quadratkarte** geheim blieben und nicht dem Gegner in die Hände fielen. Als jedoch die Briten Schlüsselunterlagen für den »Marinefunkschlüssel M« erbeuteten (siehe Anm. 15a zur »Einführung«), gelangten sie auch in den Besitz der deutschen Quadratkarte und waren in der Lage, diese getarnten Positionsangaben in einem erbeuteten KTB oder in abgehörten und entzifferten Funksprüchen zu entschleiern.[0b]

Das Marine-Quadratnetz der Kriegsmarine im Zweiten Weltkrieg setzte sich aus Großquadraten in unbestimmter Anzahl zusammen, die mit zwei Buchstaben bezeichnet wurden (z.B. BD). Sie wiesen eine deutlich ausgeprägte Umgrenzung auf und hatten im Regelfall eine Kantenlänge von 486 sm.

Was bedeutet daher z.B. BD 6782? Jedes dieser Großquadrate bestand

–   aus 9 **Quadraten**, entstanden durch viermalige Unterteilung eines Großquadrats: 10, 20, 30 usw. bis 90; diese Quadrate tragen in der Karte bis auf eine deutlich schwächere Umgrenzung keine Bezeichnung;

–   aus 81 **Kleinquadraten**, d.h. 9 Quadrate x 9 Kleinquadrate, entstanden durch viermalige Unterteilung eines Quadrats mit je 9 Kleinquadraten (Kantenlänge 54 sm): 11–19, 21–29 usw. bis 91–99; ergibt das 1. Ziffernpaar, z.B. BD 67 = Kleinquadrat 67 im Großquadrat BD;

–   aus 6561 **Kleinstquadraten**, d.h. 81 Kleinquadrate x 81 Kleinstquadrate; jedes der 81 Kleinquadrate hat dieselbe Unterteilung (11 –19, 21–29 usw. bis 91 - 99) wie das Kleinquadrat = 81 Kleinstquadrate (Kantenlänge 6 sm); ergibt das 2. Ziffernpaar, z.B. BD 6782 = Kleinstquadrat 82 im Kleinquadrat 67 im Großquadrat BD.

Die abgebildete Karte gibt nur Groß- und Kleinquadrate, keine Kleinstquadrate wieder. Die genannten Unterteilungen gelten nur für regelmäßige Großquadrate (z.B. BD), während sie in Küstennähe unregelmäßig sein können (z.B. BF), d.h. bei Wahrung der Grundstruktur weniger Kleinquadrate. Die Errechung der tatsächlichen geografischen Breite und Länge aus einer Planquadratangabe ist ein komplizierter mathematischer Vorgang. Kptlt.a.D. Reinhart Reche, der ehemalige A op. im Stabe des FdU Nordmeer zur Zeit Suhrens, erläuterte dies sehr anschaulich in einem Aufsatz.[0c] Im Übrigen finden sich die Blätter der Marine-Quadratkarte vollständig in Jürgen Rohwer *Axis Submarine Successes of World War Two* und soweit bisher veröffentlicht bei Herbert Ritschel *Kurzfassung Kriegstagebücher deutscher U-Boote 1939–1945*, Bd. 1–4.

Anmerkungen

Vorbemerkung des Übersetzers:

Die ergänzenden Anmerkungen des Übersetzers, die dem besseren Verständnis des deutschen Lesers dienen sollen, sind zwischen die des Verfassers eingefügt. Um sie von jenen des Verfassers zu unterscheiden, erfolgt ihre Angabe durch hinzufügen eines Buchstabens an die vorausgegangene Anmerkung des Verfassers (z.B. 1a oder 2b) oder an eine Null (z.B. 0a), wenn zu Beginn eines Kapitels noch keine Anmerkung des Verfassers vorhanden ist.

Vorwort

0a   Bei den übrigen vier U-Booten, die im Wappen die Beschwörung »3 X Schwarzer Kater« aus einer Zauberformel führten, handelte es sich um:
1.   U 48 vom Typ VII B, das erfolgreichste Boot des Zweiten Weltkrieges überhaupt. Auf ihm fuhr Reinhard »Teddy« Suhren vom 22. April 1939–9. November 1940 als I.WO unter drei Kommandanten – Kptlt. Herbert Schultze, KKpt. Hans-Rudolf Rösing, Kptlt. Heinrich Bleichrodt – und erhielt in dieser Eigenschaft als Oberleutnant z.S. das Ritterkreuz des Eisernen Kreuzes.
2.   U 998 vom Typ VII C/41. Kptlt. Fiedler hatte U 564 am 1. Oktober 1942 von Suhren übernommen, überlebte den Untergang des Bootes am 14. Juni 1943 und brachte das Wappen am Turm seines neuen Bootes an (7. Oktober 1943). Die Beschwörungsformel brachte ihm auch bei diesem Boot kein Glück. Nach der ersten Feindfahrt wurde U 998 mit schweren Schäden durch einen Luftangriff im Juni 1944 außer Dienst gestellt.
3.   U 1131 vom Typ VII C. Oblt.z.S. Fiebig hatte einen Teil seiner U- und Kommandantenausbildung auf U 564 absolviert und übernahm das Wappen am 20. Mai 1944. Am 30. März 1945 sank U 1131 bei einem Luftangriff im Rüschkanal vor dem U-Boot-Bunker »Fink II« in Hamburg-Finkenwerder.
4.   U 2518 vom Typ XXI. Kptlt. Weidner, der das moderne Boot am 4. November 1944 in Dienst stellte, übernahm das Wappen als Letzter.

U 2518 kapitulierte bei Kriegsende in Horten bei Oslo, wurde nach Lisahally/Nordirland überführt und am 13. Februar 1946 in Cherbourg an Frankreich übergeben. Das Boot blieb bis zum 12. Oktober 1967 als ROLAND MORILLOT bei der französischen Marine in Dienst.

0b   Der *U-Boot-Typ VII C*, ein Hochsee-Tauchboot, war mit über 600 in Dienst gestellten Einheiten (plus ca. 63 Boote der Variante C/41) das Standardboot in der Schlacht im Atlantik während des Zweiten Weltkrieges. Seine technischen Daten lauteten:
-    Wasserverdrängung: 796/1070 t (über/unter Wasser)
-    Länge/Breite/Tiefgang: 67,1 m/6,2 m/4,74 m
-    Höchstgeschwindigkeit: 17/7,6 kn
-    Fahrstrecke bei Höchst-, Marsch- und Tauchfahrt:
     3250 sm bei 17 kn, 8500 sm bei 10 kn, 80 sm bei 4 kn
-    Torpedorohre Bug/Heck: *5/-* (4/1 ab *U 45*)
-    Geschütze: 1 x 8,8 cm, 1 x 2 cm (später nur noch verstärkte Flakbewaffnung wechselnder Zusammensetzung)
-    Tauchtiefe/-zeit: 200 m/30 s
-    Besatzungsstärke: 4/40 - 4/56.

0c   Festungskommandant war General der Fallschirmtruppe Bernhard Ramcke. Hinsichtlich des U-Boot-Stützpunktes und U-Boot-Bunkers in Brest (1. und 2. U-Flottille), der Luftangriffe der RAF mit *Tallboy*-Bomben (5,4 t) sowie der Verteidigung von Brest gegen das VIII. US-Korps bis zum 19. September 1944 siehe die eingehende Darstellung in Jak P. Mallmann-Showell *Deutsche U-Boot-Stützpunkte und Bunkeranlagen 1939–1945*, Motorbuch Verlag, Stuttgart 2002, insbes. S. 90–98, 144ff. und 148ff.

0d   Wachoffiziere auf U-Booten:
      Bei der deutschen Marine ist auf Schiffen der Erste Offizier (»Eins O«: I.O) der Vertreter des Kommandanten und verantwortlich für den inneren Dienstbetrieb. Fahrzeuge ohne etatmäßigen Ersten Offizier werden als Boote bezeichnet und sind, nachgeordnet dem Kommandanten, mit Wachoffizieren besetzt. Auf einem U-Boot war der Erste Wachoffizier ("Eins WO": I.WO) der Stellvertreter des Kommandanten, führte die Erste Seewache (00.00–04.00 Uhr, 12.00–16.00 Uhr),

war verantwortlich für den inneren Dienstbetrieb, die Einsatzbereitschaft der Torpedos und Feuerleitanlagen sowie die Durchführung der
Überwasser-Torpedoangriffe. Der II.WO führte die Zweite Seewache
(04.00–08.00 Uhr, 16.00–20.00 Uhr) und war verantwortlich für die
Einsatzbereitschaft der Artillerie (Decksgeschütz und Fla-Waffen)
einschl. deren Feuerleitung, ferner für den Proviant, die Verwaltungsangelegenheiten und den Funkdienst. Der III.WO war in der Regel der
Obersteuermann, ein Portepee-Unteroffizier, der die Dritte Seewache
(08.00–12.00 Uhr, 20.00–24.00 Uhr) führte und für die Navigation
verantwortlich war.

Einführung

1   Interview mit Hans-Rudolf Rösing, 12. Oktober 2001.

2   Der Militär-Sankt-Heinrichs-Orden wurde am 7. Oktober 1736 von
     Friedrich August II., König und Kurfürst von Sachsen sowie König
     von Polen (als August III.), in vier Klassen gestiftet. Ihn erhielten nur
     Offiziere, entweder für hervorragende Tapferkeit auf dem Schlachtfeld
     oder häufiger höhere Offiziere für Verdienste in Positionen von großer
     Verantwortung.

2a   Vor 1918 gab es keine reichseinheitlichen Kriegsorden. Solche Orden
     wurden nur vom regierenden Fürsten des jeweiligen deutschen Landes
     verliehen, z.B. durch die Könige von Preußen, Bayern, Württemberg
     oder Sachsen (wie der Militär-Sankt-Heinrichs-Orden), die Großherzöge
     von Baden, Mecklenburg-Schwerin usw. Im Ersten Weltkrieg erlangten
     die preußischen Kriegsorden, die auch an Nichtpreußen verliehen
     wurden, besondere Bedeutung:
     –   das »Eiserne Kreuz«, 1813, 1870 und 1914 vom preußischen
         König in drei Klassen gestiftet: Großkreuz (Halsorden), I. Klasse
         (Brustkreuz links) und II. Klasse (Knopflochkreuz mit Band);
     –   der »Pour le mérite« als höchster preußischer Orden, 1740 von
         Friedrich dem Großen gestiftet, den Kaiser Wilhelm II. als Oberster
         Kriegsherr in seiner Eigenschaft als preußischer König verlieh.

Die Weimarer Republik kannte keine Orden und Ehrenzeichen; jede Verleihung oder Annahme war verboten. Das war erst wieder mit Reichsgesetz vom 7. April 1933 möglich.

Reichseinheitliche Kriegsorden gab es in Deutschland zum erstenmal mit Beginn des Zweiten Weltkrieges: das »Eiserne Kreuz 1939« in drei Klassen:

- II. Klasse als Knopflochkreuz mit Band (= EK II),
- I. Klasse als links getragenes Brustkreuz (= EK I) und das
- Ritterkreuz des Eisernen Kreuzes als Halsorden.

Später kamen mit dem »Eichenlaub«, den »Schwertern« und den »Brillanten« drei weitere Stufen hinzu; Letztere besaßen nur zwei Marineoffiziere: KKpt. Wolfgang Lüth (09.08.43) und Kptlt. Albrecht Brandi (24.11.44), beides U-Boot-Kommandanten. Die letzte Stufe war das am 29.12.44 gestiftete und nur einmal verliehene »Goldene Eichenlaub« zum Ritterkreuz (Stuka-Ass Oberst Hans-Ulrich Rudel).

3   Interview mit Hans-Rudolf Rösing, 12. Oktober 2001.

4   *Dresdner Anzeiger*, 11. November 1940; Zitat der Aussage von Frau Ernestine Suhren, Teddys Mutter.

5   Brustat-Naval, Fritz/Suhren, Teddy: *Nasses Eichenlaub*, S. 13. [Anm.d.Ü.: Sämtliche Zitate aus diesem Werk entstammen der deutschen Originalausgabe und sind daher keine Rückübersetzungen.]

5a   1935 fiel die Ausbildung in die Zuständigkeit der beiden Schiffsstammdivisionen innerhalb der Marinestation der Nordsee bzw. der Ostsee. Ihnen unterstanden das Schiffsstammregiment der Nordsee und das der Ostsee, gegliedert in je vier Schiffsstammabteilungen (I.– IV. S.St.A. der Nordsee bzw. der Ostsee) in Bataillonsstärke (zu je vier Kompanien, untergliedert in Züge und Korporalschaften). Hinzu kam, dass für die Grundausbildung aller Offiziersanwärter der Marine die II. S.St.A. der Ostsee auf der Insel Dänholm spezialisiert war. Erst danach erfolgte die Trennung für die Ausbildung in den einzelnen Laufbahnen. Daher wurde der gesamte jährliche Einstellungsjahrgang von Offiziersanwärtern für die Marine zur II. S.St.A einberufen. Jeder Jahrgang wurde mit den Endziffern des Einstellungsjahres als »Crew«

bezeichnet. So gehörte Teddy Suhren zur Crew 35. Hierzu siehe auch
Jak Mallmann-Showell *Die U-Bootwaffe. Kommandanten und Besatzungen*, Motorbuch Verlag, Stuttgart 2001.

6   Brustat-Naval, Fritz/Suhren, Teddy: *Nasses Eichenlaub*, S. 15.

6a   Der Dänholm ist eine kleine Insel im Strelasund zwischen der Insel
       Rügen und Stralsund, von der Stadt durch den überbrückten Ziegel-
       graben getrennt. Sie ist die Wiege der preußisch-deutschen Kriegsmarine.
       1850 kaufte der preußische Staat die Insel für den Bau eines Kriegshafens
       an, der ein Jahr später fertig gestellt war. 1872 ging der Dänholm als
       Marinestützpunkt verloren, da die Insel vom Heer übernommen wurde.
       Erst 1929 zog die Reichsmarine wieder auf dem Dänholm ein, der von
       1934 bis 1938 für die Kriegsmarine als Teil des Standortes Stralsund
       einen wesentlichen Ausbau erfuhr. Neben der infanteristischen Grund-
       ausbildung erhielten hier die Offiziersanwärter der Marine später auch
       in besonderen Lehrgängen eine infanteristische Ausbildung zum Zug-
       führer. Nach dem Krieg benutzte die Volksmarine der DDR ab 1953
       ebenfalls den Dänholm, bis ihn im Zuge der Wiederherstellung der
       deutschen Einheit am 3. Oktober 1990 die Bundesmarine übernahm.
       Am 1. April 1991 räumte die Marine die Insel endgültig. Heute befindet
       sich dort ein Marinemuseum. Zur Vertiefung des Themas siehe »Marine-
       forum« 1992, S. 390ff.

7   Brustat-Naval, Fritz/Suhren, Teddy: *Nasses Eichenlaub*, S. 16.

8   Bis zum September 1935 war der vorhergehende Kommandant der
       EMDEN, die damals als Schulkreuzer zur Inspektion des Bildungswesens
       der Marine gehörte, der damalige Fregattenkapitän Karl Dönitz gewesen,
       der anschließend den Auftrag erhalten hatte, die neue U-Boot-Waffe
       aufzubauen. Er sollte als BdU in Suhrens Leben noch eine wesentliche
       Rolle spielen. Während Suhrens Zeit auf der EMDEN war bei der
       6. Auslandsreise des Kreuzers Kpt.z.S. Johannes Bachmann sein Kom-
       mandant.

8a   Als Seekadett gehörte Teddy Suhren zu den Mannschaften und führte
       als Dienstgradabzeichen auf dem linken Oberarm das Abzeichen der
       Seeoffiziers-Laufbahn: einen fünfzackigen Stern. Nach seiner Rückkehr

von der Auslandsreise mit dem Schulkreuzer musste er die Offiziersan-
wärterprüfung ablegen und wurde nach erfolgreichem Abschluss zum
Fähnrich z.S. befördert. Er gehörte nunmehr zu den Unteroffizieren
ohne Portepee und trug auch deren Uniform. Anschließend gab es einen
15-tägigen Heimaturlaub, ehe die Abkommandierung zur Marineschule wirksam wurde. Die sieben Monate dauernde Ausbildung an
der Marineschule schloss mit der Offizierhauptprüfung ab.

9   Brustat-Naval, Fritz/Suhren, Teddy: *Nasses Eichenlaub*, S. 19.

10   Ebenda, S. 32.

10a Die NIOBE war ein ehemals dänischer Viermast-Gaffelschoner, der
     1922/23 von der Reichsmarine zum Segelschulschiff umgebaut worden
     war. Nach dem Umbau galt das Schiff als übertakelt mit der stetigen
     Neigung zu einer leichten Backbordschlagseite. Die Stammbesatzung
     umfasste 34 Mann, zu der ca. 70 Kadetten und Unteroffiziersanwärter
     kamen. Am 26. Juli 1932 kenterte die NIOBE in einer Gewitterbö im
     Fehmarnbelt. Von den 109 an Bord befindlichen Marineangehörigen
     wurden 40 Mann gerettet, darunter der Kommandant, Kptlt. Heinrich
     Ruhfus, den das Kriegsgericht von jeder Schuld freisprach, während 69
     von ihnen den Tod fanden, darunter fast ein ganzer Jahrgang Anwärter
     für das Seeoffiziers-, das Sanitätsoffiziers- und das Unteroffizierskorps.

10b »Kommodore« war in der deutschen Kriegsmarine eine Dienststellung,
     die ein Kapitän z.S. dann erhielt, wenn er einen aus Schiffen bzw. Booten
     bestehenden Verband führte. Dönitz war vor dem Krieg als Führer der
     Unterseeboote (FdU) Kpt.z.S. und Kommodore. Am 17. Oktober
     1939 entstand aus dem FdU durch Umwandlung der Befehlshaber der
     Unterseeboote (BdU) ebenfalls eine Dienststellung und zugleich eine
     Dienststelle. Letztere gliederte sich in die
     –   Operationsabteilung (BdU op), die unter KAdm. Eberhard Godt den
         U-Boot-Krieg führte (nicht die Seekriegsleitung im OKM), und die
     –   Organisationsabteilung (BdU org), der unter Adm. Hans-Georg
         v. Friedeburg die gesamte Organisation der U-Boot-Waffe unter
         stand. Dönitz behielt diese Stellung auch als ObdM in Personal-
         union bis Kriegsende bei.

10c Nachdem vier Boote der 7. U-Flottille miserabel geschossen hatten,
kam Dönitz bereits übel gelaunt an Bord von *U 48* und pfiff Suhren,
der sich als Artillerieoffizier meldete, mit der Frage an: »Haben Sie einen
gebrochenen Daumen?« Dieser bemerkte jetzt erst, dass er ihn abge-
spreizt hatte: »Nein, Herr Kommodore.« Dönitz: »Dann legen Sie ihn
gefälligst an!« Als Suhren mit dem 8,8-cm-Decksgeschütz danach gut
im Ziel lag, befahl er: »Fünf Schuss Schnellfeuer!« Doch statt den ersten
Schuss zu lösen, blickte die Nummer 1 am Geschütz Suhren groß an.
Diesem riss die Geduld und er schrie nach unten: »Mensch! Rotz' raus
den Mist, rotz' raus!« Vier Treffer waren das gute Ergebnis. Doch Dönitz
pfiff statt eines Lobes Suhren wieder an, er solle sich gefälligst der
militärischen Sprache bedienen. Später meinte Suhrens Kommandant,
der nicht umsonst liebevoll »Vati Schultze« genannt wurde: »Das hat
doch nicht viel zu bedeuten. Dönitz hatte eben eine Stinkwut. Aber du
hast gut geschossen, und das ist die Hauptsache.« (Brustat-Naval/Suhren
Nasses Eichenlaub, S. 35.)

11 Interessanterweise hatte auch sein Bruder Gerd am 21. Oktober 1940
als Oblt. (Ing.) und LI auf *U 37* als erster Marineingenieuroffizier das
Ritterkreuz erhalten.

12 Interview mit Hans-Rudolf Rösing, 12. Oktober 2001.

12a Am 1. September 1940 wurde in Bordeaux ein selbständiges italienisches
U-Boot-Kommando – BETASOM – für die Kriegsführung im Atlantik
eingerichtet. Die Boote unterstanden truppendienstlich und einsatzmäßig
im Atlantik einem italienischen FdU, der wiederum operativ dem BdU
unterstellt war. KKpt. Hans-Rudolf Rösing war nach dem Verlassen
von *U 48* vom 1. September 1940 bis Ende Februar 1941 der Verbindungsoffizier des BdU bei BETASOM. Zur Vertiefung siehe Jak P.
Mallmann-Showell *Deutsche U-Boot-Stützpunkte und Bunkeranlagen
1939–1945*, Motorbuch Verlag, Stuttgart 2003, S. 132.

13 Brustat-Naval, Fritz/Suhren, Teddy: *Nasses Eichenlaub*, S. 68f.

14 Auszug aus Suhrens Ansprache im Mai 1954 in Hamburg, veröffentlicht
in *Wiedersehen in Hamburg*, Hamburg-Wandsbek 1954.

15 Bis zum Juli 1942 hatte *U 564* 13 Schiffe mit insgesamt 63.346 BRT versenkt und fünf weitere schwer beschädigt. [Anm.d.Übers.: Nach seinen Angaben hat Suhren mit *U 564* auf den von ihm durchgeführten sechs Feindfahrten ca. 33 Handelsschiffe versenkt (und die britische Korvette ZINNIA), davon waren 23 sichere und zehn wahrscheinliche Versenkungen. »Meine 23 versenkten und namentlich festgestellten Schiffe umfassten laut internationalem Schiffsregister runde 125.000 BRT, die ungewissen restlichen 10 erhöhten den Pegel auf etwa 200.000 BRT.« Siehe Brustat-Naval/Suhren *Nasses Eichenlaub*, S. 77.]

15a Funkführung und Funkverkehr des Gegners eröffnen der eigenen **Funkaufklärung** Erkenntnismöglichkeiten, und zwar durch

– »Verkehrsanalyse«: Untersuchung äußerer Merkmale aufgefangener Funksprüche liefert Hinweise auf die Verkehrszusammenhänge,

– »Funkpeilung«: landgestützt – auch automatisierte Peilsender mit Funkübermittlung an die Auswertung als Landstationen oder Funkbojen – wie auch bordgestützt (HF/DF-Gerät) liefert Erkenntnisse über Standorte durch Einpeilen des Funksenders,

– »Funkentschlüsselung«: zeitversetztes oder zeitgleiches Mitlesen abgehörter Funksprüche der Gegenseite mit Hilfe erbeuteter Originalschlüssel liefert Erkenntnisse über den Gegner und seine Absichten sowie

– »Funkentzifferung«: wie Funkentschlüsselung, aber durch Lösen der Texte ohne Originalschlüssel (Kryptoanalyse), ggf. mit Hilfe technischer Hilfsmittel (Computer).

Auf **deutscher Seite** gehörte bei der Kriegsmarine der »Geheime Marinenachrichtendienst« (MND) zur Seekriegsleitung im OKM (2./Skl., ab Juni 1944 »Amtsgruppe Marinenachrichtendienst«: 4./Skl.), dessen Abteilung III die Funkaufklärung bildete (MND III). Dagegen gehörte die »Abteilung Nachrichtenauswertung« zur 3./Skl. (als Amtsgruppe auch nach dem Juni 1944). Dem zu MND III gehörenden »Marine-Funkentzifferungsdienst« (B-Dienst, richtiger xB-Dienst) – auch in Form von Bordgruppen eingesetzt – gelangen beachtliche Einbrüche in den alliierten Funkverkehr, die bemerkenswerte Erkenntnisse für die Bewegungen eigener Einheiten oder für die Operationen gegen Geleitzüge (insbes. durch U-Boote) vermittelten. Zur Vertiefung siehe

KptzS.a.D. Heinz Bonatz (ehemals Chef von MND III): Seekrieg im Äther. *Die Leistungen der Marine-Funkaufklärung 1939–1945*, Verlag E. S. Mittler & Sohn GmbH, Herford 1981.

Auf **alliierter Seite** gelangen der Funkaufklärung ebenfalls umfangreiche Einbrüche in die Funkschlüssel der obersten Reichsbehörden, der Sicherheitsorgane und der Deutschen Reichsbahn sowie von Luftwaffe (ab Mitte Mai 1940), Heer (ab Herbst 1941) und Marine (siehe unten). Die Weitergabe der Auswertungen erfolgte auf britischer Seite unter der Geheimhaltungsstufe »Ultra« (»Ultra«-Meldungen) und war durch raffinierte Maßnahmen abgeschirmt.

Infolge dieser ausgezeichneten Abschirmmaßnahmen blieben diese Einbrüche auf deutscher Seite unbemerkt. So heißt es z.B. am 19. November 1941 im KTB des BdU, dass der Gegner Kenntnis erhalten haben könnte: »2.) Durch Entzifferung unserer FT's. Diese Möglichkeit wird bei Skl. laufend geprüft und für ausgeschlossen gehalten.« Diese Geheimhaltung der Briten hat bis 1974 funktioniert. Auch KptzS. Bonatz war 1970 noch dieser Meinung (*Die deutsche Marine-Funkaufklärung 1914–1945*, Darmstadt 1970, S. 146ff.). Selbst Dönitz mochte 1975 noch nicht so recht an die aus Großbritannien kommenden gegenteiligen Informationen glauben (*10 Jahre und 20 Tage*, 5. Aufl., München 1975).

Innerhalb der **Kriegsmarine** wurde der Funkverkehr unter Benutzung verschiedener Schlüsselkreise abgewickelt. So kamen vor allem folgende *Schlüsselbereiche* in Frage:

– »Heimische Gewässer« (ab 1.1.1943 »Hydra«) für alle Fahrzeuge in heimischen Gewässern einschl. der besetzten Gebiete sowie bis zum 5.10.1941 für U-Boote im Einsatz in der Nordsee und im Atlantik – gebrochen (ab Mitte Mai 1941 erste Einbrüche in diesen Schlüssel);

– »Außerheimische Gewässer« (ab 1.1.1943 »Aegir«) für Überwasserschiffe im Einsatz außerhalb der heimischen Gewässer – keine Einbrüche;

– »Triton« ab 5.10.1941 für U-Boote im Einsatz im Atlantik – gebrochen (ausgenommen die Zeit vom 1.2.1942 bis 13.12.1942 durch Einführung der vierten Schlüsselwalze: siehe unten);

– »Süd« (ab 1.1.1943 »Hermes«) für alle Fahrzeuge im Mittelmeer und im Schwarzen Meer (für Letzteres ab 1.10.1943 der

Schlüssel »Poseidon«);

– »Eichendorff« ab März 1944 für den K-Verband;

– verschiedene Sonderschlüssel, wie z.B.

a) »Sonderschlüssel 100« für Hilfskreuzer und Versorgungsschiffe in überseeischen Gewässern – gebrochen,

b) »Sonderschlüssel Kernflotte« ab Mai 1941 (ab 1.1.1943 »Neptun«) für Operationen der Kernflotte – keine Einbrüche,

c) »Sonderschlüssel Ostsee« ab Juni 1941 (ab 1.1.1943 »Potsdam«) für Operationen gegen die UdSSR in der Ostsee – keine Einbrüche.

Hinzu kamen noch Einwegschlüssel für besondere Unternehmungen, wie z.B. die Scapa-Flow-Unternehmung Priens oder für U-Boote in Einsatzgebieten außerhalb des Atlantiks (Indik) u.Ä.

Die Schlüsselmaschine »Enigma« bildete die Grundlage der deutschen Funkschlüsselung. Hierbei umfasste der »Marinefunkschlüssel M« (M 3) drei Schlüsselwalzen zu je 26 Buchstaben – ab 1.2.1942 vier (M 4 mit der Walze »Alpha«, der »Griechenwalze«) – aus einem Vorrat von acht, wobei die inneren Einstellungen der »Enigma« nur alle 48 Stunden, die äußeren Einstellungen alle 24 Stunden wechselten. Zur Verschlüsselung musste der gültige Tagesschlüssel des jeweiligen Schlüsselbereiches eingestellt werden:

a) bei geöffneter Maschine (innere Einstellung):

– Walzenlage: Einsetzen der mit einer römischen Zahl bezeichneten Walzen in der angegebenen Reihenfolge;

– Ringstellung: Einstellen des Ringes jeder Walze auf die angegebene arabische Zahl (01 = A bis 26 = Z);

b) nach Schließen des Deckels der Maschine (äußere Einstellung):

– Grundstellung: Chiffrierwalzen mit den Rändelscheiben auf die angegeben arabischen Zahlen einstellen;

– Steckerverbindungen: Herstellen der Verbindungen mit Doppelsteckerschnüren nach angegebenen Buchstabengruppen, z.B. CO = Buchse C mit Buchse O verbinden.

Der **Einbruch in die deutschen Funkschlüssel** war eine von mehreren Ursachen für den siegreichen Ausgang der »Schlacht im Atlantik« zugunsten der Alliierten. Eine Vielzahl von deutschen Funksprüchen, aufgefangen durch den Y-Dienst (Funkabhör- und Peildienst) der Briten, bildete – nach Vorarbeit durch den polnischen Geheimdienst – in der

»Government Code & Cipher School« in Bletchley Park bei London
zusammen mit erbeuteten Schlüsselmaschinen und -unterlagen die
Grundlage, um mit Hilfe von besonders entwickelten Entzifferungs-
hilfsmaschinen (Computern) – den sog. »Bombas« – den Großteil der
deutschen Schlüssel zu lösen. Damit war es möglich geworden, die
deutschen Funksprüche anfänglich mit langer Zeitversetzung, später
in immer kürzeren Zeitabständen und schließlich zeitgleich mitzulesen.
Hierzu leistete Schlüsselmaterial einen wesentlichen Beitrag, das auf
folgenden Schiffen bzw. Booten erbeutet wurde:

–   12.02.1940 *U 33*,
–   04.03.1940 Vorpostenboot KREBS,
–   26.04.1940 Vorpostenboot *V 2623*,
–   07.05.1941 Wetterschiff MÜNCHEN,
–   09.05.1941 *U 110*,
–   04.06.1941 Versorgungstanker GEDANIA,
–   12.06.1941 Versorgungstanker FRIEDRICH BREME;
–   15.06.1941 U-Boot-Versorger LOTHRINGEN;
–   28.06.1941 Wetterschiff LAUENBURG,
–   30.10.1942 *U 559*.

Einige der Schiffe, vor allem die beiden Wetterschiffe, wurden zielge-
richtet aufgebracht, um in den Besitz von »Enigma«-Maschinen und
Schlüsselmitteln zu gelangen. Mit Hilfe des Materials der MÜNCHEN
und von *U 110* schafften die Briten den Einbruch in den Schlüssel
»Heimische Gewässer« und mit Hilfe des Materials von *U 559* den
erneuten Einbruch in den Schlüssel »Triton« Mitte Dezember 1942.
Zur weiteren Vertiefung siehe Rohwer/Jäckel *Die Funkaufklärung und
ihre Rolle im Zweiten Weltkrieg* sowie Eberhard Möller *Kurs
Atlantik! Die deutsche U-Boot-Entwicklung bis 1945*, erschienen im
Motorbuch Verlag, Stuttgart 1979 bzw. 1995.

16   Brustat-Naval, Fritz/Suhren, Teddy: *Nasses Eichenlaub*, S. 113.

16a   Dem »Befehlshaber der Sicherung West« unterstanden alle für das
Minensuchen, den Vorpostendienst, die Geleitsicherung und die U-Jagd
erforderlichen Verbände. Für Brest und Lorient war die 3. Sicherungsdivision mit ihren Vorposten-, Minensuch- und Räumbooten sowie ihren
Sperrbrechern der 6. Sperrbrecherflottille zuständig.

Sperrbrecher waren sinksicher gemachte ehemalige Handelsschiffe mit
möglichst großem Tiefgang, die den zu schützenden Schiffen voraus-
liefen, um noch nicht geräumte Minen zur Detonation zu bringen.
Hierzu erhielten diese Schiffe in den ehemaligen Laderäumen eine ein-
gebaute Schutzstauung aus Eisen- und Holzfässern sowie aus Sand,
Faschinen- und Holzeinlagen. Räummittel wie Bugschutzgeräte, Kabel-
schleifen als Minen-Eigenschutz (MES) und vorauswirkender Eigen-
schutz (VES = schwimmender Elektromagnet) gegen Magnetminen
sowie Geräuschbojen gegen akustische Minen dienten der Minenab-
wehr. Siehe auch die sehr gute Darstellung in Peter Arndt *Deutsche
Sperrbrecher 1914–1945. Konstruktion, Ausrüstung, Bewaffnung,
Aufgaben und Einsatz*, Motorbuch Verlag, Stuttgart 1979.

16b Die »Sonderführer« ergaben sich aus dem »Mobilmachungsplan für
die Kriegsmarine« vom 1. November 1938 mit mehrfach geänderten
Bestimmungen. Hierbei handelte es sich um Personen ohne militärische
Ausbildung, die infolge ihrer besonderen Kenntnisse zeitweise mit einer
Kriegsstelle als Offizier oder Unteroffizier beliehen wurden, um ihnen
den Kombattantenstatus zu geben, wie z.B. Kriegsberichterstatter in
Wort und Bild oder Kapitäne und Offiziere der Handelsmarine als
Prisenoffiziere auf Handelsstörern. Im Mai 1940 wurden die besonderen
Rangabzeichen durch Uniform und Abzeichen ersetzt, die in jeder
Beziehung den Soldaten ihres Dienstgrades und ihrer Laufbahn ent-
sprachen. Lediglich in beiden Kragenecken bei der blauen Uniform
bzw. auf den Kragenpatten des Überziehers trugen sie als besondere
Kennzeichnung einen goldfarbenen unklaren Anker. Sie führten als
Dienstbezeichnung zunächst den Dienstgrad und ein (S), wie z.B. Leut-
nant (S), die ab Mai 1940 durch die Bezeichnung »Sonderführer« und
dem Dienstgrad in Klammern ersetzt wurden, wie z.B. Sonderführer
(Leutnant z.S.) oder Sonderführer (Maat).

17 Busch, Harald: *So war der U-Boot-Krieg.*

1. Kapitel

1   In den Monaten Mai und Juni operierte *U 564* vor der Küste Floridas,
    versenkte fünf Schiffe und beschädigte drei weitere.

1a Die Besetzung Norwegens (»Weserübung-Nord«) erfolgte durch sechs
    Kriegsschiffsgruppen: Gruppe 1 Narvik, 2 Trondheim, 3 Bergen, 4
    Kristiansand-Süd und Arendal, 5 Oslo und 6 Egersund, während die
    Besetzung Dänemarks (»Weserübung-Süd«) mit fünf schwächeren
    Gruppen vor sich ging. Außerdem sollten insgesamt 31 U-Boote in
    neun Gruppen das Unternehmen gegen Angriffe der *Royal Navy*
    absichern. Damit befand sich die gesamte Kriegsmarine im Einsatz; sie
    musste erhebliche Verluste hinnehmen (u.a. ein Schwerer und zwei
    Leichte Kreuzer, zehn Zerstörer, sechs U-Boote). Der U-Boot-Einsatz
    wurde durch die Torpedoversager zu einem völligen Fehlschlag.
    Ansonsten wären 20 sichere Treffer bei einem Schlachtschiff sowie bei
    Kreuzern, Zerstörern und Transportschiffen möglich gewesen. Bei den
    Torpedos G7a und G7e entsprachen weder die Tiefensteuerung noch
    die Aufschlags- und Magnetzündung den Anforderungen. Die Leis-
    tungsfähigkeit der deutschen Torpedos lag zu diesem Zeitpunkt weit
    hinter jener des Ersten Weltkrieges zurück. Die Folge war in der
    U-Boot-Waffe eine Torpedokrise, die bis zum Sommer 1940 anhielt.
    (Näheres siehe V.E. Tarrant *Kurs West! Die deutschen U-Boot-Offen-
    siven 1914–1945*, Motorbuch Verlag, Stuttgart 1993, S. 119f.)

2   Geisler befand sich seit der Indienststellung zunächst als II.WO an
    Bord von *U 564*. Er war der Sohn des Ritterkreuzträgers und Generals
    der Flieger Hans Geisler. Nach kurzen Kommandierungen als Kom-
    mandant von *U 152* und *U 21* sowie Verwendung in verschiedenen
    Landkommandos war er Kommandant von *U 3006* und *U 3049*, beide
    vom Typ XXI, obwohl Letzteres bei Kriegsende noch im Bau war.

2a *Die tägliche Bordroutine einer U-Boot-Besatzung*
    00.00 Uhr   Aufziehen der Ersten Seewache (I.WO) und der
                   Steuerbordwache/Maschinenraum
    04.00 Uhr   Aufziehen der Zweiten Seewache (II.WO)
    05.45 Uhr   Frühstück für die Backbordwache/Maschinenraum

06.00 Uhr	Wecken der restlichen Besatzung (Waschen), Aufziehen der Backbordwache/Maschinenraum
06.30 Uhr	Frühstück für die restliche Besatzung
07.00 Uhr	Reinschiff der Freiwache
08.00 Uhr	Aufziehen der Dritten Seewache (III.WO), Frühstück für die Zweite Seewache
08.45 Uhr	Arbeitsdienst der Freiwache
12.00 Uhr	Aufziehen der Ersten Seewache und der Steuerbordwache/ Maschinenraum, Mittagessen für die restliche Besatzung
13.00 Uhr	Arbeitsdienst für die Freiwache
16.00 Uhr	Aufziehen der Zweiten Seewache
17.15 Uhr	Abendessen für die restliche Besatzung
18.00 Uhr	Aufziehen der Backbordwache/Maschinenraum
20.00 Uhr	Aufziehen der Dritten Seewache
21.00 Uhr	Licht aus für die Freiwache
23.40 Uhr	Wecken der Ersten Seewache und der Steuerbord- wache/Maschinenraum, Vorbereiten auf den Wachan- tritt um 00.00 Uhr: »Mittelwächter«

Siehe hierzu auch Timothy P. Mulligan *Die Männer der deutschen U-Bootwaffe 1939–1945*, Motorbuch Verlag, Stuttgart 2001, S. 17ff.

2b Professor Dipl.-Ing. Ulrich Gabler studierte ab 1932 Schiffbau, absolvierte dazwischen 1934/35 die Laufbahn eines Marine-Inge- nieurs bei der Kriegsmarine und schied als Lt.d.R. (Ing.) aus, 1938/39 Konstrukteur bei der Fa. Ingenieurkontor für Schiffbau in Lübeck, 1939 Einberufung als Reserveoffizier und Kriegsteilnahme als Leitender Ingenieur auf *U 121* und *U 564*, anschließend Entwicklung des »Schnorchels« und Entwurf von U-Booten, verantwortliche Mitwirkung, dann Hauptabteilungsleiter des zentralen Entwurfsbüros: Ingenieurbüro »Glückauf« im weniger luftgefährdeten Blankenburg/ Harz. Nach dem Kriege 1946 Gründung der Fa. Ingenieurkontor Lübeck (IKL) und bis 1978 deren Eigentümer. In dieser Zeit: 1954/55 Aufenthalt in Rom (U-Boot-Entwürfe), ab 1956 wieder in Lübeck. Seit 1958 Lehr- beauftragter für Sonderschiffbau am Institut für Schiffbau der Universi- tät Hamburg, 1963 Berufung zum Honorarprofessor. Das IKL war un- ter seiner Leitung die führende deutsche Firma für Unterseeboots- und Schiffskonstruktion, in der u.a. viele U-Boote der Bundesmarine sowie zahlreiche U-Boote für ausländische Marinen konzipiert, definiert und konstruiert wurden. Außerdem stammen von Dipl.-Ing. Ulrich Gabler zahlreiche Veröffentlichungen.

2c   »Trimm« ist die Schwimmlage eines Bootes in der Längsrichtung. Bei einem U-Boot befinden sich innerhalb des Druckkörpers vorn und achtern Trimmzellen, die über die Trimmleitung miteinander verbunden sind. Ihre Aufgabe besteht darin, den Gewichtsschwerpunkt des Bootes senkrecht unter den Verdrängungsschwerpunkt zu bringen, damit das Boot null-lastig (d.h. weder vor- noch achterlastig) auf einer bestimmten Tiefe eingesteuert werden kann (Herstellen des Gleichgewichtszustandes). Daher ist jede Gewichtsveränderung von wesentlicher Bedeutung.

3   Interview mit Reinhard Suhren, 1981, A1981/22/002, Royal Navy Submarine Museum.

4   Bis zum Ende des Jahres 1942 war der endgültige Einbruch in den Schlüsselbereich "Triton" erfolgt und bis Kriegsende gab es beim zeit-gleichen Mitlesen der deutschen Funksprüche durch die Alliierten nur kurze Unterbrechungen. [Anm.d.Übers.: Begünstigt wurde dies durch das Erbeuten der Schlüsselunterlagen am 30. Oktober 1942 auf U 559 durch ein Enterkommando des Zerstörers HMS PETARD im östlichen Mittelmeer. Beim Versuch, auch die "Enigma"-Schlüsselmaschine M 4 zu bergen, gingen zwei britische Seeleute mit dem U-Boot unter. Im Übrigen siehe oben die Zusammenfassung des Themas »Funkaufklä-rung« in der Anm. 15a zur "Einführung".]

5   Interview mit Reinhard Suhren, 1981, A1981/22/002, Royal Navy Submarine Museum.

5a   Als erste Maßnahme verfügte das OKM vorerst den Einbau von zwei 15-mm-Doppel-MG 151 auf der bisherigen Brücke – eine Maßnahme, die nicht zur Ausführung kam – sowie einer 2-cm-Zwillings-Flak auf einem Podest auf halber Brückenhöhe hinter dem Turm und dem "Wintergarten" (Brückenumbau II). Da die Zwillings-Flak zunächst nicht zur Verfügung stand, erfolgte der Einbau einer zweiten 2-cm-Einzel-Flak.

Ende 1940 begannen die Briten, ihre U-Jagdflugzeuge mit Radar aus-
zurüsten, einem neuen Ortungsgerät, das auf der Wellenlänge von
1,50 m arbeitete (ASV II). Im Frühjahr 1942 hatten alle gegen
U-Boote operierenden Flugzeuge dieses Radargerät an Bord. Als
Warngerät vor der Ortung wurde Mitte 1942 in aller Eile das FuMB
1 »Metox« (Wellenbereich 1,5–4 m) entwickelt. Mit dem Empfänger
im Boot über ein bewegliches Kabel verbunden, musste die auf einem
primitiven Holzkreuz befestigte Antenne (»Biskaya-Kreuz«) bei jedem
Auftauchen auf die Brücke verbracht werden. Das leistungsfähige
FuMB, das mit einem lauten Pipston warnte, bewährte sich vom
August 1942 bis zum Februar 1943 vor allem beim Durchqueren der
Biskaya. Gegen das danach bei den Briten eingeführte 10-cm-Radar
(ASV III) war das »Metox«-Gerät unwirksam.

6   KTB von *U 564*.

7   *U 751* war im Juli 1942 nicht der erste Verlust in der Biskaya.
      Am 6. Juli war das heimkehrende *U 502* (Kptlt. Jürgen v. Rosenstiel)
      westlich von La Rochelle von der »Wellington« M der 172. Squadron
      mit Wasserbomben versenkt worden – die erste erfolgreiche Versen-
      kung eines U-Bootes durch Radar in Verbindung mit dem neu einge-
      führten Leigh Light. [Anm. des Übers.: Flugzeuge der RAF führten als
      Kennung Buchstaben. 1942 entwickelte der britische Squadron Leader
      Humphrey de Vere Leigh eine neue Möglichkeit, nachts aufgetaucht
      fahrende U-Boote mit Bomben anzugreifen. Als Erster brachte er unter
      der Kanzel eines zweimotorigen »Wellington«-Bombers einen Schein-
      werfer von 61 cm Durchmesser an. In Verbindung mit der Radarortung
      blendete der Scheinwerfer im richtigen Moment zum Bombenwurf auf
      und erfasste das U-Boot mit gleißendem Licht. Die mit dem 9-cm-Radar
      (ASV III) und stärkeren Leigh-Light-Scheinwerfern ausgerüsteten
      »Wellington«- und »Liberator«-Maschinen übten mit Beginn des Jahres
      1943 eine fast totale Kontrolle der Biskaya aus.]

2. Kapitel

1   KTB von *U 564*. [Anm. des Übers.: Am Anfang des Funkspruchs stand
     die Uhrzeitgruppe, gefolgt von der Buchstabengruppe »KR/KS« mit
     der Bedeutung: Kurzsignal – Sichtmeldung. Im Frühjahr 1940 einge-
     führt, bestand ein solcher Funkspruch nur aus wenigen Buchstaben,
     um durch die Kürze der Sendezeit ein Einpeilen zu verhindern, Grund-
     lage war ein besonderes »Kurzsignalheft«.]

2   Siehe Paterson First *U-Boat Flotilla*, S. 138ff.

2a   Das Amt »Ausland/Abwehr« (Adm. Wilhelm Canaris) im OKW hatte
     u.a. die Aufgabe, Sabotageunternehmen im Ausland durchzuführen.
     Zuständig war hierfür die Abteilung »Abwehr II: Insurgierung und
     Sabotage« (Oberst v. Lahousen). Am 13. und 17. Juni 1942 wurden
     zwei vierköpfige Agentengruppen an der Ostküste der USA abgesetzt
     (Unternehmen »Pastorius«): Gruppe 1 auf Long Island durch *U 202*
     (Kptlt. Linder) und Gruppe 2 in Florida durch U 584 (Kptlt. Deecke).
     Siehe hierzu in allen Einzelheiten Jak P. Mallmann-Showell *Deutsche
     U-Boote an feindlichen Küsten* 1939–1945, Motorbuch Verlag, Stuttgart
     2002, S. 34ff.

3   Dönitz hatte das Château zu seinem persönlichen Gebrauch vorgesehen,
     ehe ihn Hitler nach dem britischen Kommandounternehmen gegen St.
     Nazaire Ende März 1942 anwies, sein Stabsquartier nach Paris zu ver-
     legen. Somit übernahmen Rösing und sein Stab das voll ausgestattete
     Gebäude. Die Kopie der Karte wurde zur Sicherheit beibehalten, falls
     die Hauptkarte im Stabsquartier des BdU beschädigt werden sollte.

3a   Admiral Dönitz hatte seine Befehlsstelle vom November 1940 bis nach
     dem britischen Kommandounternehmen gegen das NORMANDIE-
     Dock in St. Nazaire Ende März 1942 in Kernével bei Lorient. Sein
     Stabsquartier befand sich in einer beschlagnahmten Villa (»Sardinen-
     schlößchen«), zu der noch ein massiver Bunker gehörte. Es befand sich
     direkt am Strand der Landspitze, die von der Mündung des Ter in den
     Blavet gebildet wird, gegenüber der Halbinsel Kéroman mit dem U-
     Boot-Bunker von Lorient. Hierzu und zum Kommandounternehmen

gegen St. Nazaire siehe Jak P. Mallmann-Showell *Deutsche U-Boot-Stützpunkte und Bunkeranlagen*, Motorbuch Verlag, Stuttgart 2003, S. 106 und S. 162ff.

3b Die als *Western Approaches* bezeichneten westlichen Zugänge zu den Häfen Großbritanniens umfassten nördlich und südlich der Küste Irlands die Seegebiete vor dem Nordkanal sowie vor dem St.-Georgs-Kanal und vor dem Südwesten Englands. Am 17. Februar 1941 schuf die britische Admiralität zur Verteidigung des westlichen Nordatlantik gegen die deutschen U-Boote ein neues einheitliches Kommando: das *Western Approaches Command* mit HQ im Derby House in Liverpool. Admiral Sir Percy Noble wurde zum ersten *C-in-C Western Approaches* ernannt. Seine Zuständigkeit erstreckte sich bald auch in den Mittelatlantik bis nach Freetown. Er schuf zur Sicherung der Geleitzüge ständige Geleitsicherungsgruppen mit einer für diese Aufgabe einheitlichen Ausbildung: die *Escort Groups*, bestehend aus Zerstörern, Sloops, Kuttern und den neuen Korvetten. Später setzten sich die Geleitsicherungsgruppen aus Geleitträgern, Geleitzerstörern bzw. Fregatten und Korvetten zusammen. Sie wurden wiederum durch selbständig operierende, d.h. nicht an einen Geleitzug gebundene U-Jagdgruppen unterstützt: die ähnlich zusammengesetzten *Support Groups*. Am 17. November 1942 wurde Admiral Sir Percy Noble abgelöst und durch Admiral Sir Max Horton ersetzt, zuvor der Führer der britischen Unterseeboote, der damit bis Kriegsende der direkte Gegenspieler von Admiral Dönitz in der »Schlacht im Atlantik« war.

3c Für Sloops gab es in der deutschen Marine keine Entsprechung. Dies waren kleinere Kriegsschiffe (bis zu 1500 ts) mit guter Seeausdauer für Geleitsicherungsaufgaben, die neben einer guten U-Jagdbewaffnung bis zu sechs 10,2-cm-Luft/Seezielgeschütze in Doppellafetten mit Schilden führen konnten. Sie wurden später durch die neuen Korvetten, Fregatten und Geleitzerstörer ersetzt.

Hier wird der Begriff »Sloop« allgemein für kleinere Kriegsschiffe gebraucht, denn die *15. Escort Group* bestand aus

– Sloop HMS FOLKESTONE, 1045 ts, 16,5 kn 2 x 10,2-cm-Luft/Seeziel-Geschütze (2 x 1), 2 x 2-Pfünder-Pompom (1 x 2),

– Sloop HMS WELLINGTON, 990 ts, 16,5 kn, Bewaffnung wie

FOLKESTONE
- Sloop HMS ERNE, 1470 ts, 18,8 kn 6 x 10,2-cm-Luft/Seeziel-Geschütze (3 x 2), 4 x 2-Pfünder-Pompom (2 x 2),
- Korvette HMS ORISSA, 925 ts, 16 kn, 1 x 10,2-cm-Luft/Seeziel-Geschütz, 2 x 2-Pfünder-Pompom (1 x 2),
- Sloop HMS GORLESTON ex-US-Kutter ITASCA, 1546 ts, 16 kn, 2 x 12,7 cm (2 x 1), 2 x 7,6-cm-Flak.

4   HMS ERNE sollte ursprünglich mit dem OS.33 auslaufen, wurde aber zurückgezogen, da die britische Admiralität der Auffassung war, die Sloop hätte nur eine »unzureichende Praxis« und könnte »nicht als leistungsfähig angesehen werden«. Daher blieb die ERNE zur Durchführung von Flottillenübungen in Großbritannien, ehe sie der *15. Escort Group* zugeteilt wurde.

4a   Die Funksprüche an die *15. Escort Group* kamen vom OIC in London. Das OIC (Operational Intelligence Centre) war das Operative Feindnachrichtenzentrum (Feindlagezentrum) der britischen Admiralität und gehörte zur Naval Intelligence Division (NID), d.h. zur Abteilung Geheimer Marinenachrichtendienst der britischen Admiralität. Hier liefen alle nachrichtendienstlichen Erkenntnisse zur Seekriegsführung zusammen, darunter auch die der Funkaufklärung aus Bletchley Park einschl. der Ergebnisse der Funkpeilungen des Y-Dienstes (siehe Anm. 15a zur »Einführung«). Eine Unterabteilung des OIC war der Submarine Tracking Room, von dem aus sozusagen die »Schlacht im Atlantik« gegen die deutschen U-Boote geführt wurde.

5   HMS GORLESTON hatte ihren Werdegang 1930 als Kutter ITASCA der US-Küstenwache begonnen und war 1941 im Zuge des Leih- und Pachtabkommens (Lend-Lease-Act) zwischen den USA und Großbritannien an die *Royal Navy* übergeben worden.

6   KTB von *U 564*.

7   Laut Gefechtsanalyse, Lt.-Cdr. Gibson, Führer der *42. Escort Group*, PRO ADM 237/145.

8   Brustat-Naval, Fritz/Suhren, Teddy: *Nasses Eichenlaub*, S. 104.

9   Ebenda, S. 106

10   KTB von *U 564.*

11   Den Vorsatz EMPIRE im Schiffsnamen erhielten Handelsschiffe, die im
         Auftrag des britischen Ministeriums für Schifffahrt (*Ministry of Ship-*
         ping) für die britische Regierung gebaut oder die angekauft, während
         des Krieges als Prisen genommen oder beschlagnahmt worden waren.
         1941 wurde das Ministerium für Schifffahrt mit dem Ministerium für
         das Transportwesen (*Ministry of Transport*) zum neuen Ministerium
         für das Kriegstransportwesen (*Ministry of War Transport:* MOWT)
         zusammengelegt. Während des Zweiten Weltkrieges wurden insgesamt
         196 Handelsschiffe mit dem EMPIRE-Vorsatz versenkt.

12   Brustat-Naval, Fritz/Suhren, Teddy: *Nasses Eichenlaub*, S. 108.

12a Die Unterwasser-Schallortungsanlagen (heute allgemein als
         »Sonaranlagen« bezeichnet) werden eingeteilt in:
   –   *Passive Anlagen*, d.h. Horchgeräte in U-Booten und Überwasserschiffen,
         die – ohne eigene Ortungsimpulse auszusenden – lediglich die Geräusche
         anderer Quellen empfangen und nach Richtung und Entfernung
         bestimmen, wie z.B. das Gruppenhorchgerät (GHG) der U-Boote.
   –   *Aktive Anlagen*, d.h. von einem Sender in einem U-Boot oder Über-
         wasserschiff ausgesandte Schallimpulse (sog. »Pings«) werden von einem
         Unterwasserobjekt reflektiert und von einem Empfänger wieder aufge-
         nommen. Hierdurch können Richtung und Entfernung des Objektes
         ziemlich genau bestimmt werden. Zu dieser Gruppe gehören das
         britische *Asdic*-Gerät und die deutsche S(onder)-Anlage.

12b Diese Besprechung bei Hitler fand am Montag, dem 28. September
         1942, 16.30–18.30 Uhr, in der Reichskanzlei in Berlin statt. Teilneh-
         mer neben Hitler waren:
   –   Großadmiral Dr. h.c. Erich Raeder, der Oberbefehlshaber der
         Kriegsmarine,
   –   Generalfeldmarschall Wilhelm Keitel, der Chef des OKW,

– Admiral Karl Dönitz, der BdU,

– Admiral Werner Fuchs, Chef des Hauptamtes Kriegsschiffbau (K) im OKM,

– Vizeadmiral Theodor Krancke, Ständiger Vertreter des ObdM im Führerhauptquartier,

– Vizeadmiral Maertens, Chef der 2./Skl. »Marinenachrichtendienst« im OKM,

– Konteradmiral Werner Lange, Chef der Amtsgruppe "U-Boot-Wesen" (Skl. U) im OKM,

– Kapitän z.S. Karl-Jesko v. Puttkamer, Marineadjutant Hitlers und Verbindungsoffizier zum Wehrmachtführungsstab,

– Marineoberbaurat Waas, Hauptamt Kriegsschiffbau.

Der »Bold« findet sich im Lagevortrag des ObdM bei Hitler am 26. August 1942 im Führerhauptquartier »Wehrwolf« bei Winniza/ Ukraine. Raeder wies Hitler auf den Erfolg des »Bold«-Einsatzes hin. Siehe Gerhard Wagner (Hrsg.) *Lagevorträge des ObdM vor Hitler 1939-1945*, S. 408, 420.

13   Zwei weitere Täuschungskörper wurden gegen Kriegsende für den Ausstoß aus dem »Pillenwerfer« entwickelt:
1. Der Geräuschtäuschungskörper »Sieglinde«, eine Art Miniatur-Torpedo, der keinen Gefechtskopf besaß, sondern mit einem E-Motor ausgestattet war. Er kreiste in einer vorgegebenen Tiefe und simulierte das Geräusch der E-Motoren eines mit 6 kn fahrenden U-Bootes, bis seine kleine Batterie erschöpft war. Er sollte mit dem »Bold« ausgestoßen werden.
2. Der Geräuschstörkörper »Siegmund« erzeugte eine Knallfolge. Sie sollte die Horchgeräte des Gegners verstopfen, damit das U-Boot für kurze Zeit mit Höchstfahrt ablaufen konnte. Die Anlage war serienmäßig für den U-Boot-Typ XXVI (Walter-U-Boot) vorgesehen.

14   Suhren hat möglicherweise aus einem ungewöhnlichen Unfall im Verlaufe der von GORLESTON durchgeführten Operation *Raspberry* Nutzen gezogen [einem nach Muster vorgegebenen Angriff mit Wasserbomben gegen ein U-Boot]: Die Detonation einer der Wasserbomben hatte Trümmerstücke und Öl aus der explodierten EMPIRE HAWKS-BILL durch das offene Fenster der Brücke geschleudert, wodurch zeit-

weise alle sich ungeschützt dort aufhaltenden Personen nichts sehen
konnten.

15   Interview mit Herbert Waldschmidt, 27. September 2002.

16   Brustat-Naval, Fritz/Suhren, Teddy: *Nasses Eichenlaub*, S. 110.

17   PRO ADM 237/145.

18   Gefechtsbericht des Kommandanten der Sloop HMS GORLESTON,
      PRO ADM 237/145.

19   Brutat-Naval, Fritz/Suhren, Teddy: Nasses Eichenlaub, S. 110f..

20   Ebenda, S. 111.

21   Ebenda, S. 113.

3. Kapitel

1   Interview mit Georg Seitz, Mannheim, 2000.

1a   Auf U-Booten ohne Arzt an Bord, insbesondere auf allen VII-C-Booten,
      lag der Sanitätsdienst in der Verantwortung der Offiziere. Die Ausbil-
      dung zum Wachoffizier und zum Kommandanten umfasste eine inten-
      sive Ausbildung in Erster Hilfe und über den Umgang mit Morphium.
      Theoretische Grundlage bildete die vom OKM herausgegebene und
      auf den U-Booten mitgeführte Marine-Dienstvorschrift (M.Dv. Nr.
      276) »Ärztlicher Ratgeber für Unterseeboote« mit einem Auszug aus
      der »Anleitung zur ersten Hilfeleistung bei Unfällen und Kampfstoff-
      verletzungen«. Als Ratgeber standen ihnen – ggf. auch über Funk – der
      Verbandsarzt beim BdU und die Flottillenärzte zur Verfügung.
      Den Hilfssanitätsdienst übte das Funkpersonal aus. Möglicherweise
      wurde ihm diese Aufgabe übertragen, weil es zum einen anfangs nicht
      sehr beschäftigt war und sich zum anderen der Funkraum neben dem
      Kommandanten- und dem Offiziersraum befand. Die Funker erhielten

seit Anfang 1940 eine Ausbildung an der U-Boot-Schule in Neustadt i.H., eine Aufgabe, die dann bis Kriegsende an die U-Lehrdivisionen überging. Es ist bekannt, dass Funkmaate während der Baubelehrungen vor der Indienststellung neuer U-Boote sowie auch bei den Marinelazaretten der U-Boot-Stützpunkte weitere Unterrichtungen erhielten. Den zu Hilfssanitätern ausgebildeten Funkern wurde ein »Personalausweis« ausgestellt, gekennzeichnet mit dem Roten Kreuz, der sie als »Hilfskrankenträger« auswies. Geriet er in Ausübung dieser Tätigkeit in Gefangenschaft, so stand ihm der Schutz des Art. 9 Abs.2 des Genfer Abkommens vom 27. Juli 1929 zu.

Die hohen Verluste an Marineärzten auf den U-Booten sowie die an das Funkpersonal auf ihrem eigenen Fachgebiet gestiegenen Anforderungen führten ab Ende 1943 zum Einsatz von besonderen »Sanitätsunteroffizieren mit Sonderausbildung auf U-Booten«, die den Sanitätsdienst auf den U-Booten verantwortlich übernahmen. Zur Vertiefung siehe Nöldeke, Hartmut/Hartmann, Volker: *Der Sanitätsdienst in der deutschen U-Boot-Waffe*, E.S.Mittler & Sohn, Hamburg 1996.

1b   FKpt. Jürgen Wattenberg (Crew 21) war bei Kriegsbeginn Korvettenkapitän und Navigationsoffizier des Panzerschiffes ADMIRAL GRAF SPEE. Er nahm am 13. Dezember 1939 am Seegefecht des Panzerschiffes gegen einen britischen Kreuzerverband aus einem Schweren und zwei Leichten Kreuzern vor dem Rio de la Plata teil. Am 17. Dezember navigierte Wattenberg das Panzerschiff auf seiner letzten Fahrt zur Selbstversenkung und gelangte anschließend mit der übrigen Besatzung auf gecharterten argentinischen Schiffen nach Buenos Aires. Dort wählte der Kommandant, KptzS. Hans Langsdorff, am 20. Dezember 1939 den Freitod. Die Besatzung wurde im deutschfreundlichen Argentinien interniert. Mit Hilfe der Diplomatie gelang einem großen Teil der deutschen Seeleute die Flucht zurück nach Deutschland, darunter auch Jürgen Wattenberg. Er gelangte über den Pazifik nach Japan, weiter nach Wladiwostok und mit der Transsibirischen Eisenbahn durch die Sowjetunion über Moskau nach Deutschland. Dort traf er im Mai 1940 ein. Danach meldete sich Wattenberg freiwillig zur U-Boot-Waffe. Auf seiner dritten Feindfahrt wurde *U 162* am 3. September 1942 südlich von Barbados durch Zerstörer versenkt (siehe Seite 220 ff.) und Wattenberg geriet mit seiner Besatzung in Gefangenschaft.

2 Brustat-Naval, Fritz/Suhren, Teddy: *Nasses Eichenlaub*, S. 112.

2a Die Operation Pedestal vom 10.-15. August 1942 hatte das Durchbringen eines großen Nachschubgeleitzuges, bestehend aus 13 Frachtschiffen und dem Tanker OHIO, von Gibraltar nach Malta zum Ziel, um die Insel insbesondere mit Jagdflugzeugen und Treibstoff zu versorgen. Die Nahsicherung setzte sich aus den Leichten Kreuzern NIGERIA (Rear-Adm. Burrough), KENYA, MANCHESTER und dem Flakkreuzer CAIRO sowie elf Zerstörern zusammen. Die Fernsicherung (Vice-Adm. Syfret) bestand aus den Schlachtschiffen NELSON und RODNEY, den Trägern VICTORIOUS, INDOMITABLE, EAGLE und FURIOUS, drei Leichten Kreuzern sowie 14 Zerstörern. Nach schweren Angriffen von U-Booten und Schnellbooten sowie von Torpedoflugzeugen, Sturzkampf- und Hochbombern der Achsenstreitkräfte, bei denen auch die britischen Seestreitkräfte erhebliche Verluste erlitten, kamen vier der Frachter und der schwer beschädigte, aber überaus wichtige Tanker OHIO durch, während die Träger Jagdflugzeuge nach Malta starten ließen. Die italienische Flotte konnte infolge fehlender Luftsicherung nicht eingreifen.

3 Brustat-Naval, Fritz/Suhren, Teddy: *Nasses Eichenlaub*, S. 76.

4 Interview mit Reinhard Suhren, 1981, A1981/22/002, Royal Navy Submarine Museum.

4a Nach Kriegsbeginn im September 1939 setzte die Royal Navy die Flugzeugträger ARK ROYAL, HERMES und COURAGEOUS mit Zerstörersicherung als U-Jagdpatrouillen im Bereich der Western Approaches im Nordwesten vor dem Nordkanal und im Südwesten vor dem St.-Georgs-Kanal ein. Am 17. September 1939 versenkte *U 29* unter Kptlt. Otto Schuhart den Flottenträger HMS COURAGEOUS (Capt. Makeig-Jones) westlich von Irland. 514 Angehörige der Besatzung fanden den Tod. Danach wurden die Träger vom wenig sinnvollen Einsatz zur U-Jagd zurückgezogen. Kptlt. Schuhart erhielt für seinen großartigen Erfolg zunächst nur das EK I. Erst am 16. Mai 1940 bekam er sozusagen nachträglich das Ritterkreuz des Eisernen Kreuzes verliehen.

4b   Lediglich zehn Versorgungs-U-Boote vom Typ XIV wurden zwischen
     dem 15. November 1941 und dem 27. März 1943 in Dienst gestellt:
     U 459 – U 464 und *U 487 – U 490*. Hierzu gehörte auch das am
     2. April 1942 in Dienst gestellte *U 463*. Im Marinejargon wurden sie
     als »Milchkühe« bezeichnet. Der Verfasser benutzt den Terminus
     »U-Tanker«, den der Übersetzer der Einfachheit wegen beibehalten hat.
     Die technischen Daten lauten:

     –   Wasserverdrängung: 1688 t über/1932 t unter Wasser
     –   Länge: 67,1 m
     –   Breite: 9,35 m
     –   Tiefgang: 6,51 m
     –   Höchstgeschwindigkeit: 14,9 kn über/6,2 kn unter Wasser
     –   Fahrtstrecke bei Höchstfahrt: 5500 sm bei 14,9 kn
         bei Marschfahrt: 12.350 sm bei 10 kn
         bei Tauchfahrt: 55 sm bei 4 kn
     –   Torpedorohre: keine
     –   Fla-Geschütze: 2 x 3,7 cm, 2 bis 4 x 2 cm
     –   Besatzungsstärke: 6/47.

     Zweckgebautes Tauchboot für ozeanische Versorgung. Der Vorrat an
     Treiböl (203 t) reichte für eine Fahrstrecke, die der des Typs IX C
     entsprach, und zur Versorgung in See standen zur Verfügung: 432 t
     Treiböl, 34 t Motorenöl, 10,5 t Frischwasser, 3 t destilliertes Wasser
     für die Batterien, Proviant, vier Reservetorpedos in Oberdecksbehäl-
     tern und anderes mehr. Als diese Boote an die Front kamen, war den
     Briten der Einbruch in die deutschen Marinefunkschlüssel bereits zum
     Teil gelungen (siehe Anm. 15a zur »Einführung«). Ab Mai 1943 – dem
     »Schwarzen Mai« – unternahmen sie aufgrund der »Enigma«-Entzif-
     ferungen gezielte Anstrengungen, um diese verwundbaren U-Tanker
     auszuschalten – attraktive Ziele, die zum großen Teil im Sommer 1943
     versenkt wurden.

4. Kapitel

0a   Nach den außerordentlich erfolgreichen Geleitzugschlachten im März
     1943 im Nordatlantik kam im April der Rückschlag. Die Angriffe der
     U-Boot-Gruppen auf die Geleitzüge wurden von da an erfolgreich ab-

gewehrt. Im Mai folgte die Katastrophe: Dieser Monat brachte nicht nur die niedrigste Versenkungsziffer seit Dezember 1941, sondern mit 41 U-Booten auch die höchste Verlustrate (»Schwarzer Mai«). Zum erstenmal seit dem April 1940 überstieg der monatliche Bootsverlust die Anzahl der neu in Dienst gestellten Boote. Was war geschehen? Im Mai 1943 griffen die zahlreichen neuen Abwehrmaßnahmen der Alliierten vollständig ineinander:

- Der endgültige Einbruch in den deutschen »Marinefunkschlüssel M 4« im Schlüsselbereich »Triton« der U-Boote;
- die Einführung des neuen Radargerätes mit 9 cm Wellenlänge (ASV III), dem 1944 das 3-cm-Radar (ASV IV) folgte;
- die Einführung verbesserter Wasserbomben;
- die Ausrüstung der U-Jagd-Fahrzeuge mit einer neuen Waffe: des Hedgehog;
- die Ausrüstung der U-Jagd-Fahrzeuge mit Funkpeilanlagen (HF/DF Geräte);
- die Schließung des Black Gap im Atlantik durch Landflugzeuge von sehr großer Reichweite (»Liberator« mit Zusatztanks);
- die Einführung selbständig operierender U-Jagd-Gruppen (die Support Groups oder Hunter-Killer-Groups) mit Geleitträgern als Kern;
- die Ausrüstung der Flugzeuge mit ASV III, Leigh-Light-Scheinwerfern, Wasserbomben und Raketen;
- die erheblich gestiegene Anzahl der Geleitsicherungs- bzw. U-Jagd-Streitkräfte.

Am 24. Mai 1943 befahl Dönitz den Rückzug der U-Boote von den nordatlantischen Geleitzugwegen. Die »Schlacht im Atlantik« war verloren. Er schrieb später in seinen Erinnerungen:

»Nach 45 Monaten einer unaufhörlichen Schlacht, die von stärkerer und heftigerer Art war, als die Nachwelt sie sich einmal wird vorstellen können, hatte die gewaltige See- und Luftabwehr der beiden größten Seemächte ... den U-Boot-Krieg erdrückt.«

Siehe hierzu auch V.E. Tarrant *Kurs West! Die deutschen U-Boot-Offensiven 1914–1945* sowie Jean-Philippe Dallies-Labourdette *U-Boote. Eine Bildchronik 1935–1945*, beide Motorbuch Verlag, Stuttgart 1993 bzw. 1998.

1   KTB von *U 564.*

1a   KKpt. Kölle vermerkte am 28. Juni 1942 im KTB von *U 154* die Ver-
     senkung des amerikanischen Dampfers TILLIE LYKES (2572 BRT)
     südwestlich von Haiti (EC 3586), der mit Stückgut nach San Juan/
     Puerto Rico unterwegs war, durch einen Torpedotreffer aus Rohr 3 um
     03.50 Uhr. Seine Anmerkung lautete:
     »Schiff sinkt schnell innerhalb 2,5 Minuten.
     Kmdt.: 03.54 Uhr aufgetaucht – Öl, Fässer Ballen, Blechkanister,
     Balken, Flöße und Menschen treiben durcheinander. Eine Gruppe von
     vier Mann, die sich an Trümmern festhalten, schreit kläglich um Hilfe.
     Hauptteil der Besatzung sitzt auf einem Floß. – Boote haben sie nicht
     zu Wasser gebracht. Verständigung ist durch Seegang sehr schwierig.«
     Prof. Dr. Jürgen Rohwer merkt hierzu an: »Die TILLIE LYKES wurde
     nach dem 18.06.42 als vermisst gemeldet. Es gibt keine Meldung eines
     Angriffs im Quadrat DL 9 oder EA 3 – nicht einmal das KTB von
     U 161 berichtet einen Angriff, der passen könnte.« Rohwer erwähnt
     den im KTB U 154 ausführlich berichteten Angriff nicht. Hier scheint
     ein Irrtum Rohwers vorzuliegen, den auch L. Paterson aus diesem
     Standardwerk übernommen hat. Siehe hierzu Rohwer *Axis Submari-
     ne Successes of World War Two*, S. 105.

2   Die 10. U-Flottille wurde im Januar 1942 in Lorient aufgestellt. Zu ihr
     kam auch *U 463.* Doch im Oktober 1942 erfolgte die Aufstellung der
     12. U-Flottille in Bordeaux, deren Stützpunkt sich mitten im Hafengebiet
     befand. Zu diesem Zeitpunkt wurde auch *U 463* der 12. U-Flottille
     zugewiesen. [Zu ihr gehörten infolge der größeren Abmessungen des
     U-Boot-Bunkers ab Oktober 1942 alle großen U-Boote, insbesondere
     die Boote mit großer Reichweite vom Typ IX D2, die großen U-Minen-
     leger vom Typ X B und alle U-Tanker vom Typ XIV. Siehe hierzu auch
     Jak P. Mallmann-Showell *Deutsche U-Boot-Stützpunkte und Bunker-
     anlagen 1939–1945*, Motorbuch Verlag, Stuttgart 2003, S. 128ff.]
     Nach vier erfolgreichen Versorgungsfahrten wurde *U 463* am 16. Mai
     1943 vier Tage nach dem Auslaufen aus Bordeaux zur fünften Feind-
     fahrt nordwestlich von Kap Ortegal/Spanien von der »Halifax« R
     (Flight Officer A.J.W. Birch), einem viermotorigen Bomber der 58.
     Squadron der RAF, mit Wasserbomben unter dem Verlust der gesamten

Besatzung versenkt. Bis zum Juni 1944 waren alle zehn »Milchkühe« den alliierten Anstrengungen zur Ausschaltung der U-Tanker zum Opfer gefallen:

- *U 464* (Kptlt. Harms) am 21.8.42 südöstlich Island,
- *U 463* siehe oben,
- *U 487* (Oblt.z.S. Metz) am 13.7.43 Mittelatlantik,
- *U 459* (KKpt. Wilamowitz-Möllendorff) am 24.7.43 nordwestlich Kap Ortegal,
- *U 461* (KKpt. Stiebler) am 30.7.43 nordwestlich Kap Ortegal,
- *U 462* (Oblt.z.S. Vowe) am 30.7.43 nordwestlich Kap Ortegal,
- *U 489* (Oblt.z.S. Schmandt) am 4.8.43 südöstlich Island,
- *U 460* (Kptlt. Schnoor) am 4.10.43 nördlich der Azoren,
- *U 488* (Oblt.z.S. Studt) am 26.4.44 Mittelatlantik und
- *U 490* (Oblt.z.S. Gerlach) am 12.6.44 nordwestlich der Azoren.

3 Interview mit Herbert Waldschmidt, 27. September 2002.

4 Nach 60 Stunden in den Rettungsbooten nahm der norwegische Dampfer NORDSTJERNAN die Besatzung des schwedischen Schiffes auf.

4a Brustat-Naval, Fritz/Suhren, Teddy: *Nasses Eichenlaub*, S. 116.

4b Im KTB von *U 154* findet sich vermerkt:
»05.08.42 DP 1455 2125 *U 564* (Suhren) in Sicht SUHREN möchte vier Aale haben. Er erhält zuerst zwei Ato dann zwei Eto, davon ging einer bei Übernahme verloren, da der Heißring brach. Außerdem erhält er 1,6 t Trinkwasser. Übergabe dauerte 10 Std.

5. Kapitel

0a Brustat-Naval, Fritz/Suhren, Teddy: *Nasses Eichenlaub*, S. 118f.

0b Bei allen U-Booten ist die Tauchtiefe ein wesentliches Konstruktionsmerkmal. Hierbei ist zu unterscheiden:
- *Zerstörungstiefe*, d.h. eine berechnete Tiefe, bei der der Zusammenbruch des Druckkörpers innerhalb einer eng

begrenzten Toleranz zu erwarten ist.

- *Berechnungsdruck*, d.h. der dieser Zerstörungstiefe entsprechende
  Druck, der die Basis der Druckkörperberechnungen bildet.

- *Tauchtiefe*, heute Betriebstauchtiefe genannt. Sie liegt oberhalb
  der Zerstörungstiefe, in deren Nähe kein Boot gelangen darf,
  und ist daher durch einen Sicherheitsfaktor rechnisch mit der
  Zerstörungstiefe gekoppelt. Die Betriebstauchtiefe ist zudem
  übungsmäßig die größte zulässige Tauchtiefe.

Bei den U-Booten der früheren deutschen Kriegsmarine betrug der
Sicherheitsfaktor 2,5 (im Gegensatz hierzu bei der US-Marine 1,5). Da
die deutschen U-Boote des 2. Weltkrieges nach den damaligen Berechnungsverfahren für eine Zerstörungstiefe von 250 m ausgelegt waren,
betrug beim Sicherheitsfaktor 2,5 die Betriebstauchtiefe 100 m. Daher
war es möglich, bei Feindeinwirkung in Tiefen von 150–180 m zu
gelangen, ohne dass Schäden auftraten. Gabler war mit Suhrens *U 564*
sogar auf 200 m. Gabler führt weiter aus: »Nach heutigen Erkenntnissen
und Berechnungsverfahren hatten diese Boote eine Zerstörungstiefe
von etwa 280 m. Dies ist eine Erklärung dafür, dass einzelne Boote diese
Tiefe gelegentlich erreicht haben, z.T. allerdings unter Inkaufnahme
von Einbeulungen.« Es wird nie festgestellt werden können, wann
einzelne Boote durch solche unzulässig großen Tauchtiefen verloren
gegangen sind. Vgl. Ulrich Gabler *Unterseebootbau*, 3. Auflage,
Bernard & Graefe Verlag, Koblenz 1987, S. 38.

1   Interview mit Reinhard Suhren, 1981, A1981/22/002, Royal Navy
     Submarine Museum.

1a   Vermutlich aus dem KTB von *U 564*.

2   Siehe Paterson *Second U-Boat Flotilla*, S. 136. [Anm.d.Übers.: Paterson
     beschreibt hier Achilles' Nachtangriff im Hafen von Port of Spain sehr
     eingehend.]

3   Die Besatzung der BRITISH CONSUL wurde später von der Korvette
     HMS CLARKIA im amerikanischen Marinestützpunkt Guantanamo
     Bay, Kuba, an Land gesetzt.

4 Die 51 Männer der EMPIRE CLOUD wurden später zum Teil nach Key West/Florida und zum Teil nach Mobile/Alabama gebracht. [Anm.d.Übers.: Wie alle Geschützbedienungen an Bord von britischen Handelsschiffen gehörten die acht Artilleristen nicht zur zivilen Besatzung. Bei ihnen handelte es sich in aller Regel um Angehörige der Royal Marines, d.h. der Königlichen Marineinfanterie.]

4a Vermutlich aus dem KTB von *U 564*. Im Übrigen beschreibt Suhren diesen Angriff so:
»Der Geleitzug kommt wie am Schnürchen. Es ist jetzt Tag. Die Torpedos sind klar, die vier Rohre [sic] sind auf die Dampfer gerichtet. Entfernung 1200 Meter. Wir drücken auf die Tube – ab geht die Post. Deutlich vernimmt das Ohr einen harten Schlag – aber keine Detonation. Auch die anderen Aale bewirken nichts. Einer von den Dampfern stoppt, und im Sehrohr mache ich mehrere Leute aus, die sich mittschiffs über die Reling beugen. Die haben anscheinend noch gar nicht mitbekommen, um was es sich handelt, sonst würde sich das Schiff nicht wie eine Zielscheibe still hinlegen. Dort, wo sie über Bord gucken, ist der Dampfer getroffen worden, doch wieder hat die Pistole versagt. Die vier Torpedos [sic], die wir im Atlantik mit vieler Mühe übernommen haben, sind unnütz vertan. Gradlaufapparat, Tiefensteuer und Pistole, die komplizierten Mechanismen eines Torpedos, halten so harte Schläge wie die von den Fliegerbomben verursachten einfach nicht aus. Das ist meine persönliche Ansicht.... Die Flugzeuge verfügen zudem über speziell für Luftabwürfe konstruierte Wasserbomben, die ihre früheren übertreffen.«
Brustat-Naval, Fritz/Suhren, Teddy: *Nasses Eichenlaub*, S. 120. In den Erinnerungen Suhrens ist zu beobachten, dass die Fakten gelegentlich nicht ganz übereinstimmen.

6. Kapitel

0a Die Insel Grenada gehörte bis 1945 zur britischen Kronkolonie *Windward-Islands*. Nach dem Zweiten Weltkrieg war das britische Grenada Teil des *Commonwealth of Nations*. 1974 erlangte die Insel ihre Unabhängigkeit, gehörte aber weiterhin zum *Commonwealth*. Nach dem

Sturz der sozialistischen Revolutionsregierung unter M. Bishop 1983
erfolgte eine militärische Intervention der USA und der Nachbarstaaten,
um die Ordnung wiederherzustellen.

1   Interview mit Reinhard Suhren, 1981, A1981/22/002, Royal Navy
      Submarine Museum.

1a   Nach der Besetzung Niederländisch-Ostindiens, Singapurs und Ranguns
      streckten die Japaner ihre Fühler Anfang April 1942 auch gegen Indien
      aus. Am 4. April wurde der japanische Träger-Kampfverband unter
      VAdm. Nagumo (5 Träger, 4 Schlachtschiffe, Kreuzer und Zerstörer),
      der am 7. Dezember 1941 bereits Pearl Harbor angegriffen hatte, auf
      dem Anmarsch zum Angriff auf Ceylon gesichtet, woraufhin alle fahr-
      bereiten Schiffe Colombo verließen. Einen Tag später griffen die Japaner
      mit ihren Trägerflugzeugen (53 Hochbomber, 38 Sturzbomber und 36
      Jäger) Colombo an und versenkten u.a. mehrere Schiffe. Auch die aus
      Colombo gerade noch ausgelaufenen Schweren Kreuzer HMS CORN-
      WALL und DORSETSHIRE sanken durch Luftangriffe. Zudem griffen
      die Japaner in den nächsten Tagen den gesamten Schiffsverkehr an der
      ostindischen Küste an. Am 9. April folgten durch Trägerflugzeuge (91
      Hoch- und Sturzbomber sowie 38 Jäger) auch Luftangriffe gegen den
      britischen Marinestützpunkt Trincomalee. Hierbei sanken mehrere
      ausgelaufene Kriegsschiffe, darunter der Träger HMS HERMES. Danach
      zogen sich die Japaner wieder nach Singapur zurück. Die im Indischen
      Ozean beim Addu-Atoll zu weit im Südwesten von Ceylon stehende
      britische *Eastern Fleet* (Vice-Adm. Somerville) konnte nicht eingreifen.
      Die VARDAAS hatte großes Glück gehabt, so glimpflich davonge-
      kommen zu sein, denn außer den Kriegsschiffen versenkten die Japaner
      zwei Tanker und weitere 23 Handelsschiffe.

1b   Die zahlreichen Radargeräte verschiedener Zweckbestimmung, die bei
      der *Royal Navy* von 1938 bis 1945 Anwendung fanden, sind nach
      Typ-Nrn. geordnet. Bei der Ausrüstung mit Radargeräten hatten ange-
      sichts der noch geringen Produktion vor allem die größeren Schiffe sowie
      zunächst Geräte zur Luftraumüberwachung Vorrang. Erst Ende 1941
      begann sich durch verstärkte Forschungs- und Entwicklungsarbeit sowie
      durch gestiegene Produktionszahlen die Lage zu verbessern und auch

kleinere Schiffe erhielten Radargeräte. Der Zerstörer HMS VIMY hatte im Frühjahr 1942 als einer der ersten Zerstörer ein Radargerät erhalten. Dieses Gerät – Typ 271: ein Seeraumüberwachungs-Radar – war für kleine Schiffe entwickelt worden und stand Ende 1941 zur Verfügung. Seine technischen Daten lauteten: Wellenlänge: 10 cm, Frequenz: 3000 MHz, Leistung: 5–10 kW. 1944 wurde es durch den verbesserten Typ 276 abgelöst. Dieses Gerät erfasste bei 500 kW Leistung auch noch den unteren Luftraum. Siehe hierzu Derek Howse *Radar at Sea: The Royal Navy in World War Two*, S. 82 ff., 340 ff.

2   Wattenberg (siehe Anm. 1b zum 3. Kapitel) und seine Männer wurden anschließend in Guantanamo Bay/Kuba dem Marinenachrichtendienst der US-Marine – *Office of Naval Intelligence* (ONI) – übergeben. Die Vernehmungsoffiziere von ONI charakterisierten sie als sehr diszipliniert und sicherheitsbewusst. Wattenberg kam später in das *POW-Camp* Papago Park in Arizona. Im Spätsommer 1944 schmiedeten Wattenberg und seine Kameraden einen ehrgeizigen Fluchtplan. Durch einen Tunnel wollten sie das Lager verlassen und sich zur 250 km entfernten mexikanischen Grenze durchschlagen. Sie begannen den Tunnelbau Anfang September 1944. Da sie kein lockeres Erdreich, sondern nur harten Sandstein antrafen, kamen sie täglich nur etwa einen Meter voran. Der Tunneleinstieg befand sich an einer Barackenwand durch die Kohlenkiste. Der etwa 60 m lange Tunnel verlief in ca. 3 m Tiefe: Kriechhöhe. Belüftung durch Lüfter aus einer Heizungsanlage und Beleuchtung durch Kabellampen.

Am 23. Dezember 1944 begann die Flucht der 25 Teilnehmer, darunter neben Wattenberg die U-Boot-Kommandanten Hans-Werner Kraus (*U 199*), Friedrich Guggenberger (*U 513*) und Jürgen Quaet-Faslem (*U 595*). Ihre Ausrüstung bestand aus einem selbst gefertigten Rucksack, Dauerproviant für etwa vier Wochen, Wasserkanister, Kochgeschirr, Verbandszeug, Wolldecke, einer selbst gefertigte Karte, gefälschten Ausweisen und ein paar Dollars. Wattenberg und zwei andere Gefangene verbrachten einige Zeit in einer Berghöhle. Beim Besorgen von Proviant wurden beide Begleiter geschnappt. Inzwischen waren auch die übrigen Ausbrecher wieder eingefangen worden. Am 28. Januar 1945 ging Wattenberg nach Phönix, aß in einem China-Restaurant und wurde anschließend auf dem Weg zum Bahnhof von der Polizei verhaftet und wieder ins Lager gesteckt. Mit 36 Tagen war er von allen diesen Ausbrechern am längsten in Freiheit gewesen. Am 5. Januar 1985 enthüllte der Gouverneur von Arizona in Scottsdale, einem Vorort von Phönix, einen Gedenkstein zur Erinnerung an diese Flucht. [Ergänzt durch den Übersetzer.] Vgl. Herbert Ritschel *Kurzfassung KTB deutscher U-Boote: U 125–U 170*, Band 4 Anhang J, Selbstverlag des Verfassers, Korntal 2004.

2a   Als operative Führungsstellen wurden, nachgeordnet der Seekriegsleitung, ab Ende 1938 die nacheinander gebildeten Marinegruppenkommandos West, Ost, Nord und Süd eingeschoben. Hiermit wurde die Führungsstruktur der Marine noch komplexer. Sie waren für die operative Führung in ihrem Zuständigkeitsbereich weitgehend eigenverantwortlich. Insoweit waren ihnen operativ insbesondere auch die Kommandierenden Admirale der Marinestationen, der Flottenchef und das Flottenkommando, die Befehlshaber der Sicherung West, Nord und Ost sowie die Fliegerführer West und Ost unterstellt. Ausgeklammert aus ihrer Zuständigkeit blieben die Bereiche, die der Skl. direkt unterstellt waren, sowie der BdU einschließlich der gesamten U-Boot-Kriegsführung.

2b   Der Text der Funksprüche findet sich weitgehend bei Brustat-Naval, Fritz/Suhren, Teddy: *Nasses Eichenlaub*, S. 121.

2c   Zur Ansprache Suhrens siehe Brustat-Naval, Fritz/Suhren, Teddy: *Nasses Eichenlaub*, S. 121.

2d   Für den Einsatz der Luftwaffe über dem Golf von Biskaya war der »Fliegerführer Atlantik« zuständig. Dieses Kommando hatte am 5. Februar 1942 Generalleutnant Hans-Ulrich Keßler übernommen. Der Fliegerführer Atlantik war dem Luftflottenkommando 3 unterstellt und hatte in engster Zusammenarbeit mit dem Marinegruppenkommando West und dem FdU West (FKpt. Rösing) u.a. ab Herbst 1942 die Sicherung des Luftraumes über der Biskaya für ein- und auslaufende U-Boote durchzuführen. Allerdings standen hierfür nur wenige Fw 200 »Condor« (III./K.G.40) und Ju 88 C-6 (V./K.G.40) zur Verfügung, so dass ihre Unterstützung minimal blieb. Siehe hierzu Sönke Neitzel

Der Einsatz der deutschen Luftwaffe über dem Atlantik und der Nordsee 1939–1945, Bernard & Graefe Verlag, Bonn 1995, S. 142ff.

2c   Hinsichtlich Sperrbrecher siehe Anm. 16a zur »Einführung«.

3   Brustat-Naval, Fritz/Suhren, Teddy: *Nasses Eichenlaub*, S. 123.

3a   Der U-Boot-Bunker befand sich in der Südwestecke des Kriegshafens. Er war der größte U-Boot-Bunker des Zweiten Weltkrieges, hatte bei 192 m Breite eine 330 m lange Front sowie 15 Unterstände – zehn Boxen als Trockendocks und fünf Nassboxen – zur Unterbringung von 20 U-Booten. Die Deckenstärke betrug 6,2 m mit einer Fangrost-Sicherung darüber. In das Felsenkliff dahinter (unterhalb der Marine-schule) waren Tunnel gesprengt, die unterirdische Werkstätten, Vor-ratslager, Treibstofftanks und ein Lazarett enthielten. Zum U-Stütz-punkt Brest (einschl. Karte) und zum Bau des U-Boot-Bunkers siehe Jak P. Mallmann-Showell *Deutsche U-Boot-Stützpunkte und Bunkeran-lagen 1939–1945*, Motorbuch Verlag, Stuttgart 2003, S. 90ff., 182f.

3b   Die deutschen Schlachtschiffe SCHARNHORST und GNEISENAU lagen nach ihrem Einsatz zur Handelskriegsführung im Atlantik (Unternehmen »Berlin«) seit dem 22. März 1941 in Brest. Nach dem Untergang des Schlachtschiffes BISMARCK lief auch der Schwere Kreuzer PRINZ EUGEN am 1. Juni 1941 in diesen Hafen ein. Von nun an bildeten die drei schweren Einheiten die Brest-Gruppe. Doch zu einer weiteren Atlantik-Unternehmung kam es nicht mehr. Den ganzen Sommer, Herbst und Winter hindurch flog die RAF schwere Luftangriffe auf das Hafengebiet von Brest und die Schiffe der Brest-Gruppe erlitten mehrmals Beschädigungen, die auch zu Dockaufent-halten führten. Dann kam der kühne Kanaldurchbruch des deutschen Flottenverbandes zur Rückführung nach Deutschland: Unternehmen »Cerberus«. In der Nacht zum 12. Februar 1942 lief die Brest-Gruppe vom Gegner unbemerkt aus, marschierte unter starker Zerstörer- und Luftsicherung durch den Kanal in die Nordsee und erreichte trotz Minentreffer auf beiden Schlachtschiffen die heimischen Häfen. Die Briten erlangten erst verspätet von diesem Unternehmen Kenntnis und konnten keine wirksamen Gegenmaßnahmen mehr ergreifen. Siehe hierzu Mike J. Whitley *Deutsche Großkampfschiffe*, Motorbuch Verlag, Stuttgart 1997.

3c   Brustat-Naval, Fritz/Suhren, Teddy: *Nasses Eichenlaub*, S. 124.

Epilog

0a   Das Eichenlaub mit Schwertern und Brillanten zum Ritterkreuz des Eisernen Kreuzes erhielten als höchste deutsche Tapferkeitsauszeichnung (vom »Goldenen Eichenlaub« 1945 für Oberst Rudel abgesehen) nur zwei Marineoffiziere: KKpt. Wolfgang Lüth (*U 181*) am 9. August 1943 und KKpt. Albrecht Brandi (*U 967*) am 24. November 1944.

0b   Bei einer Besprechung im Juni 1942 bei Dönitz in Paris mit Prof. Walter, Marinebaurat Waas und weiteren Vertretern des K-Amtes und des Torpedo-Amtes über die Walter-Entwürfe für neue U-Boote und Torpedos stimmte Dönitz der Abgabe hoch qualifizierter Frontoffiziere zu. So wurden die ehemaligen L.I. Dipl.-Ing. Heep (Maschinenbau) von *U 203* im Oktober 1942 und auf seine Empfehlung hin später auch Dipl.-Ing. Gabler (Schiffbau) von *U 564* von der Front freigestellt und vom OKM der U-Boot-Entwicklung bei der Fa. Hellmuth Walter KG, Kiel, zugewiesen. Mit dem Letzteren kam im Januar 1943 vom K-Amt auch der Marinebaudirektor Dr.-Ing. Karl Fischer zur Fa. Walter. Auf Initiative von Prof. Walter wurde im Frühjahr 1943 die holländische »Schnorchel«-Erfindung aufgegriffen. Die Nutzbarmachung für die deutschen U-Boote übertrug er Gabler und Heep, von dem das elektro-pneumatische Kopfventil des neuen »Schnorchels« stammte. Anschließend arbeitete Gabler mit Dr.-Ing. Fischer an der Entwicklung des U-Boot-Typs XXVI, eines großen U-Bootes mit Walter-Antrieb, dessen geistiger Vater Fischer war.
Inzwischen war die Konstruktionsarbeit an neuen U-Boot-Typen (Typ XXI und XXII) dem im August 1943 neu geschaffenen Ingenieurbüro »Glückauf« (IBG) unter Marinebaudirektor Oelfken vom K-Amt übertragen worden, das im weniger luftgefährdeten Blankenburg/Harz arbeitete. Nach dem Abschluss der Arbeiten an diesen U-Boot-Typen Anfang Dezember 1943 und nachdem sich Dönitz und das OKM im

April 1944 für den neuen Typ XXVI W entschieden hatten, wurde die Konstruktionsarbeit dem IBG unter seinem neuen Leiter Dr.-Ing. Fischer übertragen. Fischer übertrug Gabler als seinem engsten Mitarbeiter das Projektbüro. Diese Arbeiten hielten bei Kriegsende noch an. Näheres siehe in Eberhard Rössler »Vom Original zum Modell: Die großen Walter-UBoote Typ XVIII und Typ XXVI«, Bernard & Graefe Verlag, Bonn 1998.

1   Dipl.-Ing. Ulrich Gabler gründete bereits am 28. Juli 1946 das »Ingenieurkontor Lübeck« und schlug sich zunächst mit der Konstruktion und der Herstellung von Geräten für die Land- und Bauwirtschaft sowie für die Fischerei durch. Am 8. März 1955 erhielt Gabler vom damaligen »Amt Blank«, dem späteren Bundesverteidigungsministerium, den Auftrag, Vorschläge für einen neuen U-Boottyp zur Küstenverwendung auszuarbeiten, und am 15. Januar 1958 bekam das IKL den offiziellen Entwicklungsauftrag des Ministeriums für die neuen U-Boote der Klasse 201 der Bundesmarine. Damit begann in der Folge die erfolgreiche Arbeit des IKL zur Entwicklung neuer U-Boote. Im Januar 1979 zog sich Prof. Dipl.-Ing. Gabler von der Firmenleitung zurück. [Vom Übersetzer erweitert: Vgl. Eberhard Rössler *Geschichte des deutschen UBootbaus*, 2 Bde., 2. Auflage, Bernard & Graefe Verlag, Koblenz 1987, S. 481ff.]

2   KTB von *U 564*.

3   Auszug aus Suhrens Ansprache im Mai 1954 in Hamburg, veröffentlicht in *Wiedersehen in Hamburg*, 1954. [Zitat nach Brustat-Naval, Fritz/Suhren, Teddy: *Nasses Eichenlaub*, S. 129.]

3a   Suhren äußerte sich auch über Rommel:
»Das Protokoll lief ab. Vor mir war der Generalfeldmarschall Rommel, der Afrikakämpfer, an der Reihe. Noch stand es nicht an der Marmorwand geschrieben, dass er sich nur zwei Jahre danach selbst umzubringen hatte. Auf Befehl desselben Führers, der ihm nun statt des Giftes das Eichenlaub mit Brillanten überreichte. Während sie drinnen noch miteinander redeten, öffnete sich die Tür, und Marschallstab und Orden wurden herausgereicht, die v. Puttkamer abnahm. So hatte ich das

Vergnügen, beides aus nächster Nähe betrachten zu können, erbat den Stab und begrüßte die Anwesenden aus Jux mit Rommels Statussymbol. Das Eichenlaub beeindruckte mich sehr. Zwar besaß ich es ja selbst, aber dieses hier hatte seine eigene Güteklasse. Drei etwa einkarätige Brillanten in der Mitte wurden von jeweils zwei Dreiviertelkarätern flankiert. Das Ganze war mit einem Eichenblatt aus Weißgold oder Platin unterlegt. Jesko v. Puttkamer erklärte mir, dass es sich um eine besondere Ausführung und ein persönliches Geschenk Adolf Hitlers an Feldmarschall Rommel handele. Wohlgemerkt, desselben Führers, der Rommel nach dem 20. Juli 1944 vor die Wahl stellte, sich selbst umzubringen und ein Staatsbegräbnis zu erhalten oder vom Volksgerichtshof wegen Hochverrats abgeurteilt zu werden nebst Sippenhaft.« Näheres siehe in Christer Jörgensen *Rommel. Meister der Panzertaktik*, Motorbuch Verlag, Stuttgart 2004.

4   Interview des Verfassers am 19. Oktober 2002 in München.

5   US-Marine: Vernehmungsbericht von Klaus Bargsten,
     O.N.I. 250-G/serial 14.

5a   Suhren, der KptzS. Rudolf Peters als ersten FdU Norwegen (ab Januar
     1943) abgelöst hatte, unterstanden als FdU Norwegen/Nordmeer die
     14. U-Flottille (KKpt. Möhlmann) in Narvik, die 13. U-Flottille (FKpt.
     Rüggeberg) in Drontheim und bis zum September 1944 auch die 11.
     U-Flottille (FKpt. Cohausz) in Bergen. Letztere war infolge der Invasion
     dem nach Bergen ausgewichenen FdU West (KptzS. Rösing) zugeteilt
     worden. De facto umfasste Suhrens Kommando maximal 28 U-Boote.
     Im Gegensatz zum FdU West, der nur eine truppendienstliche Zustän-
     digkeit besaß, während die operative Zuständigkeit bei BdU op. lag,
     übte der FdU Nord auch die operative Führung aus. Zu seinem Stab
     gehörten insbesondere der Nordmeerkenner Kptlt. Reinhart Reche
     (ehemals Kommandant von U 255), der für die Operationen zuständige
     A op. (siehe Seite 289), sowie der hervorragende KKpt.(Ing.) Hellmut
     Ebell, der als technischer Leiter fungierte. Der Stützpunkt
     befand sich gegenüber von Narvik in Ankenås am Ende eines von
     kahlen Bergen umgebenen Fjords. Als Stabsquartier diente der Aviso
     GRILLE, als Wohnschiff der ex-norwegische Passagierdampfer STELLA

POLARIS (5000 BRT), als Werkstatt- und Lagerschiffe die NEU-
MARK (7850 BRT) und die HUASCARAN (6950 BRT). Daneben gab
es noch ein paar zivile kleinere Einheiten und einen zivilen Treibstoff-
tanker.

Die fahrbereite, aber nicht mehr voll gefechtsklare ehemalige Staatsjacht GRILLE (3430 ts) diente mit reduzierter Besatzung ab Oktober
1942 dem Admiral Nordmeer als Stabsquartier in Narvik, ab August
1943 in Ankenås. Im Mai 1944 blieb die GRILLE nach Auflösung der
Dienststelle Admiral Nordmeer (seit März 1944 in Personalunion mit
dem FdU Nord) bis Kriegsende das Stabsquartier des FdU Nord. Nach
der Kapitulation 1945 gaben die Alliierten das Schiff kurze Zeit zur
Besichtigung frei, nachdem sie als Attraktion einige Räume als »Boudoir
Eva Braun« eingerichtet hatten. Doch Eva Braun hat die GRILLE nie
gesehen und dieses Boudoir gab es zuvor überhaupt nicht.

6   KTB der 1. U-Flottille, Eintrag vom 14. Juni 1943.

7   Sergeant Benson und seine vier Besatzungsmitglieder verbrachten drei
      Tage und Nächte in einem Schlauchboot, ehe sie von dem französischen
      Fischkutter JAZZ BAND gerettet wurden. Benson versuchte, den
      Kapitän zu überreden, sie nach England zu bringen, aber der weigerte
      sich, weil er Angst hatte, dass die Deutschen gegen seine Familie
      Repressalien ergreifen könnten, falls dies herauskam. Schließlich setzte
      sie der Kapitän in Morgat auf der Halbinsel Crozon südlich von Brest
      an Land und übergab sie den dort stationierten deutschen Truppen.
      Die geretteten 18 Überlebenden von U 564 wurden von U 185 den
      deutschen Zerstörern Z 24 vom Typ 36 A und Z 32 vom Typ 36 A
      (Mob) der 8. Z-Flottille »Narvik« übergeben, die den U-Booten entge-
      gengelaufen waren. Die Zerstörer (ca. 3600 t max.) des Typs 36 A
      bzw. 36 A (Mob) – auch als »Narvik«-Zerstörer bekannt – waren sehr
      stark bewaffnet und führten als einzige eine 15-cm-Bewaffnung: 5 x
      15 cm (1 x 2 vorn, 3 x 1), 4 x 3,7 cm (2 x 2), 5 x 2 cm (5 x 1) sowie
      8 Torpedorohre 53,3 cm (2 x 4).

7a   Unter Zugrundelegung einer Personalstärke der U-Boot-Waffe von ca.
      50.000 Mann lag die Verlustrate von 34.000 auf See gefallenen oder
      gefangen genommenen U-Boot-Fahrern bei 68 %, wobei allein die der

Gefallenen und Ertrunkenen bei über 57 % liegt. Die Verluste der
U-Boot-Waffe bleiben von jeder anderen modernen Waffengattung oder
jedes anderen Kommandos innerhalb von Streitkräften im Verlaufe eines
Krieges unerreicht; gefolgt von der Waffen-SS. Näheres siehe in Timothy
P. Mulligan *Die Männer der deutschen U-Bootwaffe 1939–1945*,
Motorbuch Verlag, Stuttgart 2001, Anhang 2: »Personalstärke und
Verluste der U-Bootwaffe«, Seite 259ff.

8   Rösing und Suhren befanden sich hauptsächlich in Haft, um vor dem
      Nürnberger Militärtribunal für Karl Dönitz als Zeugen der Verteidigung
      aufgerufen zu werden. Sie waren entschlossen, zur Verteidigung ihres
      Großadmirals auszusagen, aber sie wurden nie angehört.
      [Anm.d.Ü.: Im September 1946 richteten zahlreiche U-Boot-Offiziere,
      angeführt von Erich Topp und Reinhard Suhren, einen Appell an den
      Alliierten Kontrollrat in Deutschland um Nachprüfung des Nürnberger
      Urteils gegen den Großadmiral Dönitz. Darin hieß es u.a.: »Als die
      Vertreter der deutschen U-Boot-Waffe des vergangenen Krieges wen-
      den wir uns hiermit an den alliierten Kontrollrat und appellieren an
      sein menschliches und soldatisches Gewissen. Wir sind dabei der siche-
      ren Gewissheit, Sprachrohr der im Denken und Fühlen geschlossenen
      Angehörigen der ehemaligen deutschen U-Boot-Waffe zu sein. Diese
      Überzeugung schöpfen wir aus der Tatsache, dass der größte Teil der
      Offiziere und Mannschaften der U-Boot-Waffe durch unsere Hände
      gegangen ist, sei es in der Ausbildung oder im Fronteinsatz. Wir kennen
      die Herzen dieser Männer, und wir wissen, dass sie so denken wie wir
      selbst und dass dieses Gesuch unser aller Gerechtigkeitsempfinden
      zum Ausdruck bringt.« Diese Männer hätten einen U-Boot-Krieg nach
      den geltenden Regeln des allgemeinen Völkerrechts geführt und keine
      Verbrechen begangen. Topp schreibt hierzu im September 1990:
      »Auch jetzt nach genauer Kenntnis der militärischen Leistungen und
      Fehler von Dönitz, seiner menschlichen Schwächen und seiner politischen
      Verblendung, halte ich diese Aktion für richtig.« Siehe Erich Topp
      *Fackeln über dem Atlantik. Lebensbericht eines U-Boot-Kommandan-
      ten*, Verlag E.S. Mittler & Sohn, Herford 1990, Seite 170ff.

8a   Die »Deutsche Minenräumdienstleitung« – *German Mine-Sweeping
      Administration* (GM-SA) – entstand am 1. August 1945 aufgrund der

Waffenstillstandsbedingungen, wonach Deutschland die Gewässer von Nord- und Ostsee mit Personal und Fahrzeugen der ehemaligen Kriegsmarine von Minen freiräumen musste. Die GM-SA war in das 1. und 2. Deutsche Minenräumdienstkommando (Kiel und Cuxhaven) mit der 1.–6. Deutschen Minenräumdivision (Kiel-Friedrichsort, Cuxhaven, Dänemark, Norwegen, Niederlande, Bremverhaven) gegliedert. Zur GM-SA gehörten zeitweise 402 Einheiten mit insgesamt 16.000 Mann. Sie wurde im Frühjahr 1948 auf Drängen der Sowjets aufgelöst, die darin eine getarnte Aufrüstung der Westzonen sahen.

9   Erich Topp: *Fackeln über dem Atlantik. Lebensbericht eines U-Boot-Kommandanten*, Verlag E.S. Mittler & Sohn, Herford 1990, Seite 89f.

9a   KKpt. Peter-Erich Cremer, genannt »Ali« – Spitzname: »Ali Wrack«, da es ihm gelang, sein Boot zweimal in nahezu wrackem Zustand heimzubringen –, gehörte zur Crew 32. Zu Beginn des Zweiten Weltkrieges war Cremer Artillerieoffizier auf dem Zerstörer THEODOR RIEDEL (Z 6). Im Sommer 1940 meldete er sich freiwillig zur U-Boot-Waffe und erhielt nach U-Boot-Ausbildung und Kommandantenlehrgang am 29. Januar 1941 das Kommando über *U 152* vom Typ II D. Danach bekam Cremer im Sommer 1941 mit *U 333* ein neues VII-C-Boot, das er sehr erfolgreich führte. Leider fiel in diese Zeit auch die irrtümliche Versenkung des deutschen Blockadebrechers SPREEWALD im Januar 1942 nördlich der Azoren. Am 5. Juni 1942 wurde er mit dem Ritterkreuz des Eisernen Kreuzes ausgezeichnet. Nach Rammstoß und schwerem Beschuss der Korvette HMS CROCUS am 6. Oktober 1942 konnte *U 333* mit einem lebensgefährlich verwundeten Kommandanten gerade noch entkommen und sich in Sicherheit bringen. Nach Lazarettaufenthalt und langer Genesungszeit übernahm Cremer im Mai 1943 erneut *U 333*, ehe ihn am 20. Juli 1944 Kptlt. Hans Fiedler ablöste, der nur zehn Tage später mit dem Boot unterging. Er hatte zuvor bereits Teddy Suhrens *U 564* verloren. Cremer überstand im Atlantik drei Kollisionen mit alliierten Schiffen. Nach einer kurzen Zeit als Kommandant von *U 2519* war er im Raum Hamburg Kommandeur eines Marine-Panzervernichtungs-Bataillons und führte im Mai 1945 das zum Schutz von Dönitz aus U-Boot-Männern bereits in Plön gebildete »Wachbataillon Dönitz« auf dem Areal der Marineschule Mürwik. Hierbei erschoss einer der Wachsoldaten am 14. Mai irrtümlich den letzten Kommandeur der Marinekriegsschule: Kapitän z.S. Wolfgang Lüth. Näheres siehe in Fritz Brustat-Naval *Ali Cremer: U 333*, Ullstein Verlag, Frankfurt am Main 1982, und in Jordan Vause *Der U-Boot-Kommandant Wolfgang Lüth*, Motorbuch Verlag, Stuttgart 1999.

Anhänge

Oa Vgl. Schlicht/Angolia: *Die deutsche Wehrmacht. Uniformierung und Ausrüstung 1933–1945*, Band 2: *Die Kriegsmarine*, Motorbuch Verlag, Stuttgart 1995, S. 57ff.

0b Sir Norman Denning *Erfolge und Misserfolge bei der Nutzung Aufklärungserkenntnissen: Beispiele aus meiner eigenen Erfahrung.* In: Rohwer/Jäckel (Hrsg.): *Die Funkaufklärung und ihre Rolle im 2. Weltkrieg*, Motorbuch Verlag, Stuttgart 1979, S. 265ff. Vice-Admiral Sir Normann Denning war der Begründer des OIC der britischen Admiralität und vor der Umorganisation der letzte Chef des britischen Marinenachrichtendienstes (Director of Naval Intellegence in der Admiralität).

0c Kptlt.a.D. Reinhart Reche *Die »Quadratur der Meere« – zur Umrechnung der Marine-Quadratkarte 1939–1945.* In: *Marine-Rundschau*, März 1984, S. 120ff. Kptlt. Reche war über anderthalb Jahre Kommandant von *U 255*, eines Eismeerbootes, und ab Juni 1943 Chef der Operationsabteilung – A op. – im Stab des FdU Norwegen/Nordmeer zuerst unter KptzS. Peters und später unter FKpt. Teddy Suhren.

Amtliche Quellen, Bibliografie, Websites

Amtliche Quellen

ADM 237/145, betrifft Geleitzug OS.34, Public Records Office.

Anti-U-Boat Warfare Reports der britischen Admiralität, 1942,
aufbewahrt im Royal Navy Submarine Museum.

Kriegstagebuch (KTB) U 564, Fotokopie, aufbewahrt im U- Boot-Archiv in
Cuxhaven-Altenbruch.

– 1. *U-Flottille*, NARA-Mikrofilm, T1022, Roll 3403.

– *BdU*, Juli–September 1942, NARA-Mikrofilm, T1022, Rolls 3980, 3981.

Bibliografie*

Arndt, Peter: *Deutsche Sperrbrecher 1914 - 1945. Konstruktionen,
Ausrüstung, Bewaffnung, Aufgaben, Einsatz*, Motorbuch Verlag,
Stuttgart 1979.

Blair, Clay: *Hitler's U-Boat War*, Band 1: *The Hunters 1939–1942*,
Band 2: *The Hunted 1942–1945*, Random House, New York 1997/98
(dt. Übersetzung *Der U-Boot-Krieg*, Bd. 1: *Die Jäger 1939–1942*,
Bd. 2: *Die Gejagten 1942–1945*, Wilhelm Heyne Verlag, München
1998/99).

Bonatz, Heinz: *Die deutsche Marine-Funkaufklärung 1914–1945*, Wehr
und Wissen Verlagsgesellschaft, Darmstadt 1970.

– : *Seekrieg im Äther. Die Leistungen der Marine- Funkaufklärung
1939–1945*, E.S. Mittler & Sohn, Herford 1981.

Bowyer, Chaz: *Men of Coastal Command 1939-1945*, William Kimber,
London 1985.

* vom Übersetzer erweitert

Breyer, Siegfried: *Handbuch für U-Boot-Kommandanten*, Verlag
  Podzun-Pallas, Wölfersheim-Berstadt 1997 (Reprint der OKM-
  Ausgabe mit erläuternder Einführung).

Brustat-Naval, Fritz: *Ali Cremer: U 333*, Ullstein Verlag, Berlin 1982.
  – /Suhren, Teddy: *Nasses Eichenlaub. Als Kommandant und F.D.U.
  im U-Boot-Krieg*, Koehlers VerlagsGmbH, Herford 1983 [zitiert nach
  dem Taschenbuch im Ullstein Verlag, Berlin 1995].

Busch, Harald: *So war der U-Boot-Krieg*, Deutscher Heimatverlag,
  Bielefeld 1952.

Dallies-Labourdette, Jean-Philippe: *U-Boote. Eine Bildchronik 1935–
  1945*, Motorbuch Verlag, Stuttgart 1998.

Dönitz, Karl: *Zehn Jahre und zwanzig Tage. Erinnerungen 1935–1945*,
  11. Auflage, Bernard & Graefe, Koblenz 1997.

Franks, Norman: *Conflict over the Bay (Biskaya)*, William Kimber,
  London 1986.
  – : Search, Find and Kill: *Coastal Command's U-Boat Successes*,
  Grub Street, London 1995.

Gabler, Ulrich: *Unterseebootbau*, 3. überarbeitete und erweiterte Auflage,
  Bernard & Graefe, Koblenz 1987.

Herzog, Bodo: *60 Jahre deutsche U-Boote 1906–1966*, J.F. Lehmann's
  Verlag, München 1968 (auch Karl Müller Verlag, 1996).

Heßler, Günter/Alfred Hoschatt/Jürgen Rohwer: *The U-Boat War in the
  Atlantik, 1939–1945*, 3 Bde. in einem, Her Majesty's Stationary
  Office, London 1989.

Hildebrand, Hans/Lohmann, Werner: *Die Deutsche Kriegsmarine
  1939–1945*. Gliederung, Einsatz, Stellenbesetzung, Podzun Verlag,
  Bad Nauheim 1956 - 1964.

Högel, Georg: *Embleme, Wappen, Malings deutscher U-Boote
  1939–1945*, 3. erweit. Auflage, Koehlers VerlagsGmbH, Hamburg 1996.

Howse, Derek: Radar at Sea: *The Royal Navy in World War Two*, The
  Macmillan Press Ltd., London 1993.

Kelshall, Gaylord T. M.: *The U-Boat War in the Caribbean*, Naval
  Institute Press, Annapolis/Md. 1994 (dt. Übersetzung *U-Boot-Krieg in
  der Karibik*, E.S. Mittler & Sohn, Hamburg 1998).

Kemp, Paul: *U-Boats Destroyed: German Submarine Losses in the World Wars*, Arms & Armour Press, London 1997, und Naval Institute Press, Annapolis/Md. 1997 (dt. Übersetzung *Die deutschen und österreichischen U-Boot-Verluste in beiden Weltkriegen*, Urbes, Gräfelfing 1998).

Klietmann, Kurt-G.: *Auszeichnungen des Deutschen Reiches 1936–1945. Eine Dokumentation militärischer Verdienst- und Ehrenzeichen*, 11. Aufl., Motorbuch Verlag, Stuttgart 2004.

Köhl, Fritz/Niestlé, Axel: *Vom Original zum Modell: Uboottyp VII C*, Bernard & Graefe, Koblenz 1989.

Mallmann-Showell, Jak P.: siehe Showell, Jak P.

Möller, Eberhard: *Kurs Atlantik. Die deutsche U-Boot-Entwicklung bis 1945*, Motorbuch Verlag, Stuttgart 1995.

Mulligan, Timothy P.: *Neither Sharks Nor Wolves*, Naval Institute Press, Annapolis/Md. 1999 (dt. Übersetzung *Die Männer der deutschen U-Bootwaffe 1939–1945*, Motorbuch Verlag, Stuttgart 2001).

Neitzel, Sönke: *Der Einsatz der deutschen Luftwaffe über dem Atlantik und der Nordsee 1939–1945*, Bernard & Graefe, Koblenz 1995.

Niestlé, Axel: *German U-Boat Losses During World War II*, Naval Institute Press, Annapolis/Md. 1998. (Leider gibt es von diesem hervorragenden Standardwerk über die deutschen U-Boot-Verluste keine deutsche Ausgabe.)

Nöldeke, Hartmut/Hartmann, Volker: *Der Sanitätsdienst in der deutschen U-Boot-Waffe und bei den Kleinkampfverbänden. Geschichte der deutschen U-Boot-Medizin*, E.S. Mittler & Sohn, Hamburg 1996.

Paterson, Lawrence: *First U-Boat Flotilla*, Leo Cooper/Pen & Sword, Barnsley/South Yorkshire 2001.
– : *Second U-Boat Flotilla*, Leo Cooper/Pen & Sword, Barnsley/South Yorkshire 2003.

Price, Alfred: *Aircraft versus Submarine: The Evolution of the Antisubmarine Aircraft, 1912 to 1972*, Naval Institute Press, Annapolis/Md. 1973 (dt. Übersetzung *Flugzeuge jagen U Boote. Die Entwicklung der U-Bootabwehrflugzeuge von 1912 bis heute*, Motorbuch Verlag, Stuttgart 1976).

Ritschel, Herbert: *Kurzfassung Kriegstagebücher deutscher U-Boote*,
     4 Bde. bis jetzt, Band 1: *U 1–U 50*, Band 2: U 51–U 99, Band 3:
     U 100–U 124, Band 4: *U 125–U 170*, vermutl. Selbstverlag, Korntal,
     1997–2004, zu beziehen über Fachbuchhandlung Christian Schmidt,
     München.

Rohwer, Jürgen: *Die U-Booterfolge der Achsenmächte 1939–1945*,
     J.F. Lehmann's Verlag, München 1968; verbesserte US-Ausgabe:
     Axis Submarine Successes, 1939–1945, Naval Institute Press,
     Annapolis/Md. 1983.

– : *Axis Submarine Successes of World War Two*: German, Italian and
     Japanese Submarine Successes, 1939–1945, erweit. und verbesserte
     Neuauflage, Greenhill Books/Naval Institute Press, London/Annapolis
     1998. (Leider keine deutsche Ausgabe.)

– /Hümmelchen, Gerd: *Chronik des Seekrieges 1939–1945*, Gerhard
     Stalling Verlag, Oldenburg 1968.

– /Hümmelchen, Gerd: *Chronology of the War at Sea, 1939–1945*. The
     Naval History of World War Two, 2. verbesserte Auflage, Greenhill
     Books/Naval Institute Press, London/Annapolis 1992. (Leider keine
     deutsche Ausgabe.)

– /Jäckel, Eberhard (Hrsg.): *Die Funkaufklärung und ihre Rolle im
     Zweiten Weltkrieg*, Motorbuch Verlag, Stuttgart 1979.

Rössler, Eberhard: *Geschichte des deutschen U-Bootbaus*, 2 Bde., 2.
     überarbeitete und erweit. Auflage, Bernard & Graefe, Koblenz 1986/87.

– : *Die Sonaranlagen der deutschen U-Boote*, Koehlers VerlagsGmbH,
     Herford 1991.

– : *Vom Original zum Modell: Die großen Walter-Uboote Typ XVIII und
     Typ XXVI*, Bernard & Graefe, Koblenz 1998.

Rust, Eric C.: *Naval Officers Under Hitler: The Story of Crew 34*,
     Praeger, New York 1991.

Schlicht, Adolf/Angolia, John R.: *Die deutsche Wehrmacht.
     Uniformierung und Ausrüstung 1933–1945*, 3 Bde., Band 2:
     Die Kriegsmarine, Motorbuch Verlag, Stuttgart 1995.

Showell, Jak P. Mallmann-: *U-Boat Command and the Battle of the
     Atlantic*, Conway Maritime Press, London 1989.

– : *U-Boat Commanders and their Crews*, The Crowood Press,
     Marlborough 1998 (dt. Übersetzung *Die U-Bootwaffe. Kommandan-
     ten und Besatzungen*, Motorbuch Verlag, Stuttgart 2001.

– : *U-Boats at War – Landings on Hostile Shores*. Ian Allen, London 2000
(dt. Übersetzung *Deutsche U-Boote an feindlichen Küsten 1939–1945.
Kommandounternehmen, Spionage und Sabotage,* Motorbuch
Verlag, Stuttgart 2002.

– : *Hitler's U-Boat Bases*, Sutton Publishing Ltd., Stroud 2002
(dt. Übersetzung *Deutsche U-Boot-Stützpunkte und Bunkeranlagen
1939–1945*, Motorbuch Verlag, Stuttgart 2003.

Tarrant, V.E.: *The U-Boat Offensive, 1914–1945*, Arms & Armour Press,
London 1989 (dt. Übersetzung *Kurs West! Die deutschen
U-Bootoffensiven 1914–1945*, Motorbuch Verlag, Stuttgart 1993.

Topp, Erich: *Fackeln über dem Atlantik. Lebensbericht eines
U-Boot-Kommandanten*, E.S. Mittler & Sohn, Herford 1990.

Vause, Jordan: *U-Boat Ace: The Story of Wolfgang Lüth*, Naval Institute
Press, Annapolis/Md. 1990 (dt. Übersetzung *Der U-Bootkommandant
Wolfgang Lüth*, Motorbuch Verlag, Stuttgart 1999).

Wagner, Gerhard (Hrsg.): *Lagevorträge des Ob.d.M. vor Hitler,*
J.F. Lehmann's, München 1972.

o.V.: *Wiedersehen in Hamburg. Ein Andenken an das Treffen der
U- Boot-Fahrer, Mai 1954*, Bücherdienst Herbert Zeissler,
Hamburg-Wandsbek 1954.

Witthöft, Hans Jürgen: *Lexikon zur deutschen Marinegeschichte*,
2 Bde., Koehlers VerlagsGmbH, Herford 1977.

Wynn, Kenneth: *U-Boat Operations of the Second World War*, Bd. 1 & 2,
Chatham Publishing, London 1997.

Websites

U-boat.net (http.//www.uboat.net)
The U-Boat War (http.//www.uboatwar.net)
Grey Wolf (http.//www.u-boot-greywolf.de)
Norwegian Merchant Fleet 1939-1945 (http.//www.warsailors.com)
U-Boat Archive: Photographs and Records of the U-Boat War
(http.//www.uboatarchive.net)
Deutsche U-Boote 1935–1945 (http.//www.u-boot- archiv.de)
Sub Art (http.//www.subart.net)

Fachbegriffe – Abkürzungsverzeichnis

A Kürzel im KTB und bezeichnet 80 m Tauchtiefe über Turmoberkante.

Zum Beispiel: 2 A = 160 m, A + 30 = 110 m.

Aal Marinejargon: Torpedo.

Admiralität Brit. Marineministerium (bis 1964), dessen politische Spitze der dem (Admiralty) Parlament verantwortliche Marineminister (*First Lord*) war, während den fachlichen Oberbefehl über die *Royal Navy* der Erste Seelord (*First Sealord*) führte.

Ah Amperestunde: Einheit der Elektrizitätsmenge.

A.K. Äußerste Kraft, d.h. die Diesel- oder E-Motoren laufen mit höchster Fahrtstufe (Anzeige auf dem Maschinentelegraf). »3 x A.K.« bedeutet: Die Dieselmotoren laufen höchste Fahrtstufe mit zugeschalteten E-Motoren.

Asdic Aktives Unterwasser-Schallortungsgerät:

(Allied Submarine Von einem Sender ausgesandte Schallimpulse

Dedection Investi- (»Pings«) werden von einem Unterwasserobjekt

gation Committee) reflektiert und von einem Empfänger wieder aufgenommen, um Richtung und Entfernung eines Unterwasserzieles von einem Überwasserschiff oder von einem U-Boot aus zu bestimmen.

Asto Admiralstabsoffizier.

ASV Brit. Radargerät in Flugzeugen zum Erfassen von

(Air to Surface) Überwasserfahrzeugen.

ASV II Radargerät mit 1,8 m Wellenlänge. Vor seinen Ortungsstrahlen warnte die U-Boote vom August 1942 bis Februar 1943 vor allem beim Durchqueren der Biskaya das FuMB 1 »Metox« (Antenne: »Biskaya-Kreuz«) wirksam.

ASV III/IV	Radargerät mit 10 cm (9 cm) und 3 cm Wellenlänge. Hiergegen war ab Frühjahr 1943 das »Metox« unwirksam.
Ato	Torpedo mit Druckluft(Pressluft)-Antrieb (G7a).
Bb.	Backbord (bei Blick zum Bug linke Schiffsseite).
BBC (British Broadcasting Corporation)	Britischer Rundfunksender.
BdU	Befehlshaber der U-Boote.
BdU op.	Operationsabteilung im BdU-Stab.
BdU org.	Organisationsabteilung im BdU-Stab.
BETASOM	(ital.) *Beta: Basis, sommergibili*: U-Boot, ital. U-Boot-Kommando für die Atlantik-Kriegsführung in Bordeaux.
Black Gap	Seegebiet im Nordatlantik außerhalb der Reichweite landgestützter (Schwarzes Loch) Flugzeuge, begann sich erst gegen Ende 1942 durch die Einführung der VLR-Flugzeuge (»Liberator«) allmählich zu schließen.
Bold	Entstanden aus »Kobold«, 1942 eingeführter Täuschkörper, den ein getauchtes U-Boot ausstieß, um aktive Schallortungsanlagen des Gegners (Asdic, Sonar) zu täuschen.
Bootsmaat	Sprachliche Abk. für den dt. Dienstgrad »Bootsmannsmaat« (Unteroffizier) im täglichen Dienst.
BRT	Bruttoregistertonne; Vermessungseinheit für die Größe der Kauffahrteischiffe: 1 BRT = 100 Kubikfuß = 2,83 m³.
C/...	Konstruktion aus dem Jahr ...
Capt. (Captain)	Kapitän zur See (Kriegsmarine), Kapitän (Handelsmarine), Hauptmann (Heer).
cbm	Kubikmeter (heute m³).
C-in-C (Commander-in-Chief)	Oberbefehlshaber.

Crew	Dt. Bezeichnung für einen Einstellungsjahrgang an Offiziersanwärtern für alle Laufbahnen.
Dez	Dezigrad
DSG	Dampfschifffahrtsgesellschaft.
E-Motor	Elektromotor.
EK I, EK II	Eisernes Kreuz 1. und 2. Klasse.
Eto	Elektrisch angetriebener Torpedo (G7e).
Fächerschuss	Das gleichzeitige bzw. kurz hintereinander erfolgte Abfeuern von zwei oder mehr Torpedos.
Feger	Marinejargon: Den Seeraum vor einem Geleitzug nach U-Booten absuchende Zerstörer, Fregatten oder Korvetten, die in der Regel mit hohen Fahrtstufen hin- und herliefen.
FdU, F.d.U.	Führer der Unterseeboote. Während des Krieges Einrichtung folgender regionaler FdU-Dienststellen z.T. bis Kriegsende: West (ab Juli 1942), Italien/Mittelmeer (November 1941–September 1944), Norwegen/Nordmeer (ab Januar 1943, Ost (ab März 1943) und der FdU Ausbildungsflottillen (ab März 1943). Sie hatten lediglich truppendienstliche Zuständigkeit, ausgenommen der FdU Nordmeer (FKpt. Suhren), der für seine U-Boote auch operativ (und nicht BdU op.) zuständig war.
Fla-	Fliegerabwehr...
Flak	Fliegerabwehrkanone.
FT	Funkentelegrafie, zugleich Abk. für Funkspruch. Daher im Marinejargon die Bezeichnung »Funkenpuster« (oder nur »Puster«) für Funker.
FuMB	Funkmessbeobachtungsgerät (passiv).
Funkmess...	Frühere deutsche Bezeichnung für Radar.
G7a, G7e, G7u	Deutsche Torpedobezeichnungen. wobei G das Kaliber 53,3 cm, 7 die Länge von 7 m und ein Buchstabe die Antriebsart angab: a = Pressluft, e = elektrisch und u = Walter bzw. Ingolin bzw. H_2O_2.

Gang	Marinejargon: Arbeitstrupp.
GHG	Gruppenhorchgerät (passiv).
GM-SA (German Mine-Sweeping Administration)	Deutsche Minenräumdienstleitung (DMRL).

Hedgehog (Igel)	Wasserbombenwerfer auf dem Vorschiff eines U-Jagdfahrzeuges, verschoss gleichzeitig 24 Wasserbomben mit Aufschlagzündung nachdem Stielgranaten-Prinzip (Umkehrung des Granatwerfer-Prinzips) durch Vorausfeuern, d.h. das getauchte U-Boot blieb in der Asdic-Ortung; denn beim konventionellen Wasserbombenangriff musste das U-Boot zuerst überlaufen und damit die Ortung unterbrochen werden, ein Augenblick, den erfahrene U-Boot-Kommandanten zum Entkommen ausnutzen konnten.
HF/DF-Gerät (High Frequency/ Direction Finding	Marinejargon: *Huff-Duff*. Kurzwellenpeilgerät ab Ende 1942 an Bord der alliierten U-Jagdeinheiten (Reichweite ca. 25 sm), um den Stand-cy/Directionort der U-Boote bei der Abgabe von Funksprüchen (auch Kurzsignalen) durch Einpeilen – auch ohne Kreuzpeilung – festzustellen.
HMS (Her/His Majesty Ship)	Ihrer/Seiner Majestät Schiff (brit.).
HQ (Headquarter)	Haupt- bzw. Stabsquartier, Befehlsstelle.
Hundekurve	Das ein Schiff von vorn angreifende U-Boot passierte das Ziel und drehte dann nach innen ein, d.h. wie ein zunächst von vorn kommender und dann von hinten nach den Fersen schnappender Hund.

IBG	Ingenieurbüro »Glückauf« in Blankenburg/Harz.
Ing., (Ing.)	Ingenieur, in Klammern hinter dem Dienstgrad Abk. für die Ingenieuroffizierslaufbahn, z.B. Oblt.(Ing.).

Kaleu	Sprachliche Abk. für den Dienstgrad »Kapitänleutnant« im täglichen Dienst.
K-Amt	Marinekonstruktionsabteilung, später Hauptamt »Kriegsschiffbau« in der Skl.
K an K	Kommandant an Kommandant.
KDB	Kristalldrehbasisgerät (passives Horchgerät).
K.G.	Kampfgeschwader, z.B. III./K.G.40: III. Gruppe des K.G.40.
Kmdt.	Kommandant.
kn	Knoten : 1 Seemeile (1853 m) pro Stunde.
Knagge	Dreieckige Stütze, Winkelstück.
KR/KS	Kurzsignal für Sichtmeldung.
KTB	Kriegstagebuch.
k.u.k.	Kaiserlich und königlich: Doppelmonarchie Österreich-Ungarn vor 1918, z.B. k.u.k. Marine.
K-Verband	Kleinkampfverband. Um die Jahreswende 1943/44 aufgestellt, führte das Kommando der Kleinkampfverbände (K.d.K.) vom April 1944 bis Kriegsende VAdm. Hellmuth Heye, der dem Ob.d.M. direkt unterstellt war. Hierzu gehörten die K-Flottillen mit bemannten Torpedos, Klein-U-Booten und den Sprengbooten »Linse« sowie als Sondereinsatzverbände die Marine-Einsatzkommandos mit Kampfschwimmern.
kW	Kilowatt.
L/...	Länge des Rohres nach Anzahl der Kaliber, z.B. 8,8 cm L/45 = 3,96 m.
L.C/...	Lafetten-Konstruktion aus dem Jahr ...
L.I., LI	Leitender Ingenieur.
Lords	Marinejargon für Seeleute.
Lt.-Cdr. (Lieutenant-Commander)	Kapitänleutnant (brit.), Korvettenkapitän (am.), seit 1945 auch britisch.

Makako	Volkstümlich für den Makak, eine ostasiatische Affenart, insbes. die Rhesusaffen, die damals vielfach auf Volksfesten zu sehen waren.
MES	Abk. für Minen- bzw. Magnet-Eigenschutz: Legen einer Schleife aus einem besonderen Elektrokabel durch entsprechendes Einbauen um den Schiffskörper (MES-Schleife). Ständiges Durchleiten von Gleichstrom führt zum Neutralisieren des Schiffsmagnetfeldes durch das Erzeugen eines Magnetfeldes mit entgegengesetzter Polarität.
MEZ	Mitteleuropäische Zeit = 15° östl. Länge von Greenwich (0°), d.h. 1 Std. später als Greenwich-Zeit (= westeuropäische Zeit).
MG	Maschinengewehr.
MHz	Megahertz.
Mittelwächter	Abgeleitet von Mittelwache, vor deren Beginn (00.00 Uhr) die Wache eine Mahlzeit erhält.
Mk. (Mark)	Engl. Abk. für Modell bzw. Typ.
MND	Marinenachrichtendienst (2./Skl., ab Juni 1944 4./Skl.).
Mob.	Mobilmachungs...
MV (Motor Vessel)	Abk. für Motorschiff.
N	Nord bzw. nördl. Breite.
NO	Nordost.
NS	Nationalsozialistisch.
Ob.d.M, ObdM	Oberbefehlshaber der Kriegsmarine.
OB.-Geleitzug (Outbound)	Liverpool – Nordamerika, ab Juli 1941 ON.-Geleitzüge.
OIC (Operational Intelligence Centre)	Feindlagezentrum der britischen Admiralität. Ein Teil des OIC ist der Submarine Tracking Room, in dem alle Informationen über die Bewegungen der deutschen U-Boote zusammenliefen und ausgewertet wurden.
OKM	Oberkommando der Kriegsmarine.
OKW	Oberkommando der Wehrmacht.

ON.-Geleitzug (Outbound-North America)
Eigentlich ON(F).-Geleitzug: Großbritannien–Nordamerika (schnell).

ONI (Office of Naval Intelligence)
Nachrichtendienst der US-Marine.

ONS.-Geleitzug
Großbritannien – Nordamerika (langsam).

OS.-Geleitzug
Großbritannien – Freetown (Sierra Leone).

OTU (Operational Training Unit)
Taktische Ausbildungseinheit der RAF.

PG-Geleitzug
Panama – Guantanamo/Kuba.

PK-Berichter
Propaganda-Kriegsberichterstatter.

POW-Camp (Prisoner of War Camp)
Kriegsgefangenenlager.

PSe
Maßeinheit für Motoren: effektive PS.

PUO
Portepeeunteroffizier, d.h. Feldwebel, Stabsfeldwebel, Oberfeldwebel, Stabsoberfeldwebel, aber bei der Marine i.V.m. der Laufbahn (z.B. Funkmeister, Stabsmechaniker (T), Obermaschinist, Stabsobersteuermann).

RA.-Geleitzug
Kola-Fjord – Loch Ewe.

Radar (Radio Detecting and Ranging)
Funkortung und -entfernungsmessung.

RAF (Royal Air Force)
Brit. Luftwaffe.

RFAS (Royal Fleet Auxiliary Service)
Trossschiffsverband der *Royal Navy*.

RNSM (Royal Navy Submarine Museum)
U-Boot-Museum der *Royal Navy* in Gosport.

Schnorchel	Im Marinejargon der abklappbare oder später ausfahrbare Luftmast zur Frischluftzufuhr und zum Ableiten der Auspuffgase, um bei Tauchfahrt mit U-Booten die Dieselmotoren zu benutzen.
Skl.	Seekriegsleitung. Sie plante und führte den Seekrieg, war für die Kräfteverteilung zuständig und ihr oblag die operative Führung in außerheimischen Gewässern. Integriert in das OKM war der Ob.d.M. seit 1937 zugleich Chef der Skl. Ihm zur Seite stand der Chef des Stabes der Skl. (C/Skl.) mit der Operationsabteilung (1./Skl.) und den nachgeordneten Marinegruppenkommandos. Ausgenommen war die Führung des U-Boot-Krieges, die allein dem BdU oblag.
sm	Abk. für Seemeile: 1 sm = 1853 m.
Smutje	Marinejargon für Schiffskoch.
Sonar (Sound Navigation and Ranging)	Aktives Unterwasser-Schallortungsgerät (brit. Asdic, dt. S-Anlage). Heute allgemein für alle passiven und aktiven Anlagen dieser Art.
SS (Steam Ship)	Dampfer.
S.St.A.	Schiffsstammabteilung.
Stb.	Steuerbord (bei Blick zum Bug rechte Schiffsseite).
Stuka	Sturzkampfflugzeug, im engeren Sinne die Ju 87 der dt. Luftwaffe.
Süll	Hohe Türschwelle, Lukeneinfassung.
SW	Südwest.
T, (T)	Abk. für Torpedo, in Klammern hinter dem Dienstgrad Abk. für Torpedomechaniker-Laufbahn.
t	Metrische Tonne zu 1000 kg.
Talje	Seemännisch für Flaschenzug mit ein- oder mehrscheibigen Blöcken.
TAW.-Geleitzug	Trinidad – Aruba – Key West.
TAW(S).-Geleitzug	Trinidad – Aruba – Key West (langsam).

Torpedo-Schuss-empfänger	Gerät in den Torpedoräumen des U-Bootes, das vom Vorhalterechner automatisch die Zieldaten für den Angriff erhielt und in das Leitsystem (Kreiselkompass-Steuerung) der Torpedos im Rohr einspeiste.
Torpedo-Vorhalte rechner	Ein elektromechnanischer Abweichungsrechner im Turm des U-Bootes, der die Kreiselkompass-Steuerung der Torpedos im Rohr automatisch über den T-Schussempfänger mit den Angriffsdaten versorgte.
ts	Abk. für die brit. *long ton* = 1016 kg (Maßeinheit für die Wasserverdrängung der Kriegsschiffe).
Typ 271	Brit. Radargerät des Typs 271 zur Seeraumüberwachung (10 cm Wellenlänge).
U	Untersee..., Kennung für U-Boot.
U-Flottille	Unterseebootsflottille.
ULD	U-Boot-Lehrdivision.
US (United States)	Vereinigte Staaten.
USAAF (United States Army Air Force)	Amerikanische Heeresluftwaffe.
USS (United States Ship)	US-Kriegsschiff.
UT	Unterwasser-Telegrafie (eine Aufgabe der Funker im Horchraum).
UZO	U-Boot-Zieloptik. Doppelglas mit leuchtendem Fadenkreuz zur Zielerfassung für den Überwasser-schuss, das auf dem Torpedo-Zielgerät (UZO-Säule) im vorderen Brückenbereich angebracht wurde und den Vorhalterechner automatisch mit Richtungs- und Entfernungsangaben fütterte.
VLR (Very Long Range)	Insbes. Flugzeuge von sehr großer Reichweite (z.B. »Liberator«-Maschinen).
Vp.-Boot, Vp.-Flottille	Vorpostenboot, Vorpostenboot-Flottille.

W	West bzw. westl. Länge.
WAT.-Geleitzug	Key West – Aruba – Trinidad.
Wintergarten	Marinejargon: die hinter dem Kommandoturm eines U-Bootes angebaute Geschützplattform, eingefasst von einem Geländer.
I.WO/II.WO/ III.WO	I.–III. Wachoffizier (Eins WO - Drei WO).
WSW-Kurs	Westsüdwest-Kurs.
Z	Kennung für Zerstörer.
Z-Flottille	Zerstörerflottille.
z.S., zS.	Abk. hinter dem Dienstgrad für die Seeoffizierslaufbahn, z.B. Lt.z.S./LtzS.
z.V.	Abk. hinter dem Dienstgrad für »zur Verwendung« bei einem bereits verabschiedeten, aber reaktivierten Offizier, z.B. KKpt.z.V.

Personen- und Sachregister

Zur Geschichte des U-Boot-Krieges
Standardwerke von Rang

Fritz Brustat-Naval
Ali Cremer: U 333
ISBN 978-3-548-25657-3

Fritz Brustat-Naval /
Teddy Suhren
Nasses Eichenlaub
Todesschach unter Wasser
Als Kommandant und F. d. U.
im U-Boot-Krieg
ISBN 978-3-548-26399-1

Stephan Harper
Kampf um Enigma
Die Jagd auf U-559
ISBN 978-3-548-25778-5

Karl-Friedrich Merten
Nach Kompaß
Die Erinnerungen des
Kommandanten von U 68
ISBN 978-3-548-26402-8

Martin Middlebrook
Konvoi
U-Boot-Jagd auf die Geleitzüge
SC. 122 und HY 229
ISBN 978-3-548-23534-9

Theodore P. Savas
Lautlose Jäger
Deutsche U-Boot-Komman-
danten im Zweiten Weltkrieg
ISBN 978-3-548-25205-6

Joseph Mark Scalia
**U 234 – In geheimer Mission
nach Japan**
ISBN 978-3-548-26292-5

John F. White
U-Boot-Tanker 1941–1945
Unterwasser-Versorger
für die Wolfsrudel
ISBN 978-3-548-25907-9

Peter Brendt

Crashdive

Roman
Originalausgabe

ISBN 978-3-548-26456-1

Herbst 2005: Im Nordatlantik stößt ein Fischtrawler auf
ein Schlauchboot, in dem acht tote Offiziere des amerikanischen Atom-U-Boots *Tuscaloosa* treiben. Im Pentagon
herrscht Alarmstimmung. Commander DiAngelo, Analyti-
ker beim Marinegeheimdienst, organisiert eine gigantische
Suchoperation nach dem spurlos verschwundenen Boot.
Und hat eine Idee, die ihn auf eine heiße Spur bringt.
An Bord der baugleichen *USS San Diego* startet er eine
Unterwasserhatz auf Leben und Tod, bei der die Entscheidung unter der Eisdecke der Arktis fallen muß, in die
sich aber auch ein russisches Boot der Alfa-Klasse noch
einmischt …

Ein hochkarätiger Thriller um die modernsten
U-Boote der Welt. Spannung, die einen Namen
trägt: Peter Brendt

maritim

Erik Maasch

Die U-Boot-Romane

**Auf Sehrohrtiefe
vor Rockall Island**
ISBN 978-3-548-24741-0

Duell mit dem nassen Tod
ISBN 978-3-548-26279-6

Im Fadenkreuz von U 112
ISBN 978-3-548-26462-2

Letzte Chance: U 112
ISBN 978-3-548-25731-0

Tauchklar im Atlantik
ISBN 978-3-548-26134-8

U-Boote vor Tobruk
ISBN 978-3-548-25333-6

Die U-Boot-Falle
ISBN 978-3-548-25773-0

**U 112 auf der Feindfahrt
mit geheimer Order**
ISBN 978-3-548-25087-8

**U 115: Jagd unter
der Polarsonne**
ISBN 978-3-548-25446-3

**U 115: Die Nacht
der Entscheidung**
ISBN 978-3-548-25912-3

U 115: Operation Eisbär
ISBN 978-3-548-25651-1

»Der Autor kennt die gnadenlose Hetzjagd auf Leben
und Tod unter Wasser aus eigenem Erleben.«
Eberhard Bergmann, Berliner Morgenpost